Purnhagen

Europarecht

Europarecht

von

Dr. Kai Purnhagen,
LL.M. (Wisconsin)
Asst. Prof. an den Universitäten
Wageningen und Rotterdam

2. Auflage 2014

C.H.BECK

www.beck.de

ISBN 978 3 406 66721 3

Wilhelmstraße 9, 80801 München
Druck: Nomos Verlagsgesellschaft
In den Lissen 12, 76547 Sinzheim

Satz: DTP-Vorlagen des Autors

Gedruckt auf säurefreiem, alterungsbeständigem Papier
(hergestellt aus chlorfrei gebleichtem Zellstoff)

Vorwort

Ich habe die 2. Auflage um zwei Kapitel erweitert und aktualisiert. Darüber hinaus habe ich zur Vertiefung und Übung des Stoffes am Ende eines jeweiligen Abschnitts auf den hierauf bezogenen Übungsfall in *Purnhagen*, Klausurenkurs Europarecht, 2012 hingewiesen. Dadurch ermöglicht das Zusammenspiel beider Bücher eine gezielte und anwendungsorientierte Vorbereitung auf die Europarechtsklausur und die mündliche Prüfung. Sinn und Zweck des Buches bleibt es weiterhin, Nicht-Europarechtlern einen prüfungsrelevanten Einblick in das Rechtsgebiet zu geben. Es versucht den Drahtseilakt zwischen kurzer und möglichst vollständiger Darstellung. Dies geschieht in der Hoffnung, durch vereinfachte, leicht verdauliche und an deutscher Dogmatik orientierten Darstellung den einen oder anderen doch noch für das Europarecht begeistern zu können. Sollte dies nicht gelingen, so soll das Europarecht wenigstens keine unüberwindbare Hürde zur erfolgreichen Examensprüfung darstellen. Wichtig bleibt auch dieser Hinweis aus dem Vorwort zur ersten Auflage: Nach der Lektüre dieses Büchleins ist man noch kein „Europarechtler", man sollte jedoch das Rüstzeug haben, die meisten EU-rechtlichen Fragen in den Pflichfächern bewältigen zu können. Das Europarecht wird mittlerweile mit zahlreichen Fallgestalltungen in allen Rechtsgebieten verknüpft. Vor allem sind dabei die Grundfreiheiten prüfungsrelevant. Alle möglichen Konstellationen aufzuzeigen ist nicht möglich. In der Vergangenheit war das Europarecht vor allem in den Konstellationen der Rückforderung eines Verwaltungsaktes, bei Grundrechte-Klausuren und vermehrt auch im Zivilrecht bei der Auslegung der Nacherfüllung relevant.

Die hier dargestellte Rechtslage orientiert sich an den Erwartungen an Prüflinge und stimmt daher auch nicht notwendiger Weise mit der Rechtsauffassung des Autors überein.

Dank gebührt Antonia Läge für sehr wertvolle Hinweise. Für Anregungen per E-Mail an kai.purnhagen@wur.nl bin ich dankbar.

Rotterdam/Wageningen/Gießen, Juni 2014 *Kai Purnhagen*

Vorwort zur 1. Auflage

Das EU-Recht gewinnt in allen Rechtsbereichen an Bedeutung. Dies spiegelt sich auch in Ausbildung und Praxis wider. Daher sind Kenntnisse der Grundlagen des EU-Rechts heute unerlässlich. Dieses Büchlein soll dem Leser diese Grundlagen vermitteln. Dazu gehören sowohl die methodischen und inhaltlichen Kenntnise des Rechtsgebiets einschließlich der wesentlichen Urteile. Es versucht den Drahtseilakt zwischen kurzer und möglichst vollständiger Darstellung. Nach der Lektüre dieses Büchleins ist man noch kein „Europarechtler", man sollte jedoch das Rüstzeug haben, die meisten EU-rechtlichen Fragen in den Pflichfächern bewältigen zu können. Die hier dargestellte Rechtslage orientiert sich an den Erwartungen an Prüflinge und stimmen daher auch nicht notwendiger Weise mit der Rechtsauffassung des Autors überein.

Das EU-Recht lässt sich als autonomes, supranationales Recht nicht anhand nationaler Strukturen in Privatrecht und Öffentliches Recht unterteilen. Es ist ein eigenständiges Rechtsgebiet, welches gleichermaßen sowohl Auswirkungen auf das Privatrecht, aber auch auf das Öffentliche Recht haben kann. Dies soll in diesem Büchlein verdeutlicht werden. Aus Platzgründen wird das auch prüfungsrelevante EU-Beihilfenrecht nicht behandelt. Als Ergänzung wird daher auf *Mähring*, JuS 2003, 448 verwiesen. Für Anregungen per E-Mail bin ich dankbar: kai.purnhagen@jura.uni-muenchen.de.

Dank gebührt Prof. Dr. Thomas Ackermann, Thorsten Dreimann, Dr. Jens-Uwe Franck, Julie Grill, Prof. Dr. Sebastian Heselhaus, Dörthe Imberg, sowie Daniel Petzold, die mir bei der Diskussion über etliche Fragestellungen erheblich weitergeholfen haben.

München, Februar 2012 *Kai Purnhagen*

Inhaltsverzeichnis

Abkürzungsverzeichnis

Abs.	Absatz
AEUV	Vertrag über die Arbeitsweise der Europäischen Union
ANF	Arbeitnehmerfreizügigkeit
aF	alte Fassung
Art.	Artikel
BAföG	Bundesausbildungsförderungsgesetz
BerGer	Berufungsgericht
Bf.	Beschwerdeführer/Beschwerdeführerin
BGB	Bürgerliches Gesetzbuch
BGH	Bundesgerichtshof
BRD	Bundesrepublik Deutschland
BVerfG	Bundesverfassungsgericht
BVerwG	Bundesverwaltungsgericht
bzw.	beziehungsweis
bspw.	beispielsweise
ders.	derselbe
d.h.	das heißt
EAGV	Vertrag über die Europäische Atomgemeinschaft
ECOFIN	Fachministerrat der Finanzminister
EEA	Einheitliche Europäische Akte
EGKS	Europäische Gemeinschaft für Kohle und Stahl
EGMR	Europäischer Gerichtshof für Menschenrechte
EGV	Vertrag zur Gründung der Europäischen Gemeinschaft
EMRK	Konvention zum Schutze der Menschenrechte und Grundfreiheiten
EP	Europäisches Parlament
EPZ	Europäische Politische Zusammenarbeit
EU	Europäische Union
EuGH	Der Gerichtshof der Europäischen Union
EUV	Vertrag über die Europäische Union
EWG	Europäische Wirtschaftsgemeinschaft
f.	folgende
ff.	fortfolgende
FIFA	Fédération Internationale de Football Association
GA	Generalanwalt/Generalanwältin
GASP	Gemeinsame Außen- und Sicherheitspolitik
gem.	gemäß
GG	Grundgesetz für die Bundesrepublik Deutschland
GrCh	Charta der Grundrechte der Europäischen Union

Hg.	Herausgeber
i.V.m.	in Verbindung mit
LG	Landgericht
lit.	litera (Buchstabe)
maW	mit anderen Worten
MiFID	Markets in Financial Instruments Directive
Nr.	Nummer
o.g.	oben genannt(en)
OGAW	Organismen für gemeinsame Anlagen in Wertpapieren
OLG	Oberlandesgericht
PJZS	Polizeiliche und Justizielle Zusammenarbeit in Strafsachen
Rs.	Rechtssache(n)
S.	Satz
str.	streitig
u.a.	unter anderem
UAbs.	Unterabsatz
UN	Vereinte Nationen
URBSFA	Union Sroyale belge des sociétés de football association ASBL
u.U..	unter Umständen
VG	Verwaltungsgericht
VO	Verordnung
VVE	Vertrag über eine Verfassung für Europa

Literaturverzeichnis

Ackermann, Thomas .... Warenverkehrsfreiheit und „Verkaufsmodalitäten", RIW 1994, S. 189 ff.

Armbrüster, Christian .... „Golden Shares" und die Grundfreiheiten des EG-Vertrags, JuS 2003, S. 224 ff.

Auer, Marietta .... Neues zu Umfang und Grenzen der richtlinienkonformen Auslegung, NJW 2007, S. 1106 ff.

Bachmann, Gregor .... Nationales Privatrecht im Spannungsfeld der Grundfreiheiten, AcP 2010, S. 424.

Basedow, Jürgen .... Art. 114 AEUV als Rechtsgrundlage eines optionalen EU-Kaufrechts: Eine List der Kommission?, EuZW 2012, S. 1 f.

Basedow, Jürgen .... Zielkonflikte und Zielhierarchien im Vertrag über die Europäische Gemeinschaft, in: FS Everling, 1995, S. 49 ff.

Barnard, Catherine .... The Substantive Law of the EU. The Four Freedoms, 4. Aufl. (2013).

Bieber, Roland/
Salomé, Isabelie .... Hierarchy of Norms in European Law, CMLRev 1996, S. 907 ff.

Bieber, Roland/
Epiney,Astrid/
Haag, Marcel .... Die Europäische Union, 9. Aufl. (2011).

Bergmann, Jürgen .... Das Bundesverfassungsgericht in Europa, EuGRZ 2004, S. 620 ff.

Borowski, Martin .... Die Nichtigkeitsklage gem. Art. 230 Abs. 4 EGV, EuR 2004, S. 879.

Britz, Gabriele .... Bedeutung der EMRK für nationale Verwaltungsgerichte und Behörden – Erweiterte Bindungswirkung nach EuGH, Slg. 2002, I-6279 – Carpenter?, NVwZ 2004, S. 173.

Böckenförde, Ernst-W. .... Welchen Weg geht Europa?, 1997.

Lenz, Carl-O./
Borchardt, Klaus-D. (Hg.) . EU-Verträge – Kommentar, 5. Aufl. (2010) (zit: Bearb., in:).

Böhm, Monika .... Grundlagen und Rechtsquellen der Europäischen Union, JA 2008, S. 838 ff.

Böhm, Monika .... Europäische Grundfreiheiten, JA 2009, S. 328 ff.

Böhm, Monika .... Rechtsschutz im Europarecht, JA 2009, S. 679 ff.

Callies, Christian/ Ruffert, Matthias (Hg.) .... EUV/AEUV Das Verfassungsrecht der Europäischen Union mit Europäischer Grundrechtecharta – Kommentar, 4. Aufl. (2011) (zit: Bearb., in:).

Canaris, Claus-W. .... Die richtlinienkonforme Auslegung und Rechtsfortbildung im System der juristischen Methodenlehre, in: FS Bydlinsky, 2002, S. 47 ff.

Carstens, Karl .... Die Errichtung des Gemeinsamen Marktes in der EWG, EAG und EGKS, ZaöRV 18 (1957/58), S. 459 ff.

Chalmers, Damian .... Free Movement of Goods within the European Community: An *unhealthy* Addiction to Scotch Whisky?, ICLQ 1993, S. 269.

Classen, Claus .... Die Grundfreiheiten im Spannungsfeld von europäischer Marktfreiheit und mitgliedstaatlichen Gestaltungskompetenzen, EuR 2004, S. 416 ff.

Classen, Claus .... Effektive und kohärente Justizgewährleistung im europäischen Rechtsschutzverbund, JZ 2006, S. 157 ff.

Cole, Mark/Haus, Florian Grundfälle zum Europarecht. 3. Teil. Organe, Handeln und Rechtswirkungen in der EG, JuS 2003, S. 145 ff.

Cole, Mark/Haus, Florian Grundfälle zum Europarecht. 4. Teil. Europäisches Prozessrecht, JuS 2003, S. 353 ff.

Craig, Paul .... The ECJ and *ultra vires* action. A conceptual analysis, *CMLRev* 2011, S. 395 ff.

Danwitz, Thomas von .... Zur Grundlegung einer Theorie der subjektiv-öffentlichen Gemeinschaftsrechte, DÖV 1996, S. 481 ff.

Derpa, Ulrich .... Europarechtliche Bezüge in der öffentlich-rechtlichen Fallbearbeitung, JA 2002, S. 571 ff.

Dünnes-Zimmermann, Sybille .... Gesundheitspolitische Handlungsspielräume der Mitgliedstaaten im Europäischen Gemeinschaftsrecht: Dogmatische Verortung im Rahmen der Grundfreiheiten, 2006.

Ehlers, Dirk .... Die Grundfreiheiten des europäischen Gemeinschaftsrechts, Jura 2001, S. 266 ff.; S. 482 ff.

Ehlers, Dirk .... Die Nichtigkeitsklage des Europäischen Gemeinschaftsrechts, Jura 2009, S. 31 ff.

Ehlers, Dirk .... Die Untätigkeitsklage des Europäischen Gemeinschaftsrechts, Jura 2009, S. 366 ff.

Ehlers, Dirk (Hg.) .... Europäische Grundrechte und Grundfreiheiten, 3. Aufl. (2009) (zit: Bearb., in:).

Ehlers, Dirk .... Vertragsverletzungsklage des Europäischen Gemeinschaftsrechts, Jura 2007, S. 684 ff.

Eidenmüller, Horst .... Anmerkung, ZIP 2002, S. 75 ff.

Emmerich, Volker/
Doehner, Rupert (Hg.) .... Maximalharmonisiertes Verbraucherkreditrecht und Binnenmarktkompetenz, in: FS Derleder, 2005, S. 367 ff.

Epiney, Astrid .... Umgekehrte Diskriminierungen, 1995.

Everling, Ulrich .... Niederlassungsrecht, 1963.

Fischer, Hans G. .... Die gemeinschaftsrechtliche Staatshaftung, JA 2000, S. 348 ff.

Grohmann, Uwe/
Gruschinske, Nancy .... Beschränkungen des Wegzugs von Gesellschaften innerhalb der EU – die Rechtssache Cartesio, EuZW 2008, S. 463 ff.

Epping, Volker/
Hillgruber, Christian (Hg.) BeckOK Grundgesetz, Stand: 1.1.2012, Edition 13 (zit: Bearb., in:).

Fisahn, Andreas/
Mushoff, Tobias .... Vorwirkung und unmittelbare Wirkung Europäischer Richtlinien, EuR 2005, *S.* 222 ff.

Frenz, Walter/Kühl, Andrea Deutsche Grundrechte und Europarecht, Jura 2009, S. 401 ff.

Frenz, Walter .... Die Studierendenfreizügigkleit in Europa, JA 2004, S. 4 ff.

Gebert, Daniel/
Fingerhuth, Jörn .... Die Verlegung des Ortes der Geschäftsleitung ins Ausland – Steuerliche Fallstricke im Licht aktueller gesellschaftsrechtlicher Entwicklungen, IStR 2009, *S.* 445 ff.

Giegerich, Thomas .... Europarecht und deutsches Recht – Wechselwirkungen in der Fallbearbeitung, JuS 1997, S. 39.

Goldmann, Julius/
Purnhagen, Kai .... EIOPA – Die neue europäische Versicherungsaufsicht, VersR 2012, S. 29 ff.

Gormley, Laurence............. Access to Justice and Public Interest Litigation: Getting Nowhere Quickly?, in: *Purnhagen/Rott*, Varieties of European Economic Law and Regulation, S. 781 ff.

Grabitz, Eberhard .... Über die Verfassung des Binnenmarktes, in: Jürgen Baur/Klaus Hopt/Peter Mailänder, FS Steindorff, 1990, S. 1229 ff.

Grabitz, Eberhard/
v. Bogdandy, Armin............ Vom Gemeinsamen Markt zum Binnenmarkt, JuS 1990, S. 170 ff.

Grabitz, Eberhard/
Hilf, Meinhard/
Nettesheim, Martin (Hg.) .... Das Recht der Europäischen Union, 46. Ergänzungslieferung (2011) (zit: Bearb., in:).

Grundmann, Stefan/ Möslein, Florian .... Die Golden Shares Grundsatzentscheidungen des Europäischen Gerichtshofs, BKR 2002, S. 758 ff.

Gsell, Beate/ Herresthal, Carsten .... Einleitung, in: *Gsell, Beate/ Herresthal, Carsten,* Vollharmonisierung im Privatrecht, 2009, S. 5 ff.

Gsell, Beate/ Schellhase, Hans M. .... Vollharmonisiertes Verbraucherkreditrecht – Ein Vorbild für die weitere europäische Angleichung des Verbrauchervertragsrechts?, JZ 2009, S. 20 ff.

Hamer, Jens .... Die Nichtigkeitsklage nach Art. 230 EG, JA 2004, S. 728 ff.

Hatje, Arnim .... Die Niederlassungsfreiheit im europäischen Binnenmarkt, Jura 2003, S. 160 ff.

Hatje, Armin .... Wirtschaftsverfassung, in: Armin v. Bogdandy/Jürgen Bast, Europäisches Verfassungsrecht, 2. Aufl. (2009), S. 801 ff.

Helleringer, Geneviève/ Purnhagen, Kai .... On the Terms, Relevance and Impact of a European Legal Culture, in: *Helleringer/Purnhagen*, Towards a European Legal Culture, 2014, S. 3 ff.

Heselhaus, Sebastian/ Nowak, Carsten (Hg.) .... Handbuch der Europäischen Grundrechte, 2002 (zit: Bearb., in:).

Hess, Burkhard .... Rechtsfragen des Vorabentscheidungsverfahrens, RabelsZ 2002, S. 470 ff.

Isensee, Josef/ Kirchhof, Paul (Hg.) .... Handbuch des Staatsrechts, Band VII, 1993.

Jarass, Hans/Beljin, Saša . Die Bedeutung von Vorrang und Durchführung des EG-Rechts für die nationale Rechtsetzung und Rechtsanwendung, NVwZ 2004, S. 1 ff.

Kingreen, Thorsten .... Der griechische Rechtsreferendar, Jura 2001, S. 547 ff.

Kilian, Wolfgang .... Vom sinkenden Wert der „Goldenen Aktien" zur Fussnote, NJW 2003, S. 2653 ff.

Kling, Michael .... Die Haftung der Mitgliedstaaten der EG bei Verstößen gegen das Gemeinschaftsrecht, Jura 2005, S. 298 ff.

König, Stefan .... Die Individualklage nach Art. 230 IV EG, JuS 2003, S. 257 ff.

Kokott, Juliane/ Dervisopoulos, Joanna/ Henze, Thomas .... Aktuelle Fragen des effektiven Rechtsschutzes durch die Gemeinschaftsgerichte, EuGRZ 2008, S. 10 ff.

Kokott, Juliane/Henze, Thomas/Sobotta, Christoph Die Pflicht zur Vorlage an den EuGH und die Folgen ihrer Verletzung, JZ 2006, S. 633 ff.

Körber, Torsten .... Grundfreiheiten und Privatrecht, 2004.

Kort, Michael .... Schranken der Dienstleistungsfreiheit im europäischen Recht, JZ 1996, S. 132 ff.

Korte, Stefan/Fischer, Christian/Kremer, Carsten . Staatshaftung für Verstöße gegen Gemeinschaftsrecht durch letztinstanzliche Gerichte, NJW 2004, S. 480 ff.

Jacob, Jan .... Europarechtliche Auswirkungen auf das deutsche Handwerksrecht, JuS 2005, S. 147 ff.

Lavranos, Nicolaos .... Das So-lange-Prinzip im Verhältnis von EGMR und EuGH, EuR 2006, S. 79 ff.

Lecheler, Helmut .... Zum Bananenmarkt-Beschluss des BVerfG, NJW 2000, 3124, JuS 2001, S. 120 ff.

Leopold, Anders/ Semmelmann, Constanze .... Civis europaeus sum – Gewährleistungen und Grenzen der Freizügigkeit der Unionsbürger, ZEuS 2008, S. 275.

Leupold, Bettina .... Die Dienstleistungsfreiheit des Europäischen Unionsrechts, Jura 2011, S. 762 ff.

Lindner, Josef F. .... Zur grundsätzlichen Bedeutung des Protokolls über die Anwendung der Grundrechtecharta auf Polen und das Vereinigte Königreich – zugleich ein Beitrag zur Auslegung von Art. 51 EGC, EuR 2008, S. 785 ff.

Lindner, Josef F. .... Individualrechtsschutz im europäischen Gemeinschaftsrecht – Ein systematischer Überblick, JuS 2008, S. 1 ff.

Magiera, Siegrid .... Die Rechtsakte der EG-Organe, Jura 1989, S. 595 ff.

Mann, Dennis-J./ Purnhagen, Kai .... The Nature of Union Citizenship Between Autonomy and Dependency on (Member) State Citizenship, Wisconsin International Law Journal, 2012, 484–533.

Micklitz, Hans-W. .... The Visible Hand of European Regulatory Private Law, Yearbook of European Law 2010, S. 3 ff.

Möller, Kai .... Verfassungsgerichtlicher Grundrechtsschutz gegen Gemeinschaftsrecht, Jura 2006, *S.* 91 ff.

Mortelmans, Kamil .... The Common Market, the Internal Market and the Single Market:What's in a Market?, CMLRev (85) 1998, S. 101 ff.

Nettesheim, Martin .... Die europarechtlichen Grundrechte auf wirtschaftliche Mobilität (Art. EGV Artikel 48, EGV Artikel 52 EGV), NVwZ 1996, S. 342 ff.

Ohler, Christoph .... Das Beschränkungsverbot der Grundfreiheiten, JA 2006, S. 839 ff.

Oppermann, Thomas/ Classen, Claus/ Nettesheim, Martin .... Europarecht, 6. Aufl., (2014) (zit: Bearb., in:).

Pache, Eckhard/ Rösch, Franziska .... Die neue Grundrechtsordnung der EU nach dem Vertrag von Lissabon, EuR 2009, S. 769 ff.

Pache, Eckhard/ Rösch, Franziska .... Europäischer Grundrechtsschutz nach Lissabon – die Rolle der EMRK und der Grundrechtecharta in der EU, EuZW 2008, S. 519 ff.

Palme, Christoph .... Staatshaftung wegen Nichtumsetzung des europäischen Gentechnikrechts, EuZW 2005, S. 109 ff.

Papadileris, Vicky .... Das Erfordernis des grenzüberschreitenden Bezugs im Recht der Marktfreiheiten, JuS 2011, S. 123 ff.

Pierlings, Tobias .... VG Köln v 3.5.1978 – Sealand – Verwaltungsgerichtsbarkeit im staatsfreien Raum, in: *Menzel/Pierlings/Hoffmann*, Völkerrechtsprechung, 2005, S. 174 ff.

Purnhagen, Kai .... Anmerkung, EuZW 2011, S. 224 ff.

Purnhagen, Kai .... Anmerkung, JZ 2012, S. 743.

Purnhagen, Kai .... The Virtue of Cassis de Dijon 25 Years Later – It Is Nt Dead, It Just Smells Funny, in: *Purnhagen/Rott*, Varieties of European Economic Law and Regulation, 2014, S. 315 ff.

Purnhagen, Kai .... Zur Auslegung der Nacherfüllungsverpflichtung – Ein Paukenschlag aus Luxemburg, EuZW 2011, S. 626 ff.

Radermacher, Ludger .... Gemeinschaftsrechtliche Staatshaftung für höchstrichterliche Entscheidungen, NVwZ 2004, S. 1415 ff.

Reich, Andreas .... Binnenmarkt als Rechtsbegriff, EuZW 1991, S. 203 ff.

Reich, Norbert .... Der Schutz subjektiver Gemeinschaftsrechte durch Staatshaftung, EuZW 1997, S. 709 ff.

Reich, Norbert/ Micklitz, Hans-W. .... Wie „optional" ist ein „optionales" Vertragsrecht?, EWS 2011, S. 114 ff.

Reich, Norbert .... Understanding EU law, 2005.

Riehm, Thomas .... 25 Jahre Produkthaftungsrichtlinie – Ein Lehrstück zur Vollharmonisierung, EuZW 2010, S. 567 ff.

Röhl, Hans C. .... Die Warenverkehrsfreiheit, Jura 2006, S. 321 ff.

Rösler, Hannes .... „Schrottimmobilien" und das Versagen des deutschen Rechts, RuP 2006, S. 29 ff.

Roth, Wulff-Henning .... Anmerkung, IPrax 2003, S. 117 ff.

Roth, Wulff-Henning .... Freier Dienstleistungsverkehr und Verbraucherschutz, VuR 2007, S. 161 ff.

Roth, Wulff-Henning .... Kompetenzen der EG zur vollharmonisierenden Angleichung des Privatrechts, in: *Gsell, Beate/ Herresthal, Carsten,* Vollharmonisierung im Privatrecht, 2009.

Roth, Wulff-Henning .... Rechtsetzungskompetenzen für das Privatrecht in der Europäischen Union, EWS 2008, S. 401 ff.

Rott, Peter/Terryn, Evelyn .. The Proposal for a Directive on Consumer Rights: No Single Set of Rules, ZEuP 2009, S. 456 ff.

Ruffert, Matthias .... Die Grundfreiheiten im Recht der Europäischen Union, JuS 2009, S. 97 ff.

Saurer, Joachim .... Individualrechtsschutz gegen das Handeln der Europäischen Agenturen, EuR 2010, S. 51 ff.

Schmale, Wolfgang .... Geschichte Europas, 2001.

Schlachter, Monika/ Ohler, Christoph (Hg.) .... Europäische Dienstleistungsrichtlinie, Handkommentar, 2008, S. 885 ff.

Schöbener, Wolfgang .... Das Verhältnis des EU-Rechts zum nationalen Recht der Bundesrepublick Deutschland, JA 2011, S. 885 ff.

Schön, Wolfgang .... Der freie Warenverkehr, die Steuerhoheit der Mitgliedstaaten und der Systemgedanke im europäischen Steuerrecht (Teil I) EuR 2001, S. 216 ff.

Schröder, Meinhard .... Die Vorlagepflicht zum EuGH aus europarechtlicher und nationaler Perspektive, EuR 2011, S. 808 ff.

Schröder, Ulrich .... Anmerkung, JZ 2011, S. 629 ff.

Schuppert, Gunnar/Pernice, Ingolf/Haltern, Ulrich (Hg.) Europawissenschaft, 2005 (zit: Bearb., in:)

Schütz, Hans-Joachim .... Die klassische Entscheidung: Cassis de Dijon, Jura 1998, S. 631 ff.

Schwarze, Jürgen/Becker, Ulrich/Schoo, Johann (Hg.) EU-Kommentar, 2. Aufl. (2009) (zit: Bearb., in:).

Skouris, Vassilios .... Stellung und Bedeutung des Vorabentscheidungsverfahrens im europäischen Rechtsschutzsystem, EuGRZ 2008, S. 341 ff.

Steindorff, Ernst .... Anmerkung, JZ 1994, S. 95 ff.

Streinz, Rudolf .... Europarecht, 9. Aufl. (2012).

Streinz, Rudolf .... Das Verbot des Apothekenversandhandels mit Arzneimitteln – Eine „Verkaufsmodalität" im Sinne der Keck-Rechtsprechung?, EuZW 2003, S. 37 ff.

Streinz, Rudolf .... Staatshaftung – Verletzung primären Gemeinschaftsrechts, EuZW 1993, S. 599 ff.

Stumpf, Cordula .... Aktuelle Entwicklungen im europäischen Dienstleistungs- und Niederlassungsrecht, DZWiR 2006, S. 99 ff.

Tamm, Marina .... Das Grünbuch der Kommission zum Verbraucheracquis und das Modell der Vollharmonisierung – eine kritische Analyse, EuZW 2007, S. 756 ff.

Teichmann, Christoph .... Gesellschaftsrecht im System der Europäischen Niederlassungsfreiheit, EuR 2012, S. 639 ff.

Terhechte, Jörg .... Der Vertrag von Lissabon: Grundlegende Verfassungsurkunde der europäischen Rechtsgemeinschaft oder technischer Änderungsvertrag?, EuR 2001, S. 143 ff.

Tomuschat, Christian .... Wer hat höhere Hoheitsgewalt?, HFR 1997, Beitrag 8, S. 1 ff, verfügbar unter http://www.humboldt-forum-recht.de/druckansicht/druckansicht.php?artikelid=73.

Tonner, Klaus/ Tamm, Marina .... Der Vorschlag einer Richtlinie über Rechte der Verbraucher, JZ 2009, S. 277 ff.

Vachek, Urid .... Das „Kooperationsverhältnis" im Bananenstreit, ZfRV 1997, S. 136 ff.

Walzel, Daisy/ Becker, Thomas .... Grundzüge der Richtlinienrechtsprechung des EuGH, Jura 2007, S. 653 ff.

van Gestel, Rob/ van Golen, Thomas.............. Enforcement by the New European Supervisory Agencies: Quis Custodiet Ipsos Custodes?, in: *Purnhagen, Kai/ Rott, Peter,* Varieties of European Economic Law and Regulation, 2014, S. 757–780.

Wägenbaur, Rolf .... Stolpersteine des Vorabentscheidungsverfahrens, EuZW 2000, S. 37 ff.

Weatherill, Stephen .... Why There Is No Principle of Mutual Recognition in EU Law (and Why that Matters to Consumer Lawyers), in: *Purnhagen/Rott*, Varieties of European Economic Law and Regulation, S. 401 ff.

Weber, Christoph .... Das Schadensersatzrecht als richtiger Ort zur Umsetzung der Gebr. Weber-Entscheidung des EuGH, ZGS 2011, S. 539 ff.

Weber, Wolfgang .... Der Raum der Freiheit, der Sicherheit und des Rechts im Vertrag von Lissabon, BayVBl. 2008, S. 485 ff.

Wernsmann, Rainer/ Behrmann, Jan .... Das Vorabentscheidungsverfahren nach Art. 234 EG, Jura 2006, S. 181 ff.

Wilhelmsson, Thomas .... Full Harmonisation of Consumer Contract Law?, ZEuP 2008, S. 225 ff.

Zuck, Rüdiger/ Lenz, Christofer .... Verfassungsrechtlicher Rechtsschutz in Europa, NJW 1997, S. 1193 ff.

Zuleeg, Manfred .... Die föderativen Grundsätze der Europäischen Union, NJW 2000, S. 2846 ff.

Kapitel 1. Grundlagen

A. Theorie der Integration und Funktion des Europarechts

Literatur: *Schmale*, Geschichte Europas, 2001; *Micklitz*, Yearbook of European Law 2010, 3 ff.

Die Wiege der EU steht in den Trümmern des Zweiten Weltkriegs. **1** Nachdem Europa durch den durch die Nationalsozialisten betriebenen exzessiven Nationalismus in Schutt und Asche lag, wuchs das Bedürfnis nach einem gleichberechtigten Zusammenschluss der Staaten. Dieser sollte auf Dauer Frieden dadurch gewährleisten, dass er den als zerstörerisch empfundenen Nationalismus zugunsten einer immer enger werdenden Union überwindet. Winston Churchill rief daher in seiner Zürcher Rede im September 1946 zu einem Zusammenschluss „Vereinigter Staaten von Europa" nach dem Vorbild der Vereinigten Staaten von Amerika auf.

Die Vergangenheit hatte gelehrt, dass ein internationaler Friedens- **2** vertrag kein effektives Mittel zur nachhaltigen Friedenssicherung war. Die **Schaffung einer supra- statt internationalen Rechtsordnung**, die die Ermöglichung und Vertiefung des Handels innerhalb seiner Mitglieder zum Ziel hatte, erschien ein tragfähigeres Konzept zu sein. Auf ein schlagkräftiges Argument gebracht gründete sich die EU auf dem Grundsatz: **Wer miteinander handelt, bekriegt sich nicht!**

Da eine solche supranationale Ordnung nicht primär von einer nati- **3** onal geprägten Politik verwirklicht werden kann, kommt dem Recht als Instrument eine besondere Funktion zu. Kernidee des EU-Rechts ist daher, wie man heute noch an Art. 3 Abs. 1 EUV sieht, die Sicherung und Wahrung des Friedens durch ökonomische Integration. Zu diesem Zweck gründet sich die EU auf der Idee des **Funktionalismus**, der eine Entpolitisierung des europäischen Einigungsprozesses zugunsten eines technokratischen Rechts zum Ziel hat. Das EU-Recht wird als Instrument benutzt, welches zur Schaffung des Binnenmarkts dort eingesetzt wird, wo die Politik keine effektive Wirkung entfalten kann.

Hinweis: Dieser funktionale, marktbezogene Charakter des EU-Rechts sowie der supranationale Charakter der EU eröffnet erst das Verständnis für die Anwendung des Europarechts.

Die Aufgabe der EU hat sich im Laufe der Zeit gewandelt, wobei **4** nach wie vor Streit darüber besteht, welche Aufgaben der EU mittlerweile zukommen. Neben den Funktionalismus treten dabei vor allem realistische, rationalistische, föderalistische, intergouvernementale, sowie Mehrebenen- und Netzwerk-Theorien.

B. Entwicklung der EU

Literatur: *Schmale*, Geschichte Europas, 2001; *Böckenförde*, Welchen Weg geht Europa?, 1997.

5 Die Gründungsgemeinschaft ist die Europäische Gemeinschaft für Kohle und Stahl (EGKS), sog. **Montanunion**. Ihr Ziel war es, die Rüstungsindustrien Kohle und Stahl Deutschlands und Frankreichs unter eine gemeinsame Aufsicht zu stellen, an der sich andere Staaten Europas beteiligen konnten. Auf diese Weise sollte die Gefahr für die französischen Sicherheitsinteressen eines wieder erstarkenden Deutschlands gebannt und Deutschland der Schritt zurück in die internationale Gemeinschaft erleichtert werden.

6 Am 18.4.1951 wurde in Paris zwischen Deutschland, Frankreich, Italien und den Beneluxstaaten der Vertrag zur Gründung der EGKS unterzeichnet, der am 23.7.1952 in Kraft trat und eine Laufzeit von 50 Jahren vorsah. Ab dem 23.7.2002 war hinsichtlich der Bereiche Kohle und Stahl der Anwendungsbereich des EGV aF eröffnet.

7 Die auf Erweiterung der Gemeinschaft zielenden Vorschläge zur Errichtung einer Europäischen Politischen Gemeinschaft und einer Europäischen Verteidigungsgemeinschaft von 1954 scheiterten an der französischen Nationalversammlung. Die wirtschaftliche Erweiterung wurde hingegen am 25.3.1957 durch den Vertrag zur Gründung **der Europäischen Wirtschaftsgemeinschaft (EWG)** realisiert. Leitziel der EWG war die stufenweise Errichtung eines Gemeinsamen Marktes. Dieser umfasst einen gemeinsamen Zolltarif gegenüber Drittstaaten und den freien Verkehr von Waren, Dienstleistungen und Arbeitskraft zwischen den Mitgliedstaaten. Mitgliedstaaten der EWG waren Deutschland, Frankreich, Italien und die Benelux-Staaten. Am gleichen Tag wurde zwischen denselben Partnern in Rom der **Vertrag über die Europäische Atomgemeinschaft (EAGV)** geschlossen, der die friedliche Nutzung der Kernenergie zum Gegenstand hat. Beide Verträge werden **„Römische Verträge“** genannt. Sie sind am 1.1.1958 in Kraft getreten und im Gegensatz zum EGKS nicht zeitlich befristet.

Als Zusatz zu den Römischen Verträgen wurde das **Abkommen über gemeinsame Organe für die Europäischen Gemeinschaften** geschlossen, nach dem sich die EGKS, EWG und EAG eine parlamentarische Versammlung, einen Gerichtshof und einen Wirtschafts- und Sozialausschuss teilen. Mit dem **Fusionsvertrag,** der am 1.7.1967 in

Kraft trat, wurden zusätzlich eine Kommission und ein Rat geschaffen. Trotz dieser gemeinsamen Organe blieb die Eigenständigkeit der drei Gemeinschaften erhalten.

Die Gemeinschaften vergrößerten sich durch Beitritte Dänemarks, 9
Großbritanniens, Irlands (1973), Griechenlands (1981), Portugals und Spaniens (1986) auf zwölf Mitglieder (sog. Süderweiterung). Grönland trat 1985 nach einem Referendum aus den Gemeinschaften aus.

Die am 1.7.1987 in Kraft getretene **Einheitliche Europäische Akte** 10
(EEA) verfolgte das Ziel, die Verwirklichung des Binnenmarktes abzuschließen. Art. 13 EEA (heute Art. 28 Abs. 2 AEUV) definierte den Binnenmarkt als „ein(en) Raum ohne Binnengrenzen, in dem der freie Verkehr von Waren, Personen, Dienstleistungen und Kapital (...) gewährleistet ist“. Maßnahmen zur Verwirklichung des Binnenmarktes mussten im Rat nicht mehr einstimmig, sondern nur mit qualifizierter Mehrheit beschlossen werden. Die Gesetzgebungskompetenz des Europäischen Parlaments (EP) wurde durch die Einführung des Verfahrens der Zusammenarbeit gestärkt. Die informelle **Europäische Politische Zusammenarbeit (EPZ)** zwischen den Mitgliedstaaten im Bereich der Außenpolitik wurde vertraglich verankert. Die Kompetenzen der Gemeinschaften wurden in den Bereichen Sozialpolitik, Forschung und technologische Entwicklung, Umweltpolitik und gemeinsame Außenpolitik erweitert.

Der am 1.11.1993 in Kraft getretene **Vertrag über die Europäi-** 11
sche Union (EUV), sog. Vertrag von Maastricht gründete die EU. Die EU war die Dachorganisation über den drei Europäischen Gemeinschaften und zwei weiteren Politikbereichen: der Gemeinsamen Außen- und Sicherheitspolitik (GASP) und der Polizeilichen und Justiziellen Zusammenarbeit in Strafsachen (PJZS). Die EU hatte keine eigene Rechtspersönlichkeit. Die EWG wurde in Europäische Gemeinschaft (EG) umbenannt, da die Gemeinschaft neben der wirtschaftlichen Zusammenarbeit auch andere Politikbereiche regelte. Ferner wurde die schrittweise Einführung einer **Wirtschafts- und Währungsunion** beschlossen, die Unionsbürgerschaft eingeführt und die Stellung des EPs durch das Verfahren der Mitentscheidung gestärkt.

1995 vergrößerte sich die EU durch den Beitritt Finnlands, Öster- 12
reichs und Schwedens auf 15 Mitglieder. Am 1.1.1999 wurde die Währungsunion durch die Einführung des Euros teilweise verwirklicht.

Durch den am 1.5.1999 in Kraft getretenen **Vertrag von Amsterdam** 13
wurde das EP an weiteren Bereichen der Gesetzgebung beteiligt. Ferner wurde die Ernennung des Kommissionspräsidenten von der Zustimmung des EPs abhängig gemacht. Maßnahmen wie die Festlegung der maximalen Sitze des EPs sollten die EU auf folgende Erweiterungen vorbereiten.

14 Mit der **ersten Osterweiterung** am 1.5.2004 durch die Beitritte Estlands, Lettlands, Litauen, Maltas, Polens, der Slowakei, Sloweniens, Tschechiens, Ungarns und Zyperns wuchs die EU von 15 auf 25 Mitgliedstaaten. Der am 1.2.2003 in Kraft getretenen **Vertrag von Nizza** etablierte das Verfahren der qualifizierten Mehrheit als Regelverfahren. Die **zweite Osterweiterung** erfolgte am 1.1.2007 durch die Beitritte Bulgariens und Rumäniens, wodurch die EU auf die derzeitige Größe von 27 Mitgliedstaaten anwuchs.

15 Der **Vertrag über eine Verfassung für Europa** (VVE) wurde 2004 unterzeichnet und sollte das bestehende Vertragswerk reformieren. Er hatte im Wesentlichen zwei Ziele: 1. sollte er die EU hinsichtlich der Beschlussfassungen modernisieren und 2. sollte die EU mehr nationalstaatlichen Charakter – bspw. durch eine Flagge und Hymne – bekommen. Der VVE wurde jedoch von Frankreich und den Niederlanden aufgrund negativer Referenden nicht ratifiziert. In Folge wurde er niemals rechtskräftig.

16 Nach dem Scheitern des VVE trat der **Vertrag von Lissabon** am 1.12.2009 in Kraft. Der Vertrag von Lissabon nimmt zahlreiche Reformvorschläge des VVE auf, verzichtet jedoch weitgehend auf nationalstaatliche Elemente. Der EU, die Rechtsnachfolgerin der EG ist, wird Rechtspersönlichkeit verliehen. Die vormals rein intergouvernementale PJZS wurde in die EU eingegliedert. Die GASP bleibt intergouvernemental und eigenständig. Die Position des EP wurde durch die Einführung des „ordentlichen Gesetzgebungsverfahrens" (ehemals Mitentscheidungsverfahren) als Regelverfahren gestärkt. Die GrCh (s.u.) wird über einen Verweis in Art. 6 EUV für verbindlich erklärt. Der ehemalige EGV wurde leicht modifiziert und in **„Vertrag über die Arbeitsweise der Europäischen Union"** (AEUV) umbenannt.

17 Die **GrCh** wurde vom ersten europäischen Konvent unter Vorsitz von Roman Herzog ausgearbeitet und am 7.12.2000 in Nizza feierlich proklamiert. Sie enthält einen geschriebenen Katalog der EU-Grundrechte, die auf Unionsebene verankert sind. Obgleich die Charta zunächst formell nicht rechtswirksam war, wurde sie in der Praxis von der europäischen Gerichtsbarkeit angewendet.[1] Formelle Verbindlichkeit erlangte sie erst mit Inkrafttreten des Vertrages von Lissabon am 1.12.2009. Die Charta ist seitdem für die Organe der Union sowie für

---

[1] Siehe nur *EuGH* C-540/03, Slg. 2006, I-5709 – Parlament/Rat; *EuG* T-112/98, Slg. 2001, II-729, Rn. 15, 76 – Mannesmannröhren-Werke/Kommission; *EuG* T-54/99, Slg. 2002, II-313, Rn. 48, 57 – max.mobil/Kommission; *EuG* T-177/01, Slg. 2002, II-3425, Rn. 42, 47 – Jégo-Quéré/Kommission.

die Mitgliedstaaten bindend, wenn diese sich im Anwendungsbereich des Unionsrechts befinden oder dieses durchführen.[2]

Am 1.7.2013 ist Kroatien der EU als 28. Mitglied beigetreten. **18**

Übung: *Purnhagen*, Klausurenkurs Europarecht: Fall 1, Der ratlose Unternehmer.

Kapitel 2. Struktur der EU

A. Die EU im Modell

Literatur: *Terhechte*, EuR 2008, 143.

Die EU besteht im Kern aus den gem. Art. 1 Abs. 2 S. 2 EUV **1** gleichwertigen Verträgen AEUV und EUV, welche gem. Art. 6 Abs. 1 AEUV von der GrCh ummantelt werden. Die Integrationsdichte der in den Verträgen geregelten Politikfelder variiert jedoch. Daneben besteht Euratom als eigenständige Gemeinschaft, die gem. Art. 106a EAGV in vielerlei Hinsicht mit der EU verbunden ist. Zur Darstellung dieser Strukur wurde von mehreren Seiten ein Satellitenmodell vorgeschlagen, bei dem die Euratom als Satellit den Planeten AEUV/EUV und GrCh umkreist. Dieses Modell ist nicht vorzugswürdig, da es nicht der Verknüpfung von AEUV/EUV und Euratom Rechnung trägt. Die derzeitige Struktur der Union lässt sich nicht in einem anschaulichen und gleichzeitig korrekten Modell darstellen.

B. Die Ziele (Politikbereiche) der EU

Literatur: Zu den Zielen: *Basedow,* in: FS Everling, 1995, S. 49; *Carstens,* ZaöRV 18 (1957/58), 459; Zum Binnenmarktziel: *Grabitz,* in: FS Steindorff, 1990, S. 1229; *Grabitz/von Bogdandy,* JuS 1990, 170; *Hatje,* in: *von Bogdandy/Bast*, Europäisches Verfassungsrecht, 2. Aufl. 2009, S. 801; *Mortelmans,* CMLRev. 35 (1998), 101; *Reich*, EuZW 1991, 203; Zum Raum der Freiheit, der Sicherheit und des Rechts: *Weber*, BayVBl. 2008, 485.

Die EU verfolgt folgende Ziele (Politikbereiche): die Errichtung ei- **2** nes Binnenmarkts, das Anbieten eines Raums der Freiheit, der Sicherheit und des Rechts sowie den Schutz und Förderung ihrer Werte und

---

[2] Eine Sonderregelung besteht für Großbritannien und Polen. Die Charta entfaltet in diesen beiden Mitgliedstaaten nur bedingt Wirkung, siehe hierzu Protokoll Nr. 7 über die Anwendung der Charta der Grundrechte auf Polen und das Vereinigte Königreich. Im Ergebnis ändert sich durch das Protokoll jedoch nur wenig bis nichts, krit. hierzu siehe *Lindner*, EuR 2008, 786.

Interessen und den Schutz ihrer Bürger in den Außenbeziehungen. Jegliches EU-Recht ist im Hinblick auf die Erreichung dieser Ziele auszulegen.

Hinweis: In der Pflichtfachprüfung sind in allen Bundesländern nur Regelungen zum Binnenmarkt relevant. Dies entbehrt jedoch nicht die grundlegende Kenntnis der beiden anderen Politikbereiche, um sie vom Binnenmarktziel abgrenzen zu können.

I. Binnenmarkt

3 Vor dem Hintergrund ihrer Entstehungsgeschichte ist das Kernkonzept der EU die Verwirklichung eines einheitlichen Binnenmarkts wie er in Art. 3 Abs. 3 EUV zum Ausdruck kommt. Wie insbesondere durch Art. 3 Abs. 3 S. 2 EUV deutlich wird, hat sich dieses Binnenmarktkonzept im Zuge der historischen Entwicklung vom Ziel des bloßen Abbaus von Handelshemmnissen zu einem umfangreichen politischen Programm entwickelt. Die Anknüpfung des S. 2 an S. 1 macht jedoch deutlich, dass diese Ausweitungen stets einen Bezug zum Binnenmarkt aufweisen müssen; ein allein stehendes, vom Binnenmarkt losgelöstes „soziales" EU-Recht gibt es nicht. Der Kern dieser Entwicklung lässt sich mit der in Art. 3 Abs. 3 S. 2 zu findenden Formulierung zusammenfassen, dass die Union auf eine „in hohem Maße wettbewerbsfähige soziale Marktwirtschaft" abzielt. Zum Binnenmarktkonzept gehört auch das in Art. 3 Abs. 4 EUV genannte Ziel der Wirtschafts- und Währungsunion.

II. Raum der Freiheit, der Sicherheit und des Rechts

4 Der Raum der Freiheit, der Sicherheit und des Rechts in Art. 3 Abs. 2 EUV umschreibt den gemeinsamen Bereich, der vor dem Lissabon-Vertrag als PJZS bekannt war. Maßgebliches Charakteristikum ist die Loslösung vom in der Binnenmarktpolitik herrschenden Prinzip wirtschaftlicher Integration und Freizügigkeit bei gleichzeitiger Positionierung als zentrales Integrationsziel.

III. Außenbeziehungen

5 Die Regelungen der Außenbeziehungen in Art. 3 Abs. 5 EUV formen das „auswärtige Pendent" zu Art. 2 EUV und Teilen des Art. 3 EUV.[3] Sie sollen den Schutz der EU Bürger auch außerhalb der EU sicherstellen, sowie die Werte und Interessen der EU fördern. Die

---

[3] *Terhechte*, in: *Grabitz/Hilf/Nettesheim*, Art. 3 EUV, Rn. 61.

Regelungen der Außenbeziehungen folgen in erster Linie den Regeln des internationalen Rechts durch den Abschluss von Verträgen mit Drittstaaten.

C. Die EU im Verhältnis zu anderen internationalen Organisationen

Literatur: *Pache/Rösch*, EuZW 2008, 519; *dies.*, EuR 2009, 796.

Die EU ist unterschiedlich intensiv mit anderen Organisationen ver- 6
bunden. Die wichtigste ist hierbei der Europarat, der mit dem Europäischen Gerichtshof für Menschenrechte in Straßburg unter anderem über die EMRK wacht. Auch wenn die EMRK bei der Auslegung der Europäischen Grundrechte eine Rolle spielt, sind beide Organisationen institutionell eigenständig. Weitere Organisationen, die nicht zur EU gehören, jedoch vertraglich eng mit ihr verbunden sind, sind das Europäische Hochschulinstitut in Florenz und das Europakolleg in Brügge. Darüber hinaus besitzt die EU einen Beobachterstatus mit eigenem Rederecht in der UN-Vollversammlung.

Hinweis: Der Europarat darf keinesfalls mit dem Rat der EU oder dem Europäischen Rat verwechselt werden. Letztere sind als Organe der EU integrale Bestandteile der Union, während ersterer eine davon unabhängige internationale Organisation ist.

Kapitel 3. Rechtsnatur der EU

Literatur: *Giegerich*, JuS 1997, 39, 335, 426, 522, 619, 714; *Schöbener*, JA 2011, 885.

A. Das Verhältnis der EU zu den Mitgliedstaaten

Die Funktionalität des Unionsrechts führt dazu, dass Handlungen 1
auch gegen die Interessen der Mitgliedstaaten durchgesetzt werden können. Daher kommt es wiederholt zu Spannungen zwischen den Mitgliedstaaten und der EU. Ein Rückgriff auf das Verhältnis der Mitgliedstaaten zur EU ermöglicht meist erst das Verständnis für die Handlungsspielräume, die den Mitgliedstaaten und der EU in bestimmten Bereichen gegeben sind. Substantiell ist das Verhältnis zwischen

der EU und den Mitgliedstaaten unklar. Ein genaues Hinsehen offenbart eine Vielzahl von Konzepten, die dieses Verhältnis beschreiben. Aufgrund der Zielsetzung dieses Buches soll hier jedoch nur die Sicht dargestellt werden, die vom BVerfG geteilt wird und damit auch in der Staatsprüfung vorausgesetzt werden kann.

2 Die Existenz und Fortentwicklung der EU begründet sich auf dem Vertragsschluss ihrer Mitgliedstaaten. Darum bilden die Mitgliedstaaten die **„Herren der Verträge“**. Dadurch wird deutlich, dass die Mitgliedstaaten auf die EU nur im Rahmen des Vertragsschlusses und der Vertragsänderung uneingeschränkte Einflussmöglichkeiten haben. Sind die Arbeiten an den Verträgen beendet, übernehmen, zumindest im Prinzip, die Organe der EU deren Durchsetzung. Referenzbegriff zu den Mitgliedstaaten als „Herren der Verträge“ ist daher auch die Europäische Kommission als **„Hüterin der Verträge“**, da sie über deren Einhaltung wacht.

3 An die Einordnung der Mitgliedstaaten als **„Herren der Verträge“** knüpfen zwei wesentliche Rechtsfolgen an: Erstens ist die *Änderung* der die EU so konstituierenden Verträge nicht ohne die Mitwirkung der jeweiligen Mitgliedstaaten möglich. Zweitens kann ein Mitgliedstaat seine Rolle als „Herr der Verträge“ aufgeben und gem. Art. 50 EUV aus der EU *austreten*. Den einzigen Fall, der zumindest einem Austritt nahe kommt, hat es mit Grönland gegeben, wobei es damals noch keine Austrittsklausel in den Verträgen gab.

B. Die Rechtsnatur der EU

Literatur: *Terhechte*, EuR 2008, 143; *Tomuschat*, HFR 1997, Beitrag 8; *Zuleeg*, NJW 2000, 2846.

I. Die EU als Staatenverbund

4 Früher bestand Streit darüber, ob die EU, damals noch EWG oder EG, wie jede andere völkerrechtliche Organisation als intergouvernementaler Zusammenschluss souveräner Staaten zu behandeln sei, sog. **Völkerrechtstheorie**, oder als Bundesstaat oder bundesstaatsähnliche Organisation, sog. **Bundesstaatstheorie**. Das BVerfG hat die EU mittlerweile als

> „eine im Prozess fortschreitender Integration stehende Gemeinschaft eigener Art.“[4]

[4] BVerfGE 37, 271 (278 f.) – Solange I.

bezeichnet. Im Maastricht-Urteil führte „das BVerfG sodann die Bezeichnung der EU als supranationalen „**Staatenverbund**" ein.

„Der EU-Vertrag begründet einen Staatenverbund zur Verwirklichung einer immer engeren Union der – staatlich organisierten – Völker Europas (Art. 1 EUV), keinen sich auf ein europäisches Staatsvolk stützenden Staat".[5]

Im **Lissabon**-Urteil hat der BVerfG den Begriff des „Verbundes" wie folgt konkretisiert: 5

Definition Staatenverbund: „Der Begriff des Verbundes erfasst eine enge, auf Dauer angelegte Verbindung souverän bleibender Staaten, die auf vertraglicher Grundlage öffentliche Gewalt ausübt, deren Grundordnung jedoch allein der Verfügung der Mitgliedstaaten unterliegt und in der die Völker – das heißt die staatsangehörigen Bürger – der Mitgliedstaaten die Subjekte demokratischer Legitimation bleiben."[6]

Durch den Hinweis auf die Möglichkeit der Ausübung öffentlicher Gewalt stellt das BVerfG fest, dass die EU mehr ist als ein einfacher durch völkerrechtliche Verträge zusammengehaltener intergouvernementaler *Staatenbund*. Die EU kann durch Verordnungen, Beschlüsse und unter bestimmten Voraussetzungen auch Richtlinien verbindlich Recht setzen, welches ohne Umsetzungsakt der Mitgliedstaaten unmittelbar Wirksamkeit erlangt. Die EU besitzt, obwohl sie auf völkervertragsrechtlicher Grundlage entstanden ist, eine **autonome Rechtsordnung**. Vor allem durch diese **Supranationalität** unterscheidet sie sich von anderen internationalen Organisationen wie bspw. den Vereinten Nationen, die nur eine besonders institutionalisierte Form des **Intergouvernementalismus** darstellen. 6

Der Hinweis auf die Verfügungsgewalt der Mitgliedstaaten und die „staatsangehörigen Bürger" soll andererseits zum Ausdruck bringen, dass die EU in der Tradition der Rechtsprechung des BVerfG auch nicht als eigener föderaler *Bundesstaat* gesehen werden kann.[7] Wann ein Gebilde nach internationalem Recht ein „Staat" ist, bestimmt sich nach allgemeiner Meinung nach der auf Georg Jellinek zurückgehenden 7

[5] BVerfGE 89, 155 = NJW 1993, 3047, Leitsatz 8 – Maastricht.

[6] BVerfGE 123, 267 = NJW 2009, 2267, Rn. 229 – Lissabon.

[7] So bereits BVerfGE 37, 271 (278 f.) – Solange I: *„Die Gemeinschaft ist selbst kein Staat, auch kein Bundesstaat."* Krit. hierzu zu Recht *Zuleeg*, NJW 2000, 2846 (2851).

3-Elemente-Lehre:[8] Demnach benötigt ein Gebilde, um völkerrechtlich als Staat klassifiziert zu werden

1. ein Staatsvolk,
2. ein Staatsgebiet,
3. eine Staatsgewalt.

8 Das BVerfG hat deutlich gemacht, dass es nach seiner Auffassung bereits am ersten Kriterium fehlt. Die Verwendung des Begriffs „die staatsangehörigen Bürger" ist dahingehend zu verstehen, dass die EU gerade nicht über ein eigenes Staatsvolk verfügt, sondern nur aus Angehörigen anderer Staaten besteht. Dem ließe sich jedoch entgegenhalten, dass gem. Art. 9 S. 2, 3 EUV, Art. 20 Abs. 1 S. 3 AEUV alle Staatsangehörigen der Mitgliedstaaten eine Unionsbürgerschaft besitzen, die neben die mitgliedstaatliche Staatsangehörigkeit tritt. Mit ähnlicher Argumentation kann sich auch der Frage nach dem Staatsgebiet genähert werden. Einerseits, so könnte man argumentieren, hat die EU kein eigenes Staatsgebiet, da sie aus den Staatsgebieten einzelner souveräner Mitgliedstaaten besteht. Andererseits ist das Territorium der EU, auf dem sie auch eigene öffentliche Gewalt ausüben kann, durchaus abgrenzbar. Während die Erfüllung der ersten beiden Kriterien damit zumindest unklar ist, scheitert es letztlich jedoch am Kriterium der Staatsgewalt. Die EU hat aufgrund des Prinzips der begrenzten Einzelermächtigung (Art. 5 Abs. 1, 2 EUV) keine **Kompetenz-Kompetenz**, also nicht die Möglichkeit, sich eigene Kompetenzen zu erschaffen. Sie ist hierfür nach wie vor auf die Zuweisung der Kompetenzen durch die Mitgliedstaaten angewiesen.

II. Übertragung von Hoheitsgewalt

9 Da die EU auf völkerrechtlicher Grundlage gebildet ist, gehen ihre Handlungsmöglichkeiten nur so weit wie sie ihr von den Mitgliedstaaten als „Herren der Verträge" übertragen worden sind. Die BRD hatte ursprünglich die Übertragung ihrer Hoheitsrechte an die EU auf Art. 24 GG gestützt. Heute sind die Voraussetzungen und Grenzen der Übertragung von Hoheitsgewalt an die EU im spezielleren Art. 23 GG geregelt. Art. 23 GG ist ein Produkt der Rechtsprechung des BVerfG, das in mehreren Urteilen die Voraussetzungen und Grenzen der europäischen Integration aus deutscher Sicht ausgelotet hat und noch im-

[8] Siehe hierzu vor allem *VG Köln*, DVBl 1978, 510 – 512 (Sealand), besprochen bei *Pierlings*, in: *Menzel/Pierlings/Hoffmann*, Völkerrechtsprechung, 2005, S.174.

mer auslotet. Daher ist Art. 23 GG nur im Lichte dieser Urteile des BVerfG zu lesen.

1. Voraussetzungen der Übertragung von Hoheitsgewalt auf die EU gem. Art. 23 GG

Gem. Art. 23 Abs. 1 S. 2 GG ist zur Übertragung von Hoheitsrechten an die EU stets ein Gesetz vonnöten, das der Zustimmung des Bundesrates bedarf. Das BVerfG bezeichnet dieses Gesetz als **Zustimmungsgesetz**. Wird durch die Übertragung von Hoheitsbefugnissen an die EU das Grundgesetz geändert, ist hierfür gem. Art. 23 Abs. 1 S. 3 GG i.V.m. Art. 79 Abs. 2 GG die Zustimmung der Stimmen von zwei Dritteln der Mitglieder des Bundestages und des Bundesrates vonnöten. Näheres ist in den folgenden Absätzen sowie im „Gesetz über die Zusammenarbeit von Bundesregierung und Deutschem Bundestag in Angelegenheiten der Europäischen Union" sowie im „Gesetz über die Zusammenarbeit von Bund und Ländern in Angelegenheiten der Europäischen Union" geregelt. Eine bloße Beteiligung des Bundestags und der Länder reicht nicht für ein wirksames Zustandekommen eines solchen Zulassungsgesetzes aus. Gem. Art. 23 Abs. 2 S. 1 GG müssen sie „mitwirken". Das heißt, dass sie im Rahmen ihrer **Integrationsverantwortung**[9] nicht nur formell am Verfahren zu beteiligen sind, sondern gerade auch in die inhaltliche Ausgestaltung der europäischen Außenpolitik einbezogen werden müssen.[10] Die beiden vorgenannten Gesetze regeln die diesbezüglichen Einzelheiten. 10

Materiell darf dieser Gesetzesbeschluss insbesondere gem. Art. 23 Abs. 1 S. 3 GG nicht gegen die Grundsätze der Ewigkeitsklausel des Art. 79 Abs. 3 GG verstoßen. Damit darf das Zustimmungsgesetz insbesondere nicht der Gliederung des Bundes in Länder, der grundsätzlichen Mitwirkung der Länder bei der Gesetzgebung und den in Art. 1 und 20 GG enthaltenen Grundsätzen zuwider laufen. Das BVerfG hat im Lissabon-Urteil diese durch Art. 79 Abs. 3 GG gezogene Grenze höchst problematisch näher konkretisiert: Dem deutschen Gesetzgeber vorbehalten sind demnach **sozialpolitisch wichtigte Entscheidungen**, die die Existenzsicherung des Einzelnen betreffen,[11] sowie der Bereich der Möglichkeit, sich im **eigenen Kulturraum** verwirklichen zu können.[12] Dies umfasst das Schul- und Bildungssystem, Familienrecht, 11

---

[9] BVerfGE 123, 267 = NJW 2009, 2267, Leitsatz 2 lit. a) – Lissabon.

[10] BeckOK-GG/*v. Heinegg,* Art. 23 Rn. 29.

[11] BVerfGE 123, 267 = NJW 2009, 2267, Rn. 259 – Lissabon.

[12] BVerfGE 123, 267 = NJW 2009, 2267, Rn. 260 – Lissabon.

Sprache, Teilbereiche der Medienordnung sowie den Status von Kirchen, Religions- und Weltanschauungsgemeinschaften.[13]

12 Die absolute Schranke findet die Integration jedoch unabhängig von den Bedingungen des Art. 23 GG, wenn das „Grundgefüge der Verfassung" verletzt ist.[14] In diesem Zusammenhang wurde vor allem immer wieder eine Verletzung des durch Art. 79 Abs. 2 und 3, Art. 20 Abs. 1 und 2 sowie Art. 38 GG gewährleisteten demokratischen Prinzips im Hinblick auf das **„Demokratiedefizit"** der EU gerügt. Nach Ansicht des BVerfG ist dies jedoch erst dann verletzt, wenn dem Gesetzgeber durch die Übertragung keine „Aufgaben und Befugnisse von substantiellem Gewicht verbleiben".[15]

13 Im Zuge der Umsetzung des Lissabon-Vertrags wurde zusätzlich für den Bundestag und den Bundesrat eine Klagemöglichkeit in Art. 23 Abs. 1a GG vor dem EuGH geschaffen, wenn er sich in bestimmten Rechten verletzt sieht (**Subsidiaritätsklage**).

2. Reichweite des Zustimmungsgesetzes des Art. 23 GG

14 Die Reichweite des Art. 23 GG und damit die Reichweite der staatlichen Hoheitsgewalt der BRD wird von der Geltung und der Reichweite des Zustimmungsgesetzes bestimmt. Die Judikatur und Art. 23 GG selbst wurden in dieser Hinsicht maßgeblich beeinflusst von der von Paul Kirchhof begründeten **„Brückentheorie"**. Demnach „fließt Europarecht (...) nur über die Brücke des nationalen Zustimmungsgesetzes nach Deutschland".[16] Das Zustimmungsgesetz ist das Bindeglied zwischen dem Europarecht und dem nationalen Recht; ist diese Brücke zerstört, so hat auch das Unionsrecht in der BRD keine Geltung mehr. Rechtlich gesprochen ist die Geltung des Europarechts bedingt durch die Geltung des Zustimmungsgesetzes, das seinerseits wiederum von der deutschen Rechtsordnung abhängt.

15 Diese Sicht ist zwar unter maßgeblicher Beeinflussung durch Paul Kirchhof in seinen Zeiten als Richter am BVerfG zur Leitlinie der verfassungsrechtlichen Rechtsprechung geworden, jedoch in der deutschen Literatur und im Rest Europas heftig kritisiert worden. „Hat (...) einmal die Bundesrepublik Deutschland einer Übertragung von Hoheitsgewalt (...) zugestimmt, so kann sie diese Bindung nicht mehr einseitig von sich abschütteln."[17] Da die Übertragung von Hoheitsge-

---

[13] BVerfGE 123, 267 = NJW 2009, 2267, Rn. 260 –Lissabon.
[14] BVerfGE 58, 1, 40 = NJW 1982, 507 – Eurocontrol I.
[15] BVerfGE 89, 155 (186 ff.) = NJW 1993, 3047 – Maastricht.
[16] *Kirchhof*, in: *Isensee/Kirchhof*, HStR VII, § 183, Rn. 63 f.
[17] *Tomuschat*, HFR 1997, Beitrag 8, Rn. 3.

walt unbedingt erfolge, sei auch die BRD an die völkerrechtlichen Grundsätze des *pacta sunt servanda* gebunden. „Der einmal beschlossene Übertragungsakt bindet solange, wie nicht das Gemeinschaftsrecht, das wiederum in dieser Existenzfrage weitgehend vom allgemeinen Völkerrecht abhängig ist, eine Aufkündigung der ursprünglichen Willenseinigung gestattet."[18] Letztlich werden die unterschiedlichen Argumente in dem Streit zwischen dem EuGH und dem BVerfG um die Herkunft der unmittelbaren Geltung des Europarechts sichtbar. Es geht um die grundsätzliche Frage, ob das Europarecht, wenn es einmal geschaffen wurde, vom „nationalen Recht her" oder vom „Völker- bzw. Europarecht her" gilt.

a) Reichweite des Zustimmungsgesetzes vor dessen Inkrafttreten

Dessen unbesehen kann das Zustimmungsgesetz nur dann Wirkung **16** entfalten, wenn es unterschrieben und verkündet ist. Um die fatalen Auswirkungen zu umgehen, die mit einer Unwirksamkeit des Zustimmungsgesetzes zusammenhängen, ist Folgendes gängige Praxis: Wenn ein Zustimmungsgesetz beschlossen worden und eine Klage vor dem BVerfG anhängig ist, verweigert der Bundespräsident die Unterschrift unter das Gesetz zunächst und wartet den Beschluss des BVerfG ab. Dadurch werden ein verfassungsmäßig ungültiges Transformationsgesetz und etwaige Begleitgesetze erst gar nicht erlassen, sondern schon vor ihrem Wirksamwerden nachgebessert. So geschehen bspw. im Fall der Begleitgesetzgebung zum Zustimmungsgesetz zum Lissabon-Vertrag, die vor der Unterschrift des Bundespräsidenten nach der „Lissabon"-Entscheidung nachgebessert wurde.

b) Reichweite des Zustimmungsgesetzes nach dessen Inkrafttreten

Fraglich ist jedoch, ob das Zustimmungsgesetz auch nach seinem **17** Inkrafttreten, also nach bereits erfolgter Übertragung von Hoheitsrechten noch eine Wirkung entfalten kann. Damit wäre zunächst das europäische Primärrecht, das durch das Zustimmungsgesetz geschaffen würde, anhand der Vorgaben des Art. 23 GG zu überprüfen. Geht man von der Brückentheorie aus, so ist diese Frage zu bejahen, da die EU ihre Rechte ja nur soweit erhalten hat, wie sie das Zustimmungsgesetz vorsieht. Solange und soweit das Zustimmungsgesetz gegen Verfassungsrecht verstößt, solange und soweit ist auch die Brücke zerbrochen beziehungsweise niemals erbaut worden. Dem wird jedoch vor allem von Seiten des *EuGH* entgegen gehalten, dass das Europarecht, sobald Hoheitsrechte wirksam übertragen wurden, eine autonome Rechtsordnung bildet, die sich nicht an der Gültigkeit nach nationalem Recht

---

[18] Siehe hierzu *Tomuschat*, HFR 1997, Beitrag 8, Rn. 4 m.w. Argumenten.

messen lassen kann. Ansonsten seien die Grundsätze der Effektivität des Unionsrechts und der Nichtdiskriminierung aufgrund der Staatsangehörigkeit verletzt. Allerdings kann es wohl heute als ganz allgemeine Ansicht in Deutschland gesehen werden, dass das Primärrecht sich zumindest an den Minimalanforderungen des Art. 23 Abs. 1 GG messen lassen muss.

c) Überprüfungskompetenz auch für Sekundärrechtsakte?

18 Sieht man von der Ansicht des *EuGH* zum grundsätzlichen Vorrang des Europarechts ab, herrscht weitgehend Einigkeit darüber, dass das *BVerfG* auch Sekundärrechtsakte an den Schranken des Art. 23 Abs. 1 GG messen kann. Fraglich ist lediglich, ob das Zustimmungsgesetz oder der europäische Rechtsakt an sich tauglicher Prüfungsgegenstand ist. Nach Meinung der vom *BVerfG* vertretenen Brückentheorie geht die Reichweite des Zustimmungsgesetzes so weit, dass Sekundärrechtsakte anhand der Schranken des Zustimmungsgesetzes gemessen werden können. Sekundärrechtsakte beruhen auf dem Primärrecht, das seinerseits wiederum durch das Zustimmungsgesetz ermächtigt wurde. Wird ein Verstoß des Sekundärrechts gegen die in Art. 23 Abs. 1 und 2 GG auferlegten Schranken geltend gemacht, ist daher in konsequenter Anwendung der Brückentheorie tauglicher Prüfungsgegenstand stets das Zustimmungsgesetz.[19] Dem wird entgegengehalten, dass das Unionsrecht nach Rechtsprechung des *EuGH* Teil des innerstaatlichen Rechtes ist und daher auch von deutschen Behörden und Gerichten wie ein deutscher Rechtsakt angewendet werde. Deshalb sei tauglicher Prüfungsgegenstand stets der europäische Rechtsakt selbst.[20]

C. Die Rechtsakte der EU und Ihre Wirkung

Literatur: *Bergmann*, EuGRZ 2004, 620; *Böhm*, JA 2008, 838; *Classen*, JZ 2000, 1157; *Craig*, CMLRev 2011, 395; *Jarass/Beljin*, NVwZ 2004, 1; *Lecheler*, JuS 2001, 120; *Möller*, Jura 2006, 91; *Frenz/Kühl*, Jura 2009, 401.

I. Rechtsakte der EU

19 Das EU-Recht besteht aus dem **Primär- und Sekundärrecht**. Das Primärrecht ist die Summe der Regelungen im EUV, AEUV und ihren Protokollen, in der GrCh sowie der aus dem Richterrecht hervorgegan-

---

[19] *Streinz*, Europarecht, Rn. 213–214a; *Lecheler*, JuS 2001, 120 (122).

[20] *Derpa*, JA 2002, 571 (572); *Zuck/Lenz*, NJW 1997, 1193 (1197 f.); *Vachek*, ZfRV 1997, 136 (139 ff.).

genen „allgemeinen Rechtsgrundsätze" des Unionsrechts. Das Sekundärrecht beschreibt alle Rechtsakte, die aufgrund einer Kompetenz im Primärrecht erlassen worden sind und das Primärrecht konkretisieren. Die wichtigsten Sekundärrechtsakte (Richtlinie, Verordnung, Beschluss, Empfehlungen und Stellungnahmen) sind in Art. 288 AEUV aufgezählt.

II. Unmittelbare Geltung des Unionsrechts

Das Unionsrecht hat unmittelbare Geltung in den Mitgliedstaaten **20**
der Union. Der *EuGH* hat in **Simmenthal II** definiert, was unter der „unmittelbaren Geltung" des Unionsrechts zu verstehen ist:

Definition unmittelbare Geltung: „Unmittelbare Geltung des Gemeinschaftsrechts bedeutet, daß seine Bestimmungen ihre volle Wirkung einheitlich in sämtlichen Mitgliedstaaten vom Zeitpunkt ihres Inkrafttretens an und während der gesamten Dauer ihrer Gültigkeit entfalten müssen. Die unmittelbar geltenden Bestimmungen sind unmittelbare Quelle von Rechten und Pflichten für alle diejenigen, die sie betreffen, einerlei, ob es sich um die Mitgliedstaaten oder um Einzelpersonen handelt. Diese Wirkung erstreckt sich auch auf jedes Gericht, das als Organ eines Mitgliedstaates die Aufgabe hat, die Rechte zu schützen, die das Gemeinschaftsrecht den Einzelnen verleiht."[21]

Obgleich das Prinzip der unmittelbaren Geltung europäischer **21**
Rechtsakte unbestritten ist, ist die Frage, worauf sich dieses Prinzip stützt, Gegenstand eines Disputs zwischen dem *EuGH* und dem *BVerfG*. Grundfrage ist dabei, ob sich das Prinzip der unmittelbaren Geltung aus dem Europarecht oder aus dem mitgliedstaatlichen Recht herleitet. Während der *EuGH* diesen Grundsatz aus der Autonomie des Europarechts gewinnt, ergibt sich die unmittelbare Geltung nach Ansicht des *BVerfG* erst aus dem in den mitgliedstaatlichen Zustimmungsgesetzen enthaltenen Rechtsanwendungsbefehl (Art. 23 Abs. 1 S. 2 GG). Diese Sicht geht auf die bereits dargestellte **„Brückentheorie"** zurück. Die so aufgeworfene Frage nach der Geltung des Europarechts ist nicht nur eine Frage der dogmatischen Herleitung des Vorrangs des Unionsrechts, sondern wirkt sich vor allem dann aus, wenn der mitgliedstaatliche Gesetzgeber entweder kein oder nur ein ungenügendes Transformationsgesetz erlässt. Folgt man in diesem Fall dem EuGH, so würde ein entsprechend erlassener Rechtsakt im Kollisionsfall dennoch

[21] *EuGH* 106/77, Slg. 1978, 629, Rn. 2 – Simmenthal II.

Vorrang vor nationalem Recht genießen. Übernähme man hingegen die Argumente des *BVerfG*, so müsste zunächst ein hinreichendes Transformationsgesetz erlassen werden. In der Praxis wird dieses Problem jedoch dadurch entschärft, dass das Transformationsgesetz ausnahmsweise schon vor der Unterzeichnung durch den Bundespräsidenten zu einer Überprüfung durch das *BVerfG* zugelassen wird.

***EuGH* Rs. 6/64, Slg. 1964, 1151 – Costa/ENEL**

Sachverhalt: Italien verstaatlichte im Jahre 1962 sämtliche Unternehmen, die für die Elektrizitätserzeugung und -versorgung zuständig waren. Die Betriebsanlagen der Elektrizitätsgesellschaften wurden per Hoheitsakt auf die Elektrizitätswerke ENEL übertragen. Herr Costa war Aktionär der Aktiengesellschaft Edison Volta. Er sah sich durch die Verstaatlichung dieser AG um seine Dividende gebracht und verweigerte daraufhin die Zahlung einer Stromrechnung in Höhe von 1.926 Lira. Die Sache kam vor das Friedensgericht in Mailand, wo Herr Costa sein Verhalten unter anderem damit rechtfertigte, dass das Verstaatlichungsgesetz Bestimmungen des EWG-Vertrages verletze. Daraufhin legte das Friedensgericht dem *EuGH* verschiedene Fragen zur Auslegung des EWG-Vertrages vor.

Lösung: Als es zur Frage kam, welche Geltung der EWG-Vertrag im Verhältnis zum italienischen Recht habe, nahm der *EuGH* eine unmittelbare Geltung des Europarechts vor nationalem Recht an. Nach seiner Ansicht begründete sich diese unmittelbare Geltung europäischer Rechtsakte in der Autonomie der europäischen Rechtsordnung selbst. Er führt dazu vier Argumente ins Feld: 1. erfordere der Grundsatz der effektiven Durchsetzung des Unionsrechts gem. (heute) Art. 4 Abs. 3 EUV, sowie 2. das Verbot jeglicher Diskriminierung aufgrund der Staatsangehörigkeit gem. (heute) Art. 18 AEUV, dass das Europarecht in jedem Mitgliedsstaat gleiche Geltung hat und nicht von einem innerstaatlichen Gesetzgebungsakt abhängig gemacht werden kann. 3. hätten die Mitgliedstaaten selbst ihre Hoheitsrechte unbedingt auf die EU übertragen. Würde die Geltung des Europarechts von einem nationalen Transformationsakt abhängig gemacht werden, so wäre die Geltung des Europarechts entgegen dieser unbedingten Übertragung letztendlich doch bedingt. 4. sehe man am Beispiel der Verordnung, die gem. (heute) Art. 288 Abs. 2 AEUV „in allen ihren Teilen verbindlich" ist und „unmittelbar in jedem Mitgliedstaat" gilt, dass das Unionsrecht ohne Mitwirkung der Mitgliedstaaten Geltung erlange.

Das *BVerfG* hat seine gegenteilige Auffassung am deutlichsten in der **Solange II**-Entscheidung dargelegt: 22

***BVerfGE* 73, 339 – Solange II**

Sachverhalt: Die Bf. beantragte 1976 beim zuständigen Bundesamt für Ernährung und Forstwirtschaft eine Genehmigung für die Einfuhr von eintausend Tonnen Champignonkonserven aus Taiwan. Dieser Antrag wurde unter Hinweis auf die Bestimmungen der VO Nr. 2107/74 (EWG) abgelehnt, wogegen die Bf. vor dem VG erfolglos klagte. Im Rahmen der darauf folgenden Sprungrevision legte das BVerwG dem *EuGH* die Frage vor, ob die fragliche VO Nr. 2107/74 (EWG) gegen Gemeinschaftsrecht verstoße. Nachdem der *EuGH* diese Frage verneint hatte, regte die Bf. vor dem BVerwG erfolglos unter anderem an, die Sache dem BVerfG gem. Art. 100 Abs. 1 GG vorzulegen. Schließlich legte die Bf. selbst Verfassungsbeschwerde ein, um überprüfen zu lassen, ob die fragliche Verordnung Geltung in der BRD habe.

Lösung: Zur unmittelbaren Geltung des Europarechts führte das BVerfG sodann aus, dass eine solche Geltung in der Tat bestünde, sie sich aber nicht, wie der *EuGH* dies annehme, in der Autonomie der europäischen Rechtsordnung begründe. Vielmehr begründe sich die unmittelbare Geltung in dem in den mitgliedstaatlichen Zustimmungsgesetzen enthaltenen Rechtsanwendungsbefehl (Art. 23 Abs. 1 S. 2 GG). Er stützt diese Sicht auf das Argument, dass das allgemeine Völkerrecht einen Anwendungsvorrang nicht kenne. Mithin müsste dieser also, nach Meinung des BVerfG, aus dem deutschen Recht, insbesondere aus dem GG, stammen.

III. Prinzip des Vorrangs des Unionsrechts

Die Rechtsfolge der unmittelbaren Geltung des Europarechts bezeichnet man als Prinzip des **Vorrangs des Unionsrechts** oder einfach **Anwendungsvorrang**. 23

Definition Vorrang des Unionsrechts: „Nach dem Grundsatz des Vorrangs des Gemeinschaftsrechts haben die Vertragsbestimmungen und die unmittelbar geltenden Rechtsakte der Gemeinschaftsorgane in ihrem Verhältnis zum internen Recht der Mitgliedstaaten nicht nur zur Folge, daß allein durch ihr Inkrafttreten jede entgegenstehende Bestimmung des geltenden staatlichen Rechts ohne weiteres unanwendbar wird, sondern auch, – da diese Bestimmungen und Rechtsakte vorrangiger Bestandteil der im Gebiet eines jeden Mitgliedstaates bestehenden Rechtsordnung sind –, daß ein wirksames Zustandekommen neuer staatlicher Gesetzgebungsakte insoweit verhindert wird, als diese mit Gemeinschaftsnormen unvereinbar wären."[22]

24 Das Prinzip des Vorrangs des Unionsrechts besteht damit aus zwei Komponenten: Erstens führt es dazu, dass existierendes mitgliedstaatliches Recht im Kollisionsfall mit dem Europarecht in der Regel **unanwendbar** wird. Zweitens darf kein neues mitgliedstaatliches Recht **geschaffen** werden, welches mit dem Unionsrecht unvereinbar ist.

1. Die Unanwendbarkeit von existierendem mitgliedstaatlichem Recht im Kollisionsfall

25 Verstößt bereits existierendes mitgliedstaatliches Recht gegen neues Europarecht, so führt dies nach dem Grundsatz des Anwendungsvorrangs nicht dazu, dass das mitgliedstaatliche Recht nichtig wird. In Fällen, in denen das Unionsrecht einschlägig ist, werden diese Normen in der Regel **unanwendbar** soweit und solange das Unionsrecht diesen entgegensteht. Sie bleiben quasi im Hintergrund bestehen und werden lediglich von den europarechtlichen Normen überlagert.

26 Die Unterscheidung zwischen Unanwendbarkeit und Nichtigkeit bei Kollision von nationalem mit Unionsrecht ist von hoher examensrelevanter Bedeutung. Der Grund für diese Unterscheidung liegt darin, dass das Europarecht aufgrund seines funktionalen Charakters prinzipiell nur in grenzüberschreitenden Sachverhalten anwendbar ist. In solchen grenzüberschreitenden Sachverhalten entfaltet der Anwendungsvorrang im Kollisionsfall daher volle Wirksamkeit. Die europarechtswidrige mitgliedstaatliche Norm bleibt zwar gültig, wird jedoch auf diesen konkreten Fall nicht angewendet. Ist der Sachverhalt dagegen rein innerstaatlicher Natur, ist das Europarecht regelmäßig nicht einschlägig. Damit findet auch die europarechtswidrige mitgliedstaatliche Norm volle Anwendung. In der Praxis ist dieser Fall aufgrund der extensiven Auslegung des Begriffs des grenzüberschreitenden Sachverhalts allerdings immer seltener.

27 Dies kann zu **Inländerdiskriminierung** führen, weil Ausländer sich durch diese Regelung auf die unter Umständen günstigeren europarechtlichen Regelungen gegenüber Inländern berufen können, während Inländer dies im innerstaatlichen Rechtsverkehr nicht können. Eine

---

[22] *EuGH* 106/77, Slg. 1978, 629, Rn. 3 – Simmenthal II.

Inländerdiskriminierung ist europarechtlich zulässig und kann nur mit den Mitteln des nationalen Rechts behoben werden.[23]

2. Die Auswirkungen bei schon bestehendem Europarecht auf neu geschaffene nationale Vorschriften

Der nationale Gesetzgeber ist an bereits existierendes Europarecht wie an eigenes nationales Recht gebunden, da das Europarecht Teil der nationalen Rechtsordnungen ist. Die Bindung an existierendes Europarecht ergibt sich in Deutschland aus Art. 20 Abs. 3 GG in Verbindung mit Art. 4 Abs. 3 EUV. In Anlehnung an die Rechtsprechung des *EuGH* zur Vorwirkung und unmittelbaren Wirkung von Richtlinien ist jedoch davon auszugehen, dass neues europarechtswidriges nationales Recht nicht *ipso iure* nichtig, sondern zunächst europarechtskonform auszulegen ist.[24] Ist eine Auslegung nicht möglich, weil dadurch die Vorschriften *contra legem* überdehnt würden, so führt auch in diesem Fall der Grundsatz des Anwendungsvorrangs zur Unanwendbarkeit der fraglichen Norm. 28

Hinweis: Dieser Teil des Grundsatzes des Anwendungsvorrangs schlägt sich vor allem im Zivilrecht bei der Umsetzung von Richtlinien nieder. So sollen zahlreichen Vorschriften des Schuldvertragsrechts des BGB, die der Umsetzung diverser Richtlinien dienen, in erster Linie europarechtskonform ausgelegt werden. Im deutschen Zivilrecht geht man dabei großzügig von einem generellen Umsetzungswillen aus, der eine weitreichende richtlinienkonforme Auslegung ermöglicht. Ist dies nicht möglich, werden sie unanwendbar.

3. Die Reichweite des Anwendungsvorrangs

Die Reichweite des Anwendungsvorrangs erstreckt sich grundsätzlich auf alle verbindlichen Vorschriften des nationalen Rechts. Das Europarecht hat nach Auffassung des *EuGH* damit auch Vorrang vor Normen des Zivil-[25], Arbeits-[26] und Strafrechts,[27] vor bestandskräftigen Verwaltungsakten der Mitgliedstaaten[28] und Verfassungsrecht.[29] Der 29

---

[23] In Deutschland sind hierzu vor allem Lösungen über den in Art. 3 GG niedergelegten Gleichheitsgrundsatz denkbar, vgl. *Epiney*, Umgekehrte Diskriminierungen, 1995.

[24] *EuGH* C-212/04, Slg. 2006, I-6057, Rn. 100 – Adeneler; *EuGH* C-105/03, Slg. 2005, I-5285, Rn. 47 – Pupino; *EuGH* C-404/06, Slg. 2008, I-2685, Rn. 18 – Quelle.

[25] *EuGH* C-404/06, Slg. 2008, I- 2685, – Quelle.

[26] *EuGH* C-144/04, Slg. 2005, I-9981, – Mangold.

[27] *EuGH* 203/80, Slg. 1981, 2595, Rn. 27 – Casati.

[28] *EuGH* C-224/97, Slg. 1999, I-2517 – Ciola.

[29] *EuGH*11/70, Slg. 1970, 1125 – Internationale Handelsgesellschaft.

EuGH kann in Einzelfällen sogar die Geltung des nationalen Rechts bis zur Entscheidung in der Hauptsache aussetzen.[30]

30 Während diese Rechtsprechung des *EuGH* für das Primärrecht niemals angezweifelt wurde, sind deutsche Gerichte jedoch stets bemüht, den Anwendungsvorrang des Sekundärrechts gegenüber dem nationalen Verfassungs- und Privatrecht einzuschränken.

a) Anwendungsvorrang bei europarechtswidrigem nationalem Verfassungrecht

31 Während der *EuGH* von einem grundsätzlichen Vorrang des Europarechts auch gegenüber nationalem Verfassungsrecht ausgeht, hat sich das *BVerfG*, jedenfalls für das Sekundärrecht, gegen einen solchen Vorrang ausgesprochen. Dies gilt für die Grundrechte und sämtliche anderen Bereiche des Verfassungsrechts. Mittlerweile ist das *BVerfG* jedoch, mit einer kurzen Zäsur durch das *Lissabon*-Urteil, von seiner weitgehend europarechtskritischen Haltung abgerückt.

32 Der *EuGH* befand in der Rs. **Internationale Handelsgesellschaft**, dass das Europarecht auch gegenüber dem nationalen Verfassungsrecht Vorrang genießt:

***EuGH* Rs. 11/70, Slg. 1970, 1125 – Internationale Handelsgesellschaft:**

Sachverhalt: Nach einer Verordnung des Rates und einer Verordnung der Kommission durften Lizenzen für die Ausfuhr bestimmter Agrarprodukte nur bei der Stellung einer Kaution erteilt werden. Führt der Lizenzinhaber die Ausfuhr der Produkte nicht innerhalb der Gültigkeitsdauer der Lizenz durch, verfällt die Kaution. Damit soll sichergestellt werden, dass die Produkte auch tatsächlich innerhalb der Geltungsdauer der Frist ausgeführt werden. Die deutsche Internationale Handelsgesellschaft mbH (I) erwirkte eine Lizenz für die die Ausfuhr von 20000 Tonnen Maisgries bis zum 31.12.1967, konnte jedoch nur einen Teil der Menge innerhalb dieser Frist außer Landes bringen. Daher erklärte die zuständige Stelle einen entsprechenden Teilbetrag der zuvor hinterlegten Kaution für verfallen. Nach einer Klage der I gelangte das VG zu der Überzeugung, dass die in den Verordnungen vorgesehene Kautionsregel gegen Art. 2 Abs. 1 und Art. 14 GG verstoße. Da es der Ansicht war, dass die Gemeinschaftsverordnungen die durch das Grundgesetz garantierten elementaren Grundrechte und die wesentlichen Strukturprinzi-

[30] *EuGH* C-195/90 R, Slg. 1990-I, 3351 – Straßenbenutzungsgebühr.

pien des nationalen Rechts beachten müsse, hatte es Zweifel an der Gültigkeit der Verordnungen.

Lösung: In seinem Urteil ging der *EuGH* von einem Anwendungsvorrang auch gegenüber dem nationalen Verfassungsrecht aus. Zur Begründung wiederholt er in diesem Urteil ausdrücklich das, was er bereits in dem Urteil Costa/ENEL zum Verhältnis von nationalem und europäischem Recht ausgeführt hat und betont, dass es keinen Unterschied mache, von welchem Rang das nationale Recht sei.

Das *BVerfG* widersprach dieser Sicht in einer Reihe einflussreicher Urteile, die als **Solange-Rechtsprechung** Berühmtheit weit über Deutschland hinaus erlangt haben und auch in anderen Rechtskulturen rezipiert werden.[31] 33

Nach der Entscheidung **Internationale Handelsgesellschaft** aus dem Jahr 1970 ließ das *BVerfG* 1974 die Vorlage einer EG-Verordnung für das Verfahren analog Art. 100 Abs. 1 GG zu, die zuvor vom *EuGH* in einem Verfahren nach dem jetzigen Art. 267 AEUV für vereinbar mit dem Unionsrecht erklärt worden war: 34

„Solange der Integrationsprozeß der Gemeinschaft nicht so weit fortgeschritten ist, daß das Gemeinschaftsrecht auch einen von einem Parlament beschlossenen und in Geltung stehenden formulierten Katalog von Grundrechten enthält, der dem Grundrechtskatalog des Grundgesetzes adäquat ist, ist nach Einholung der in Art. 177 EWGV geforderten Entscheidung des Europäischen Gerichtshofes die Vorlage eines Gerichts der Bundesrepublik Deutschland an das Bundesverfassungsgericht im Normenkontrollverfahren zulässig und geboten, wenn das Gericht die für es entscheidungserhebliche Vorschrift des Gemeinschaftsrechts in der vom Europäischen Gerichtshof gegebenen Auslegung für unanwendbar hält, weil und soweit sie mit einem der Grundrechte des Grundgesetzes kollidiert.“[32]

Damit ging das *BVerfG* in Zusammenarbeit mit anderen Verfassungsgerichten der Mitgliedstaaten wie dem italienischen *corte costituzionale* auf direkte Konfrontation zum *EuGH* und „zwang“ ihn auf diese Weise europäische Grundrechte zu entwickeln.[33] 35

Das *BVerfG* reagierte nach einem *Vielleicht*-Beschlusses[34] im Jahre 1986 auf diese Entwicklung und schwächte seine *Solange*-Formel im 36

---

[31] *Lavranos*, EuR 2006, 79.

[32] BVerfGE 37, 271, Leitsatz 1 – Solange I.

[33] Siehe hierzu inter alia *Nicolaysen*, in: *Heselhaus/Nowak*, Handbuch der Europäischen Grundrechte, § 1, Rn. 42 ff; *Scherer*, JA 1987, 483 (484). Die Existenz europäischer Grundrechte hatte der *EuGH* allerdings schon wesentlich früher festgestellt, siehe *EuGH* Rs. 29/69, Slg. 1969, 419 (424 f.) – Stauder/Stadt Ulm.

[34] BVerfGE 52, 187.

Beschluss **Solange II** ab. Grundlage des Beschlusses war eine Verfassungsbeschwerde gegen ein Urteil des *BVerwG*, das über mehrere Verordnungen zu befinden hatte, die der *EuGH* zuvor für mit dem Europarecht vereinbar erklärt hatte:

„Solange die Europäischen Gemeinschaften, insbesondere die Rechtsprechung des Gerichtshofs der Gemeinschaften einen wirksamen Schutz der Grundrechte gegenüber der Hoheitsgewalt der Gemeinschaften generell gewährleisten, der dem vom Grundgesetz als unabdingbar gebotenen Grundrechtsschutz im wesentlichen gleichzuachten ist, zumal den Wesensgehalt der Grundrechte generell verbürgt, wird das Bundesverfassungsgericht seine Gerichtsbarkeit über die Anwendbarkeit von abgeleitetem Gemeinschaftsrecht, das als Rechtsgrundlage für ein Verhalten deutscher Gerichte oder Behörden im Hoheitsbereich der Bundesrepublik Deutschland in Anspruch genommen wird, nicht mehr ausüben und dieses Recht mithin nicht mehr am Maßstab der Grundrechte des Grundgesetzes überprüfen; entsprechende Vorlagen nach Art. 100 Abs. 1 GG sind somit unzulässig."[35]

37 Damit ist seit der *Solange II*-Entscheidung des *BVerfG* geklärt, dass ein unmittelbar verbindlicher Sekundärrechtsakt wie eine Verordnung oder ein Beschluss im Rahmen einer Verfassungsbeschwerde weder unmittelbar noch inzident überprüft werden kann, da das *BVerfG* insoweit seine in der „Solange I" – Entscheidung festgelegte Überprüfungskompetenz nicht mehr ausübt. Sie wird mithin zu einer **Reservekompetenz**.

38 In der **Maastricht**-Entscheidung von 1993 nahm das *BVerfG* erneut zu seiner Überprüfungskompetenz von Sekundärrechtsakten Stellung:

„Das Bundesverfassungsgericht gewährleistet (…), daß ein wirksamer Schutz der Grundrechte für die Einwohner Deutschlands auch gegenüber der Hoheitsgewalt der Gemeinschaften generell sichergestellt und dieser dem vom Grundgesetz als unabdingbar gebotenen Grundrechtsschutz im Wesentlichen gleich zu achten ist, zumal den Wesensgehalt der Grundrechte generell verbürgt. Das Bundesverfassungsgericht sichert so diesen Wesensgehalt auch gegenüber der Hoheitsgewalt der Gemeinschaft. Auch Akte einer besonderen, von der Staatsgewalt der Mitgliedstaaten geschiedenen öffentlichen Gewalt einer supranationalen Organisation betreffen die Grundrechtsberechtigten in Deutschland. Sie berühren damit die Gewährleistungen des Grundgesetzes und die Aufgaben des Bundesverfassungsgerichts, die den Grundrechtsschutz in Deutschland und insoweit nicht nur gegenüber deutschen Staatsorganen zum Gegenstand haben. Allerdings übt das Bundesverfassungsgericht seine Gerichtsbarkeit über die Anwendbarkeit von abgeleitetem Gemeinschaftsrecht in Deutschland in einem „Kooperationsverhältnis" zum Europäischen Gerichtshof aus, in dem der Europäische Gerichtshof den Grundrechtsschutz in jedem Einzelfall für das gesamte Gebiet der Europäischen Gemeinschaften garantiert, das Bundesverfassungsge-

---

[35] BVerfGE 73, 339, Leits. 2 – Solange II.

richt sich deshalb auf eine generelle Gewährleistung der unabdingbaren Grundrechtsstandards beschränken kann."[36]

39 Der wesentliche Kern dieses Urteils ist die Einführung des **„Kooperationsverhältnisses"** zwischen dem *BVerfG* und dem *EuGH*. Die Rechtswirkungen dieses Urteil sind unklar.[37] Aus dieser Passage kann weder klar gefolgert werden, dass das *BVerfG* nunmehr seine sich selbst zugesprochene Kompetenz zur grundrechtlichen Überprüfung von Sekundärrechtsakten wieder ausübe, noch dass es dies unterlässt. Letztlich kann die Frage denn auch dahingestellt bleiben, da das *BVerfG* im Jahr 2000 im **Bananenmarktordnung**-Urteil Klarheit geschaffen hat. Es wies darin eine Vorlage des *VG Frankfurt/aM* zur Überprüfung eines EG-Rechtsaktes als unzulässig zurück:

„Sonach sind auch nach der Entscheidung des Senats in BVerfGE 89, 155 Verfassungsbeschwerden und Vorlagen von Gerichten von vornherein unzulässig, wenn ihre Begründung nicht darlegt, dass die europäische Rechtsentwicklung einschließlich der Rechtsprechung des Europäischen Gerichtshofs nach Ergehen der Solange II-Entscheidung unter den erforderlichen Grundrechtsstandard abgesunken sei. Deshalb muss die Begründung der Vorlage eines nationalen Gerichts oder einer Verfassungsbeschwerde, die eine Verletzung in Grundrechten des Grundgesetzes durch sekundäres Gemeinschaftsrecht geltend macht, im Einzelnen darlegen, dass der jeweils als unabdingbar gebotene Grundrechtsschutz generell nicht gewährleistet ist. Dies erfordert eine Gegenüberstellung des Grundrechtsschutzes auf nationaler und auf Gemeinschaftsebene in der Art und Weise, wie das Bundesverfassungsgericht sie in BVerfGE 73, 339 (378 bis 381) geleistet hat (...).

Die Begründung der Vorlage verfehlt die besondere Zulässigkeitsvoraussetzung bereits im Ansatz, weil sie auf einem Missverständnis des Maastricht-Urteils beruht. Das vorlegende Gericht meint, das Bundesverfassungsgericht übe seine Prüfungsbefugnis nach dem Maastricht-Urteil entgegen der Solange II-Entscheidung ausdrücklich wieder aus, wenn auch in Kooperation mit dem Europäischen Gerichtshof.

Diese Aussage kann dem Maastricht-Urteil nicht entnommen werden. (...) (D)ie Annahme eines Widerspruchs zwischen den Entscheidungen Solange II und Maastricht (ist) ohne tragfähige Grundlage."[38]

40 Damit übt das *BVerfG* seine Überprüfungskompetenz von Sekundärrechtsakten nach wie vor gem. der *Solange II*-Entscheidung nur dann aus, wenn der „jeweils als unabdingbar gebotene Grundrechtsschutz generell nicht gewährleistet ist". Dies ist immer dann der Fall, wenn „die europäische Rechtsentwicklung einschließlich der Rechtsprechung des Europäischen Gerichtshofs nach Ergehen der Solan-

---

[36] BVerfGE 89, 155, Rn. 70 – Maastricht.

[37] Siehe in diesem Sinne auch *Szczekalla*, in: *Heselhaus/Nowak*, Handbuch der Europäischen Grundrechte, § 2 Rn. 27.

[38] BVerfGE 102, 147, Rn. 62 ff. – Bananenmarkt.

ge II-Entscheidung unter den erforderlichen Grundrechtsstandard abgesunken" ist. Das heißt vor allem, dass weder strukturelle Defizite noch ein Absenken des Grundrechtsstandards im konkreten Einzelfall ausreichen. Dieses Ergebnis ist heute weitgehend in der sogenannten **Struktursicherungsklausel** Art. 23 Abs. 1 GG festgehalten.

41 Somit beharrt das *BVerfG* auf seiner Überprüfungskompetenz von Sekundärrechtsakten. Da es sie aber im Hinblick auf Grundrechtsverletzungen faktisch nicht ausübt, war diese Reservekompetenz lange Zeit ohne praktische Bedeutung. Insbesondere war ungeklärt, ob und wie das *BVerfG* Sekundärrechtsakte auch im Hinblick auf deren Verstoß gegen sonstiges nationales Verfassungsrecht überprüfen wird.

42 Mit den Rechtssachen **Lissabon**[39], **Honeywell**[40] und **ESM/EZB**[41] hat das BVerfG nunmehr festgelegt, wie es in solchen Fällen verfahren wird. Die Begründungen legen nahe, dass das *BVerfG* nunmehr seine Reservekompetenz freilich mit Ausnahme der Identitätskontrolle gem. Art. 79 Abs. 3 GG[42] auf die Überprüfung sogenannter **Ultra-vires-Akte** beschränkt.

Definition Ultra-vires-Akte:
Ultra-vires-Akte sind „Handlungen der europäischen Organe und Einrichtungen (die) außerhalb der übertragenen Kompetenzen ergangen sind"[43]

43 Den Prüfungsgegenstand hat das *BVerfG* in den Rechtssachen **Lissabon** und **Honeywell** umrissen. In **Lissabon** führte das *BVerfG* aus:

> „Das Bundesverfassungsgericht prüft, ob Rechtsakte der europäischen Organe und Einrichtungen sich unter Wahrung des gemeinschafts- und unionsrechtlichen Subsidiaritätsprinzips (Art. 5 Abs. 2 EGV; Art. 5 Abs. 1 Satz 2 und Abs. 3 des Vertrags über die Europäische Union in der Fassung des Vertrags von Lissabon) in den Grenzen der ihnen im Wege der begrenzten Einzelermächtigung eingeräumten Hoheitsrechte halten. Darüber hinaus prüft das Bundesverfassungsgericht, ob der unantastbare Kerngehalt der Verfassungsidentität des Grundgesetzes nach Art. 23 Abs. 1 Satz 3 in Verbindung mit Art. 79 Abs. 3 GG gewahrt ist. Die Ausübung dieser verfassungsrechtlich radizierten Prüfungskompetenz folgt dem Grundsatz der Europarechtsfreundlichkeit des Grundgesetzes, und sie widerspricht deshalb auch nicht dem Grundsatz der loyalen Zusammenarbeit (Art. 4 Abs. 3 EUV-Lissabon); anders können die von Art. 4 Abs. 2 Satz 1 EUV-Lissabon anerkannten grundlegenden politischen und verfassungsmäßigen Strukturen souveräner Mitgliedstaaten bei fortschreitender Integration nicht gewahrt werden. Insoweit gehen

---

[39] BVerfGE 123, 267 = NJW 2009, 2267.
[40] *BVerfG* NJW 2010, 3422.
[41] *BVerfG*, NJW 2014, 907.
[42] BVerfGE 123, 267, Rn. 34.
[43] *BVerfG* NJW 2010, 3422, Rn. 61.

die verfassungs- und die unionsrechtliche Gewährleistung der nationalen Verfassungsidentität im europäischen Rechtsraum Hand in Hand."[44]

In **Honeywell** hat das *BVerfG* sodann weiter klargestellt: 44

„Eine Ultra-vires-Kontrolle durch das Bundesverfassungsgericht kommt (…) nur in Betracht, wenn ersichtlich ist, dass Handlungen der europäischen Organe und Einrichtungen außerhalb der übertragenen Kompetenzen ergangen sind. Ersichtlich ist ein Verstoß gegen das Prinzip der begrenzten Einzelermächtigung nur dann, wenn die europäischen Organe und Einrichtungen die Grenzen ihrer Kompetenzen in einer das Prinzip der begrenzten Einzelermächtigung spezifisch verletzenden Art überschritten haben (Art. 23 Abs. 1 GG), der Kompetenzverstoß mit anderen Worten **hinreichend qualifiziert** (Hervorhebung d. Verf.) ist (...). Dies bedeutet, dass das kompetenzwidrige Handeln der Unionsgewalt offensichtlich ist und der angegriffene Akt im Kompetenzgefüge zwischen Mitgliedstaaten und Union im Hinblick auf das Prinzip der begrenzten Einzelermächtigung und die rechtsstaatliche Gesetzesbindung erheblich ins Gewicht fällt"[45]

Damit übt das *BVerfG* seine Reservekompetenz nur dann aus, wenn 45
der Verstoß gegen unionsrechtliche Kompetenzen **hinreichend qualifiziert** ist. Zur Bestimmung von „hinreichend qualifiziert" ist die europarechtliche Ausgestaltung im unionsrechtlichen Haftungsrecht maßgeblich (siehe hierfür Kapitel 8. Rn. 39 ff.).

Allerdings würde eine solche unmittelbare Kontrolle der Ultra-vires- 46
Akte durch das *BVerfG* gegen den Grundsatz der Europarechtsfreundlichkeit verstoßen. Ultra-vires Kontrollen sind nämlich stets europarechtsfreundlich auszugestalten.[46] Jeder Einstufung eines Aktes als Ultra-vires-Akt geht eine Auslegung der unionsrechtlichen Maßnahme voraus, die eine solche Einstufung erst ermöglicht. Für die judizielle Auslegung des Unionsrechts hat jedoch der *EuGH* gem. Art. 19 Abs. 1 EUV ein Monopol, das sich das *BVerfG* nicht eigenmächtig aneignen kann. Daher sind Ultravires-Akte zunächst dem EuGH vorzulegen, der sodann über die Auslegung und Gültigkeit der Maßnahme zu entscheiden hat:

„Vor der Annahme eines Ultra-vires-Akts der europäischen Organe und Einrichtungen ist deshalb dem Gerichtshof im Rahmen eines Vorabentscheidungsverfahrens nach Art. 267 AEUV die Gelegenheit zur Vertragsauslegung sowie zur Entscheidung über die Gültigkeit und die Auslegung der fraglichen Rechtsakte zu geben. Solange der Gerichtshof keine Gelegenheit hatte, über die aufgeworfenen unionsrechtlichen Fragen zu entscheiden, darf das Bundesverfassungsgericht für Deutschland keine Unanwendbarkeit des Unionsrechts feststellen"[47]

---

[44] BVerfGE 123, 267 = NJW 2009, 2267, Leits. 4 – Lissabon.
[45] *BVerfG* NJW 2010, 3422, Rn. 61.
[46] *BVerfG* NJW 2010, 3422, Rn. 46.
[47] *BVerfG* NJW 2010, 3422, Rn. 48.

Dieses Verfahren hat das *BVerfG* in **ESM/EZB**[48] angewendet. Damit ist ein vorläufiger Schlusspunkt im Widerstreit der Kompetenzen zwischen dem *BVerfG* und dem *EuGH* gesetzt.

b) Anwendungsvorrang bei europarechtswidrigem nationalem Privatrecht

47 Auch im Privatrecht sind deutsche Gerichte versucht, dem Anwendungsvorrang eine Grenze zu setzen. Das Pendant zu den „Solange"-Fällen im Verfassungsrecht sind im Privatrecht die „Schrottimmobilien"-Fälle.

***EuGH* C-350/03, Slg. 2005, I-9215 – Schulte/Badenia**

Sachverhalt: Den „Schrottimmobilien"-Fällen lag ein in den 1990er Jahren viel verkauftes kombiniertes Kapitalanlagemodell zugrunde, welches vermeintlich gute Rendite und Steuerersparnis miteinander kombinieren sollte. Hier wird beispielhaft der Fall Schulte./.Badenia[49] dargestellt: Die Eheleute Schulte (S) schließen in ihren Wohnräumen einen Kaufvertrag über eine Eigentumswohnung. Dieser Erwerb wird aus Gründen einer vermeintlichen Steuerersparnis vollständig durch ein Darlehen finanziert, welches durch eine Grundschuld abgesichert wurde. Zur Tilgung des Darlehens schlossen die S zwei Bausparverträge ab, die bei Zuteilung zur Tilgung eingesetzt werden sollten. Der Darlehensvertrag enthielt keine erforderliche Widerrufsbelehrung nach HWiG. Zusätzlich traten die S einer Mieteinnahmegesellschaft bei, die die Mieteinnahmen gleichmäßig auf alle Eigentümer des Hauses verteilen sollte. Als diese Einnahmen ausbleiben, widerruft der Käufer fristgemäß den Darlehensvertrag und zahlt das Darlehen nicht mehr. Nachdem die Badenia daraufhin die Zwangsvollstreckung betrieb, wehrten sich die S mit einer Vollstreckungsabwehrklage vor dem *LG Bochum*, welches das Verfahren aussetzte und dem *EuGH* Fragen zur Auswirkung des Widerrufsrechts – welches auf die Haustür-Richtlinie 85/577/EWG (nicht mehr gültig) zurückging – unter anderem zum Darlehensvertrag vorlegte.

Lösung: „In einem Fall, in dem ein Kreditinstitut der ihm nach Art. 4 RiLi obliegenden Belehrungspflicht nicht nachgekommen ist, trägt der Verbraucher, wenn er das Darlehen nach deutschem Recht in seiner Auslegung durch den BGH zurückzahlen muss, die mit Kapitalanlagen der im Ausgangsverfahren in Rede stehenden Art

---

[48] BVerfG, NJW 2014, 907.

[49] *EuGH* C-350/03, Slg. 2005, I-9215 – Schulte/Badenia.

verbundenen Risiken (…, Rn. 98). In einem Fall wie dem des Ausgangsverfahrens hätte aber der Verbraucher, wenn er rechtzeitig über sein Widerrufsrecht belehrt worden wäre, es vermeiden können, sich diesen Risiken auszusetzen (Rn. 99). Unter solchen Umständen verpflichtet die Richtlinie die Mitgliedstaaten, geeignete Maßnahmen zu treffen, damit der Verbraucher nicht die Folgen der Verwirklichung derartiger Risiken zu tragen hat. Die Mitgliedstaaten müssen also dafür sorgen, dass unter diesen Umständen das Kreditinstitut, das seiner Belehrungspflicht nicht nachgekommen ist, die Folgen der Verwirklichung dieser Risiken trägt, damit der Pflicht, die Verbraucher zu schützen, genügt wird (Rn. 100). In einem Fall, in dem der Verbraucher, wenn das Kreditinstitut ihn über sein Widerrufsrecht belehrt hätte, es hätte vermeiden können, sich den Risiken auszusetzen, die mit Kapitalanlagen der im Ausgangsverfahren in Rede stehenden Art verbunden sind, verpflichtet Art. 4 RiLi daher die Mitgliedstaaten dafür zu sorgen, dass ihre Rechtsvorschriften die Verbraucher schützen, die es nicht vermeiden konnten, sich solchen Risiken auszusetzen, indem sie Maßnahmen treffen, die verhindern, dass die Verbraucher die Folgen der Verwirklichung dieser Risiken tragen (Rn. 101). (Es ist) Sache der nationalen Gerichte, die nationale Regelung so weit wie möglich so auszulegen, dass das in Rn. 101 des vorliegenden Urteils genannte Ergebnis erzielt wird (Rn. 107).“

Das **OLG Bremen** folgerte daraus in einem anderen „Schrottimmobilien“-Fall, dass den Käufern ein verschuldensunabhängiger Anspruch aus den Grundsätzen der culpa in contrahendo wegen Fehlberatung durch die Bank zugesprochen werden muss: **48**

„Der EuGH knüpft die von ihm verlangte Risikoverlagerung vom Verbraucher auf die finanzierende Bank allein daran an, dass das Kreditinstitut seiner Belehrungspflicht nicht nachgekommen ist, der Verbraucher aber bei rechtzeitiger Belehrung es hätte vermeiden können, sich den Risiken des finanzierten Geschäfts auszusetzen. Bereits dann „verpflichtet die Richtlinie die Mitgliedstaaten, geeignete Maßnahmen zu treffen, damit der Verbraucher nicht die Folgen der Verwirklichung derartiger Risiken zu tragen hat.“ Unter diesen Umständen muss das betreffende Kreditinstitut diese Folgen tragen, damit der Pflicht, die Verbraucher zu schützen, genügt wird.“ Diese Ausführungen stellen allein auf die Unterlassung der gebotenen Belehrung ab; ein Verschulden des Kreditinstituts wird weder ausdrücklich verlangt, noch folgt es mittelbar aus den die Risikoverlagerung begründenden Umständen. § 276 Abs. 1 BGB a.F. steht einer solchen nur an eine objektive Pflichtwidrigkeit anknüpfenden Haftung nicht entgegen. Vielmehr enthielt diese

Norm den ausdrücklichen Vorbehalt, dass der Schuldner Vorsatz und Fahrlässigkeit zu vertreten hat, „sofern nicht ein anderes bestimmt ist.“[50]

49 Der *BGH* kassierte die Entscheidung mit folgender Begründung:

> „Ein Schadensersatzanspruch des Kl. aus Verschulden bei Vertragsschluss wegen unterbliebener Belehrung gem. § 2 Abs. 1 HWiG setzt zwingend ein Verschulden der Bekl. voraus.“ Die Annahme eines eventuell vom BerGer. festzustellenden verschuldeten Rechtsirrtums könnte allerdings bei dem vorliegenden Fall aus dem Jahre 1993 zweifelhaft sein. Einer verschuldensunabhängigen Haftung stehen **wesentliche Grundsätze des nationalen Haftungsrechts entgegen** (Hervorhebung d. Verf.), insbesondere der in § 276 Abs. 1 BGB aF verankerte allgemeine Grundsatz, dass eine Schadensersatzpflicht in der Regel nur bei schuldhaftem Verhalten besteht.“[51]

50 Der *BGH* begrenzt den Anwendungsvorrang des Europarechts damit immer dann, wenn **„wesentliche Grundsätze des nationalen Privatrechts“** entgegenstehen. Allerdings blieb der *BGH* sowohl eine Begründung, als auch Ausführungen zur näheren Ausgestaltung dieses Merkmals schuldig. Diese Einschränkung ist mit dem Europarecht nicht vereinbar.[52]

Kapitel 4. EU Organe

Literatur: *Cole/Haus*, JuS 2003, 145.

1 Die Organe der EU sind in Art. 13 EUV aufgezählt. Art. 14 ff. EUV listet die wesentlichen rechtlichen Rahmenbedingungen der einzelnen Organe auf. Diese Vorschriften werden sodann in Art. 223 ff. AEUV weiter substantiiert.

A. Der Europäische Rat

2 Der Europäische Rat ist das politische Leitorgan der EU. Mit dem Vertrag von Lissabon kommt ihm diese Rolle für alle Bereiche der Unionsverträge zu. Im mündlichen Examen muss man mit Fragen zu seiner veränderten Rolle im institutionellen System rechnen. Seine Funktionen als „Notbremse“ in manchen Politikbereichen und in der GASP sind eher Stoff der Schwerpunktprüfung Europarecht.

---

[50] *OLG Bremen* EuZW 2006, 249 (252).

[51] *BGH* NJW 2007, 357 (360 Rn. 42).

[52] Vgl. auch die berechtigte Kritik von *Rösler*, RuP 2006, 29; *C. Weber*, ZGS 2011, 539.

I. Aufgaben

3 Der Rat ist das **politische Führungsorgan** der EU. In dieser Funktion gibt er gemäß Art. 15 Abs. 1 EUV die **allgemeinen politischen Zielvorstellungen und Prioritäten** der EU vor.[53] Damit bestimmt er einen politischen Rahmen sowohl für das Handeln der Kommission als auch des Rates. Diese Leitlinien sind jedoch nicht rechtlich verbindlich, da der Europäische Rat gemäß Art. 15 Abs. 1 S. 2 EUV **keine Gesetzgebungskompetenz** besitzt.[54]

4 Die wichtigsten Aufgaben sind wie folgt:

– Er verfügt über wichtige **Befugnisse bei Vertragsänderungen** (Art. 48 EUV).
– Er ist eine Art „**Notbremse**", die praktisch so funktioniert: In bestimmten, besonders brisanten Politikbereichen, in denen nach dem im Lissabonner Vertrag das ordentliche Gesetzgebungsverfahren mit dem Mehrheitsprinzip zur Anwendung kommt, kann ein Mitgliedstaat die Verweisung an den Europäischen Rat und damit **punktuell** die **Rückkehr zur Einstimmigkeit** verlangen.[55]
– Er wirkt entscheidend bei **wichtigen Personalentscheidungen** mit: Nominierung des Präsidenten der Kommission (Art. 17 VII EUV); Entscheidung über das Rotationsverfahren, nach dem die **Mitglieder der Kommission** bestimmt werden (Art. 17 V UAbs. 2 EUV i.V.m. Art. 244 AEUV); Ernennung des Hohen Vertreters der Union für Außen- und Sicherheitspolitik (Art. 18 I EUV); Ernennung der Mitglieder des Direktoriums der EZB (Art. 283 II AEUV).

II. Zusammensetzung, Vorsitz und Sitz

5 Gem. Art. 15 Abs. 2 EUV gilt:

„Der Europäische Rat setzt sich zusammen aus den Staats- und Regierungschefs der Mitgliedstaaten sowie dem Präsidenten des Europäischen Rates und dem Präsidenten der Kommission. Der Hohe Vertreter der Union für Außen- und Sicherheitspolitik nimmt an seinen Arbeiten teil."

6 Demnach sind neben den stimmberechtigten Staats- und Regierungschefs der Mitgliedstaaten die nicht stimmberechtigten Präsidenten

---

[53] In der GASP kann der Europäische Rat ferner ein „strategisches Vorgehen" festlegen, Art. 26 Abs. 1 UAbs. 2 EUV.

[54] Das wird auch für die Leitlinien in der GASP nach Art. 26 Abs. 1 EUV angenommen, *Bitterlich-Lenz*, in: *Lenz/Borchardt*, EU-Verträge, Art. 26 Rn. 6.

[55] Z.B. Art. 48 Abs. 2 AEUV (soziale Sicherheit für die Herstellung der Freizügigkeit der Arbeitnehmer); Art. 83 Abs. 3 AEUV (Strafrechtsordnung).

des Europäischen Rates und der Kommission Teil des Europäischen Rates. Der Hohe Vertreter der Union für Außen- und Sicherheitspolitik nimmt gem. Art. 15 Abs. 2 S. 2 EUV an den Arbeiten teil. Es können des Weiteren Mitglieder der Kommission oder der nationalen Regierungen hinzugezogen werden (Art. 15 Abs. 3 EUV). Der Präsident des Europäischen Rates führt gem. Art. 15 Abs. 6 lit. a) EUV den Vorsitz und wird gem. Art. 15 Abs. 5 EUV von den stimmberechtigten Mitgliedern des Europäischen Rats gewählt. Das Präsidentenamt wechselt alle zweieinhalb Jahre. Der derzeitige Präsident des Europäischen Rates ist der Belgier **Herman Van Rompuy**. Ab dem. 1.12.2014 übernimmt der Pole **Donald Tusk** das Amt. Die Tagungen finden seit der ersten EU-Osterweiterung gem. Erklärung Nr. 22 zum Vertrag von Nizza[56] ausschließlich in Brüssel statt.

III. Arbeitsweise

7 Gem. Art. 15 Abs. 3 S. 1 EUV tritt der Europäische Rat zweimal pro Halbjahr zum „EU-Gipfel" auf Einberufung durch seinen Präsidenten zusammen. Zusätzlich können gem. Art. 15 Abs. 3 S. 3 EUV bei Bedarf außerordentliche Tagungen – „Sondergipfel" – einberufen werden. Beschlüsse des Europäischen Rates sind gem. Art. 15 Abs. 4 EUV idR im Konsens zu fassen. Einzelheiten des Beschlussverfahrens regeln Art. 235 AEUV sowie die Geschäftsordnung des Europäischen Rates. Die Ergebnisse der Tagungen werden in einem Bericht des Präsidenten zusammengefasst, den er gem. Art. 15 Abs. 6 lit. d) EUV dem EP vorzulegen hat.

B. Der Rat (der EU)

8 Der Rat der Europäischen Union ist neben dem Europäischen Parlament das wichtigste Gesetzgebungsorgan der EU. Prüfungsrelevant sind vor allem die komplizierten Beschlussfassungsregeln bei qualifizierter Mehrheit.

I. Aufgaben

9 Gem. Art. 16 Abs. 1 EUV sind die Aufgaben des Rates der EU wie folgt:

> „Der Rat wird gemeinsam mit dem Europäischen Parlament als Gesetzgeber tätig und übt gemeinsam mit ihm die Haushaltsbefugnisse aus. Zu seinen Aufga-

---

[56] Erklärung Nr. 22 zum Vertrag von Nizza – Tagungsort des Europäischen Rates.

ben gehört die Festlegung der Politik und die Koordinierung nach Maßgabe der Verträge."

- **Gesetzgebung**
  Mit dem EP ist der Rat das wichtigste Gesetzgebungsorgan der EU. Im Binnenmarkt kann der Rat nur auf Initiative der Kommission tätig werden. Im ordentlichen Gesetzgebungsverfahren verfügt er über eine Veto-Position.
- **Haushaltsbefugnisse**
  Der Rat legt gem. Art. 314 AEUV in Zusammenarbeit mit dem EP auf Grundlage eines Vorentwurfs der Kommission den Jahreshaushaltsplan der EU fest.
- **Festlegung und Koordinierung**
  Der Rat koordiniert die mitgliedstaatlichen Wirtschaftspolitiken (Art. 121 Abs. 1 AEUV) und legt die Wirtschaftspolitik der Union fest (Art. 121 Abs. 2 AEUV). Hierzu erlässt er gem. Art. 121 Abs. 2 UAbs. 3 AEUV eine Empfehlung, in der die Grundlagen der Wirtschaftspolitik der EU und der Mitgliedstaaten dargelegt werden soll. Obwohl diese Empfehlungen grundsätzlich nicht rechtlich verbindlich sind kann der Rat dennoch, sollte ein Mitgliedstaat mit den in der Empfehlung niedergelegten Grundlagen nicht übereinstimmen, nach Maßgabe des Art. 121 Abs. 4 AEUV Sanktionsmaßnahmen ergreifen. Der Rat bestimmt im Einvernehmen mit dem Kommissionspräsidenten gem. Art. 17 Abs. 7 UAbs. 2 EUV die **Mitglieder der Kommission**. Er kann gem. Art. 247 AEUV beantragen, dass ein Mitglied der Kommission wegen schwerer Verfehlungen von seinem Amt durch den *EuGH* enthoben wird. Er ernennt darüber hinaus die **Mitglieder des Rechnungshofes** (Art. 286 Abs. 2 S. 2 AEUV), des **Ausschusses der Regionen** (Art. 301 UAbs. 2 AEUV), sowie des **Wirtschafts- und Sozialausschusses** (Art. 305 UAbs. 2 AEUV). Der Rat setzt als **oberste Dienstbehörde** aller Beamten und Bediensteten darüber hinaus unter anderem gem. Art. 243 AEUV die Gehälter, Vergütungen und Ruhegehälter für das Schlüsselpersonal und die als Entgelt gezahlte Vergütung für sämtliches Personal der EU fest. Der Rat schließt gem. Art. 217, 218 AEUV für die EU **Verträge mit Drittländern oder internationalen Organisationen**.

II. Zusammensetzung, Vorsitz und Sitz

Gem. Art. 16 Abs. 2 EUV gilt für die Zusammensetzung des Rats der EU Folgendes: **10**

„Der Rat besteht aus je einem Vertreter jedes Mitgliedstaats auf Ministerebene, der befugt ist, für die Regierung des von ihm vertretenen Mitgliedstaats verbindlich zu handeln und das Stimmrecht auszuüben."

11 Die Vertretungsbefugnis ergibt sich aus dem nationalen Recht. In Deutschland sind folgende Personen vertretungsberechtigt:

– jeder **Bundesminister,**
– jeder **Landesminister,** soweit im Schwerpunkt ausschließliche Gesetzgebungsbefugnisse der Länder auf den Gebieten der schulischen Bildung, der Kultur oder des Rundfunks betroffen sind. In einem solchen Fall hat die Bundesregierung ihre Vertretungsbefugnisse gem. Art. 23 Abs. 6 GG i.V.m. § 6 Abs. 2 des Gesetzes über die Zusammenarbeit von Bund und Ländern in Angelegenheiten der Europäischen Union auf die Länderminister zu übertragen,
– jeder beamtete oder parlamentarische **Staatssekretär,** obwohl diese nicht, wie vom Gesetz gefordert, im Range eines Ministers sind. Allerdings wird diese rechtlich nicht unproblematische Praxis geduldet.

12 Der Vorsitz des Rates wird grundsätzlich gem. Art. 16 Abs. 9 EUV von den Vertretern der Mitgliedstaaten in einem **Rotationsprinzip** wahrgenommen. Dieses Rotationsprinzip zwischen den Mitgliedstaaten ist in einem Beschluss des Rates, zu dem er heute nach Art. 236 AEUV ermächtigt wäre, bis zum Jahre 2020 festgelegt. Demnach hat jeder Mitgliedstaat den Vorsitz für sechs Monate inne, wobei ein Ausgleich zwischen großen und kleinen Ländern angestrebt wird. Eine Ausnahme für diese Regelung gilt für den Rat „Auswärtige Angelegenheiten", bei der gem. Art. 18 Abs. 3 EUV stets der Hohe Vertreter der Union für Außen- und Sicherheitspolitik den Vorsitz führt.

13 Der Rat hat gem. Einziger Artikel lit. b) des Protokolls über die Festlegung der Sitze der Organe und bestimmter Einrichtungen, sonstiger Stellen und Dienststellen der Europäischen Union seinen **Sitz in Brüssel**. Allerdings hält er seine Tagungen in den Monaten April, Juni und Oktober in Luxemburg ab.

III. Arbeitsweise

14 Der Rat tagt in verschiedenen Zusammensetzungen, die gem. Art. 16 Abs. 6 UAbs. 1 EUV in einer Liste festgehalten werden. Diese Organisation erlaubt es, dass die Vertreter der jeweils mit der Thematik vertrauten mitgliedstaatlichen Fachministerien den Rat bilden. So werden bspw. Angelegenheiten der Geld- und Währungspolitik im Fachministerrat der Finanzminister (ECOFIN) besprochen, für andere Themenbereiche gibt es weitere spezielle **Fachministerräte**. Ist kein spezieller Themenbereich Gegenstand der Ratsverhandlungen und kann somit die Thematik nicht einem speziellen Fachministerrat zugeordnet werden, so befasst sich gem. Art. 16 Abs. 6 UAbs. 2 EUV der Rat „Allgemeine Angelegenheiten" mit der Thematik. Durch die Zusammensetzung des Rates aus Vertretern

nationaler Regierungen, die durch das nationale Parlament bestimmt wurden, ist der Rat **indirekt demokratisch legitimert**.[57]

15 Die **Beschlüsse** werden im Rat per Abstimmung gefasst. Ob eine Abstimmung Erfolg hat, hängt davon ab, ob eine Mehrheit zustande kommt. Das EU-Recht kennt unterschiedliche Anforderungen an die „Mehrheit", die nach folgendem Prüfungsschema ermittelt werden kann:

Prüfungsschema 1: Zustandekommen einer Mehrheit

I. Schritt 1: Einstimmigkeit oder Qualifizierte Mehrheit?

Wenn Qualifizierte Mehrheit (+), dann weiterprüfen bei

II. Schritt 2: Einfach-, Doppelt-, oder Weiterqualifizierte Mehrheit?

1. Gewichtung der Stimmen gem. der Verträge

   Wenn, wie regelmäßig, Doppelt-Qualifizerte Mehrheit (+), dann weiter bei 2. Qualifikationsstufe

   Wenn weiterqualifizierte Mehrheit (+), dann unter Auslassung der 2. Stufe gleich die 3. Stufe prüfen.
2. Zweite Qualifikationsstufe
3. Dritte Qualifikationsstufe

1. Schritt 1: Einstimmigkeit oder Qualifizierte Mehrheit?

16 Gem. Art. 16 Abs. 3 EUV fasst der Rat, soweit in den Verträgen nichts anderes festgelegt ist, seine Beschlüsse mit qualifizierter Mehrheit. Das heißt, dass in einigen besonders sensiblen Bereichen wie der Gemeinsamen Außen- und Sicherheitspolitik sowie der Steuer-, Asyl- und Einwanderungspolitik die Beschlüsse des Rates einstimmig gefasst werden. Jeder Mitgliedstaat kann in diesen Bereichen ein Veto einlegen. Wenn jedoch eine qualifizierte Mehrheit verlangt ist, dann muss weitergeprüft werden bei Schritt 2.

---

[57] Diese Legitimierung stützt sich auf die Theorie der Legitimationskette, wie sie vor allem im deutschen Verfassungsrecht vertreten wird. Für die Staatsprüfung ist es ausreichend, nur von dieser Theorie auszugehen. In der Praxis des Europarechts findet jedoch eine Fülle von Legitimationskonzepten Anwendung, von denen die „Legitimationskette" nur eine Möglichkeit bildet. Zusammengefasst werden diese Konzepte üblicherweise unter der von Fritz Scharpf entwickelten Kartegorisierung in „input"- und „output"-legitimation, siehe *Scharpf*, Legitimationskonzepte jenseits des Nationalstaats, in: *Schuppert/Pernice/Haltern*, Europawissenschaft, 2005.

2. Schritt 2: Einfach-, Doppelt-, oder Weiterqualifizierte Mehrheit?

17 Im Regelfall wird eine Beschlussfassung nur bei qualifizierter Mehrheit erfolgen. Bis zum 31.10.2014 gilt für die Definition der qualifizierten Mehrheit gem. Art. 16 Abs. 5 EUV das in Art. 3 Abs. 3 des Protokolls über die Übergangsbestimmungen vorgesehene Verfahren. Hiernach gibt es eine weitere Übergangsphase zwischen dem 1.11.2014 und dem 31.3.2017, indem die „qualifizierte Mehrheit" zwar grundsätzlich nach dem „normalen" Verfahren des Art. 238 Abs. 2, 3 AEUV bestimmt, jedoch gem. Art. 3 Abs. 2 des Protokolls über die Übergangsbestimmungen auf Antrag eines Ratsmitglieds die Berechnung der „qualifizierten Mehrheit" nach den Übergangsbestimmungen erfolgen kann. Demnach ergibt sich für die Prüfung zunächst folgendes:

Prüfungsschema 2: Wie wird die Qualifizierte Mehrheit berechnet?

I. Schritt 1: Ist die Beschlussfassung vor dem 1. 11. 2014?

Wenn (+), dann richtet sich die Berechnung der qualifizierten Mehrheit nach Art. 3 Abs. 3 des Protokolls über die Übergangsbestimmungen

Wenn (-), dann

II. Schritt 2: Ist die Beschlussfassung zwischen dem 1. 11. 2014 und dem 31. 3. 2017?

Gab es einen Antrag eines Mitglieds des Rats, die Berechnung der qualifizierten Mehrheit nach Art. 3 Abs. 3 des Protokolls über die Übergangsbestimmungen anzuwenden?

Wenn, (+), dann weiter wie bei Schritt 1

Wenn (-), dann gem. Art. 238 Abs. 2 und 3 AEUV prüfen.

a) Definition der Qualifizierten Mehrheit bei Beschlussfassung nach Art. 3 Abs. 3 des Übergangsprotokolls

18 Innerhalb dieses Verfahrens wird nach drei „Mehrheiten" unterschieden, die als einfach qualifizierte, doppelt qualifizierte, und weiterqualifizierte Mehrheit bezeichnet werden. Der Regelfall ist hierbei die Beschlussfassung nach den Regeln der doppelt qualifizierten Mehrheit. Eine einfach qualifizierte Mehrheit ist nur ausreichend, wenn der Ratsbeschluss nach den Verträgen auf Vorschlag der Kommission zu fassen ist, eine weiterqualifizierende Mehrheit nur dann, wenn ein Mitglied des Rates der EU oder des Europäischen Rates den Antrag auf Anwendung der weiterqualifizierten Mehrheit stellt. Welche Qualifikation Anwendung findet, ist wie folgt zu prüfen:

aa) Gewichtung der Stimmen gem. der Verträge

Auf der ersten Stufe der Qualifikation gewichtet der Vertrag die Stimmen der Ratsmitglieder. Grundsätzlich gilt: Je mehr Einwohner ein Mitgliedstaat hat, desto mehr Stimmen stehen dem Mitgliedstaat zur Verfügung. Um jedoch einer Entwertung der Stimmen der bevölkerungsschwachen Mitgliedstaaten entgegenzutreten, wird deren Zahl der Stimmen zu ihrer Gunsten angepasst, **sog. degressive Proportionalität**. Gem. Art. 3 Abs. 3 des Protokolls über die Übergangsbestimmungen gilt dabei bis zum 31.10.2014 bei dem Erfordernis der qualifizierten Mehrheit folgende Stimmverteilung: 19

Land	**Anzahl Stimmen**
Deutschland, Frankreich, Italien und Vereinigtes Königreich	29
Spanien und Polen	27
Rumänien	14
Niederlande	13
Belgien, Tschechien, Griechenland, Ungarn und Portugal	12
Bulgarien, Österreich und Schweden	10
Dänemark, Irland, Kroatien, Litauen, Slowakei und Finnland	7
Zypern, Estland, Lettland, Luxemburg und Slowenien	4
Malta	3
Gesamt	**345**

Ist nach den Verträgen nur eine einfach qualifizierte Mehrheit erforderlich, so ist diese nach der ersten Qualifikationsstufe dann erreicht, wenn mindestens 255 Stimmen den Rechtsakt unterstützen. Zusätzlich kann noch eine weiterqualifizierte Mehrheit erforderlich sein, so dass unter Auslassung der 2. Qualifikationsstufe noch die 3. Qualifikationsstufe zu prüfen ist. Ist jedoch – wie im Regelfall – eine doppelt qualifizierte Mehrheit vonnöten, so ist zunächst weiterzuprüfen: 20

bb) Zweite Qualifikationsstufe

Für eine doppelt qualifizierte Mehrheit ist zusätzlich erforderlich, dass diese mindestens 255 Unterstützer von mindestens zwei Dritteln der Ratsmitglieder stammen. Ist dies der Fall, so ist weiterzuprüfen: 21

cc) Dritte Qualifikationsstufe

Stellt ein Mitglied des Europäischen Rates oder des Rates der EU den Antrag, dass zusätzlich die Mitgliedstaaten, die diese qualifizierte 22

Mehrheit bilden, mindestens 62% der Gesamtbevölkerung der Union ausmachen müssen, so ist dieses Erfordernis sowohl bei der einfachqualifizierten als auch der qualifizierten Mehrheit zusätzlich zu prüfen.

b) Definition der Qualifizierten Mehrheit bei Beschlussfassung nach Art. 238 Abs. 2 und 3 AEUV

23 In diesem Verfahren muss als qualifizierte Mehrheit eine doppelte Mehrheit erlangt werden. Das heißt, dass je mindestens 55% der Mitgliedstaaten 65% der Bevölkerung repräsentieren müssen (Art. 16 Abs. 4 UAbs. 1 EUV). Mindestens vier Mitgliedstaaten können eine Sperrminorität erreichen (Art. 16 Abs. 4 UAbs. 2 EUV). Wird der Rat ausnahmesweise nicht auf Vorschlag der Kommission oder des Hohen Vertreters der Union für Außen- und Sicherheitspolitik tätig, sind gem. Art. 16 Abs. 4 UAbs. 3 i.V.m Art. 238 Abs. 2 AEUV für eine Mehrheit der Mitgliedstaaten 72% erfoderlich.

24 Wenn nicht alle Mitgliedstaaten stimmberechtigt sind kommt es bei der Bestimmung der qualifizierten Mehrheit gem. Art. 238 Abs. 3 AEUV, Art. 3 Abs. 4 des Protokolls Nr. 36 lediglich auf die stimmberechtigten Mitgliedstaaten und deren Bevölkerungen an. Beispiele hierfür sind Beschlussfassungen im Bereich der Verstärkten Zusammenarbeit (Art. 330 Abs. 3 AEUV) oder der Euro-Gruppe (Art. 136 Abs. 2 AEUV).

C. Das Europäische Parlament

25 Das EP ist mit dem Rat der EU die gesetzgebende Gewalt in der EU. Daneben kommt dem EP auch eine Kontroll- oder Beratungsfunktion zu. Mit dem Vertrag von Lissabon wurde die Rolle des EP deutlich gestärkt, so dass im mündlichen Examen mit Fragen in dieser Hinsicht zu rechnen ist.

I. Aufgaben

26 Gem. Art. 14 Abs. 1 EUV sind die Aufgaben des EP wie folgt:

> „Das Europäische Parlament wird gemeinsam mit dem Rat als Gesetzgeber tätig und übt gemeinsam mit ihm die Haushaltsbefugnisse aus. Es erfüllt Aufgaben der politischen Kontrolle und Beratungsfunktionen nach Maßgabe der Verträge. Es wählt den Präsidenten der Kommission."

– **Gesetzgebung**
  Das EP hat sich in den vergangenen Jahren mit jeder Neufassung der Verträge mehr Einflussmöglichkeiten im Rahmen der Gesetzgebung gesichert. Daher ist es mittlerweile mit dem Rat in dieser Hinsicht

gleichberechtigt. Diese Entwicklung ist Resultat der Bestrebungen zum Abbau des **Demokratiedefizits** der EU.

- **Haushaltsbefugnisse**
  Das EP legt in Zusammenarbeit mit dem Rat gem. Art. 314 AEUV auf Grundlage eines Vorentwurfs der Kommission den Jahreshaushaltsplan der EU fest.
- **Kontroll- und Beratungsfunktion**
  Die **Kontroll- und Beratungsfunktion** des EP besteht in erster Linie **gegenüber der Kommission**. In diesem Rahmen wählt sie nicht nur den Präsidenten der Kommission (Art. 14 Abs. 1 S.3 EUV), die gesamte Kommission kann ihre Arbeit vielmehr erst nach der Bestätigung durch das EP aufnehmen (Art. 17 Abs. 7 UAbs. 3 EUV). Diese Maßnahme hat sich als besonders mächtiges Instrument des EP erwiesen, um Zugeständnisse von der Kommission und den Mitgliedstaaten zu erzwingen. Während der Arbeit der Kommission übt das EP seine Kontroll- und Beratungsfunktion in erster Linie durch das ihr nach Art. 230 AEUV eingeräumte **Fragerecht** und bei der **Erörterung des Gesamtberichts** der Kommission nach Art. 233 AEUV aus. Als ultima ratio kann es darüber hinaus den Rücktritt der Kommission durch ein **Misstrauensvotum** nach Art. 17 Abs. 8 EUV erzwingen. Eine unmittelbare **allgemeine Kontrollfunktion** erfüllt das EP, wenn es von seinem Recht gem. Art. 226 AEUV Gebrauch macht, einen **Untersuchungsausschuss** einzusetzen, der Verstöße gegen das Unionsrecht oder andere Missstände bei der Anwendung desselben überprüft. Mittelbar kontrolliert das EP gem. Art. 228 AEUV durch die Einsetzung eines **Bürgerbeauftragten**, der auf Beschwerden von Unionsbürgern oder Personen mit Sitz in der EU Untersuchungen durchführt.

II. Zusammensetzung, Vorsitz und Sitz

Gem. Art. 14 EUV gilt für die Zusammensetzung des Europäischen Parlaments folgendes: 27

> „Das Europäische Parlament setzt sich aus Vertretern der Unionsbürgerinnen und Unionsbürger zusammen. Ihre Anzahl darf 750 nicht überschreiten, zuzüglich des Präsidenten. Die Bürgerinnen und Bürger sind im Europäischen Parlament degressiv proportional, mindestens jedoch mit sechs Mitgliedern je Mitgliedstaat vertreten. Kein Mitgliedstaat erhält mehr als 96 Sitze."

Gem. Art. 14 Abs. 3 EUV werden die Mitglieder des EP in allgemeiner, unmittelbarer, freier und geheimer Wahl für die Amtszeit von fünf Jahren gewählt. Die Einzelheiten hierzu werden gem. Art. 223 Abs. 1 AEUV vom Rat nach einem Entwurf des EP geregelt. 28

29 Die Sitzverteilung erfolgt gem. Art. 14 Abs. 2 EUV nach dem Grundsatz der **degressiven Proportionalität** (siehe hierzu schon beim Rat, Kapitel 4, Rn. 18). Die Extremfälle bilden hierbei Deutschland mit 96 Sitzen (oder ein Sitz pro 559 000 Einwohner) und Malta mit sechs Sitzen (oder ein Sitz pro 67 000 Einwohner). Die degressive Proportionalität verstößt gegen den Grundsatz der Wahlgleichheit, die daher gem. Art. 14 Abs. 3 EUV auch nicht zu den Grundsätzen der Wahl zum EP gehört. Probleme bereitet auch die Vereinbarkeit der degressiven Proportionalität mit dem in Art. 9 S. 1 EUV statuierten Recht der Gleichbehandlung der Unionsbürger.

30 Der Präsident und das Präsidium werden für die Legislaturperiode des Parlaments (2 ½ Jahre) gem. Art. 14 Abs. 4 EUV aus der Mitte des Parlaments gewählt. Zum Zeitpunkt der Abfassung des Manuskripts zeichnete sich ab, dass der derzeitige Präsident, der Deutsche **Martin Schulz**, wohl auch eine weitere Amtszeit im Amt bleiben wird.

31 Der Sitz des EP ist gem. Einziger Artikel lit. a) des Protokolls über die Festlegung der Sitze der Organe und bestimmter Einrichtungen, sonstiger Stellen und Dienststellen der Europäischen Union[58] in **Straßburg**. Allerdings finden zusätzliche Plenartagungen in Brüssel statt, wo auch die Ausschüsse des EP tagen. Das Generalsekretariat befindet sich in Luxemburg.

III. Arbeitsweise (Beschlussfassung)

32 Das EP beschließt grundsätzlich gem. Art. 231 UAbs. 1 AEUV mit der Mehrheit der abgegeben Stimmen. Das Nähere regelt gem. Art. 231 UAbs. 2 AEUV eine Geschäftsordnung.

D. Die Europäische Kommission

33 Die Europäische Kommission bildet gemeinsam mit dem Rat der EU und dem Europäischen Rat die „Regierung" der EU. Sie ist als wesentliches Exekutivorgan für die Ausführung der Verträge verantwortlich. Als „Hüterin der Verträge" wacht sie darüber hinaus über die Einhaltung des Europarechts in den Mitgliedstaaten. Schließlich kommt ihr mit ihrem Initiativrecht für Gesetzgebungsakte eine Schlüsselposition im Gesetzgebungsverfahren der EU zu.

---

[58] Protokoll (Nr. 6) über die Festlegung der Sitze der Organe und bestimmter Einrichtungen, sonstiger Stellen und Dienststellen der Europäischen Union, Abl. C 115/265 2008.

I. Aufgaben

Gem. Art. 17 Abs. 1 EUV sind die Aufgaben der Kommission: 34

„Die Kommission fördert die allgemeinen Interessen der Union und ergreift geeignete Initiativen zu diesem Zweck. Sie sorgt für die Anwendung der Verträge sowie der von den Organen kraft der Verträge erlassenen Maßnahmen. Sie überwacht die Anwendung des Unionsrechts unter der Kontrolle des Gerichtshofs der Europäischen Union. Sie führt den Haushaltsplan aus und verwaltet die Programme. Sie übt nach Maßgabe der Verträge Koordinierungs-, Exekutiv- und Verwaltungsfunktionen aus. Außer in der Gemeinsamen Außen- und Sicherheitspolitik und den übrigen in den Verträgen vorgesehenen Fällen nimmt sie die Vertretung der Union nach außen wahr. Sie leitet die jährliche und die mehrjährige Programmplanung der Union mit dem Ziel ein, interinstitutionelle Vereinbarungen zu erreichen."

Die wichtigsten Aufgaben der Kommission sind daher wie folgt: 35

- **Gesetzgebung**
  Die Kommission hat das **Gesetzesinitiativrecht**. Gem. Art. 17 Abs. 2 EUV darf ein Gesetzgebungsakt der Union grundsätzlich nur auf Vorschlag der Kommission erlassen werden.
- **Exekutivorgan**
  Die Kommission führt die Gesetze der Union aus. Dafür stehen ihr hausinterne Verwaltungen und weitgehend unabhängige externe Agenturen zur Verfügung. Die Kommission führt den Haushalt aus.
- **Überwachungsfunktion**
  Die Kommission hat als **„Hüterin der Verträge"** eine **Überwachungsfunktion** der „Anwendung des Unionsrechts" (Art. 17 Abs. 1 S. 3 EUV). Um ihre Kontrollfunktion gegenüber den Mitgliedstaaten wahrzunehmen, steht der Kommission als schärfstes Schwert die Einleitung eines Vertragsverletzungsverfahrens gem. Art. 258 AEUV zur Verfügung. Sie kann auch gegenüber Personen durch Verhängung von Sanktionen bspw. im Wettbewerbsrecht tätig werden.

II. Zusammensetzung, Vorsitz und Sitz

Gem. Art. 17 Abs. 4 EUV gilt für die Zusammensetzung der Kommission Folgendes: 36

„Die Kommission, die zwischen dem Zeitpunkt des Inkrafttretens des Vertrags von Lissabon und dem 31. Oktober 2014 ernannt wird, besteht einschließlich ihres Präsidenten und des Hohen Vertreters der Union für Außen- und Sicherheitspolitik, der einer der Vizepräsidenten der Kommission ist, aus je einem Staatsangehörigen jedes Mitgliedstaats."

Demnach besteht die Kommission aus 27 Mitgliedern. Ab dem 31.10.2014 wird die Anzahl der Mitglieder aus Rationalitätsgründen 37 gem. Art. 17 Abs. 5 EUV insoweit verringert, als nur noch insgesamt zwei Drittel der Mitgliedstaaten vertreten sein werden. Insgesamt besteht die Kommission aus dem **Präsidenten**, den **Vizepräsidenten**, von denen einer der **Hohe Vertreter für Außen- und Sicherheitspolitik** der EU ist, sowie den **sonstigen Mitgliedern der Kommission**, von denen gleichsam den deutschen Bundesministern jedem ein bestimmter Fachbereich zugeordnet ist. Die Amtszeit der Kommission dauert paralell zur Amtszeit des EP gem. Art. 17 Abs. 3 UAbs. 1 EUV fünf Jahre.

1. Der Präsident

38 Der Präsident wird gem. Art. 17 Abs. 7 UAbs. 1 EUV vom Europäischen Rat bestimmt und sodann vom EP gewählt. Er wird gem. Art. 17 Abs. 6 c) EUV von von ihm ernannten **Vizepräsidenten** aus dem Kreis der Kommission vertreten. Weiterer vertretungsberechtigter Vizepräsident ist gem. Art. 18 Abs. 4 S. 1 EUV der Hohe Vertreter. Der Präsident hat gem. Art. 17 Abs. 6 a) EUV die **Leitlinienkompetenz** in der Kommission. Diese Funktion ist mit der Richtlinienkompetenz des deutschen Bundeskanzlers innerhalb der Regierung vergleichbar. Er beschließt darüber hinaus über die interne Organisation der Kommission (Art. 17 Abs. 6 lit. a) EUV). Durch seine Leitlinienkompetenz innerhalb der Kommission kann es zu Spannungen mit dem Präsidenten des Europäischen Rates kommen, der eine gewisse durch vom Europäischen Rat abgeleitete allgemeine Leitlinienkompetenz für die gesamte Union besitzt. Derzeitiger Kommissionspräsident ist der Portugiese **José Manuel Barroso**, sein Nachfolger ist ab dem 1.11.2014 der Luxemburger **Jean-Claude Juncker**.

2. Der Hohe Vertreter für Außen- und Sicherheitspolitik

39 Der **Hohe Vertreter der Union für Außen- und Sicherheitspolitik** wird gem. Art. 18 Abs. 1 EUV vom Europäischen Rat ernannt. Er ist der „**Außenminister**" der EU. Als solcher leitet er gem. Art. 18 Abs. 2 S.1 EUV die Außen- und Sicherheitspolitik der EU und führt gem. Art. 18 Abs. 3 EUV den **Vorsitz im Rat für „Auswärtige Angelegenheiten"**. Letzteres sorgt für eine personelle Verschmelzung der Institutionen der Kommission und des Rates, welches ein **Durchbruch des Grundsatzes des institutionellen Gleichgewichts** darstellt. Er ist zugleich gem. Art. 18 Abs. 4 EUV einer der Vizepräsidenten der EU. Am 30.8.2014 wurde die Italienerin **Federica Mogherini** als Hoher Vertreter der Union für Außen- und Sicherheitspolitik und damit als Nachfolgerin der Britin **Lady Catherine Margaret Ashton, Baroness Ashton of Upholland**, nominiert.

3. Die sonstigen Mitglieder der Kommission

Die Mitglieder der Kommission werden gem. Art. 17 Abs. 7 UAbs. 1 EUV vom Rat im Einvernehmen mit dem Präsidenten bestimmt. Sie sind gem. Art. 17 Abs. 3 UAbs. 2 S. 1 EUV, Art. 245 UAbs. 1 S.2 AEUV **unabhängig** vor allem vom Einfluss durch ihren Heimatstaat. Es ist ihnen während der Tätigkeit als Mitglied der Kommission gem. Art. 245 UAbs. 2 S.1 AEUV verboten, eine andere Tätigkeit auszuüben. 40

4. Bestätigung durch das Parlament und Beendigung

Die Kommission muss gem. Art. 17 Abs. 7 UAbs. 3 in ihrer Gesamtheit **vom EP bestätigt** werden. Dieses Recht hat sich als **machtvolles Instrument des EP** erwiesen, mit dem es sowohl die Kommission als auch die Mitgliedstaaten zu Zugeständnissen zwingen kann. Die Mitgliedschaft in der Kommission endet gem. Art. 246 AEUV regulär nach Ablauf der fünfjährigen Amtszeit oder durch Tod, freiwilligen oder erzwungenen (Art. 17 Abs. 8 EUV) Rücktritt oder Amtsenthebung durch den *EuGH* (Art. 247 AEUV). 41

5. Sitz

Sitz der Kommission ist gem. einziger Art. lit. c) des Protokolls über die Festlegung der Sitze der Organe und bestimmter Einrichtungen, sonstiger Stellen und Dienststellen der Europäischen Union[59] Brüssel. 42

III. Arbeitsweise

Die Beschlussfassung der Kommission erfolgt gem. Art. 250 UAbs. 1 AEUV mit einfacher Mehrheit. Näheres regelt gem. Art. 250 UAbs. 2 AEUV eine Geschäftsordnung. 43

An der Spitze der Verwaltungsstruktur steht die Kommission als Letztentscheider in den meisten Verwaltungsangelegenheiten. Jedem Kommissar steht ein **Kabinett** zur Seite, das den Kommissar bei seinen wesentlichen Führungsaufgaben unterstützt. Das Kabinett ist vergleichbar mit dem persönlichen Büro eines Ministers. Inhaltlich ist jedem Kommissar vergleichbar mit den deutschen Ministern ein Fachgebiet zugeordnet. Für jedes Fachgebiet ist eine **Generaldirektion** vorgesehen, der ein Mitglied der Kommission vorsteht. In diesen 44

---

[59] Protokoll (Nr. 6) über die Festlegung der Sitze der Organe und bestimmter Einrichtungen, sonstiger Stellen und Dienststellen der Europäischen Union, Abl. C 115/265 2008.

Generaldirektionen findet die eigentliche programmatische Arbeit statt. Sie sind vergleichbar mit der deutschen Ministerialbürokratie.

E. Der Gerichtshof der EU

45 Gem. Art. 19 Abs. 1 EUV besteht der Gerichtshof der EU aus folgenden Komponenten:

> „Der Gerichsthof der Europäischen Union umfasst den Gerichtshof, das Gericht und die Fachgerichte."

46 An erster Stelle steht der Gerichtshof, welchem das Gericht nachgeordnet ist. Als einzigstes Fachgericht ist 2004 das Gericht für den öffentlichen Dienst eingerichtet worden.

47 Der Gerichtshof der EU ist zu unterscheiden vom Straßburger Europäischen Gerichtshof für Menschenrechte (EGMR). Der EGMR wacht nicht über die Einhaltung des EU-Rechts, sondern über die Einhaltung der EMRK.

I. Aufgaben

48 Gem. Art. 19 Abs. 1 S. 2 EUV ist die Aufgabe des Gerichtshofs:

> „Er sichert die Wahrung des Rechts bei der Auslegung und Anwendung der Verträge".

49 Der Gerichtshof wacht über die Einhaltung des EU-Rechts durch die Unionsorgane und die Mitgliedstaaten sowie über die einheitliche Auslegung und Anwendung des Unionsrechts. „Recht" im Sinne von Art. 19 EUV ist nicht nur das geschriebene Recht, sondern sind auch ungeschriebene Rechtsgrundsätze. Die Norm verleiht dem Gerichtshof die Kompetenz, im Wege der Rechtsfortbildung neue Grundsätze und Konzepte zu entwickeln. Dazu zählen der Grundsatz der unmittelbaren Wirkung und des Vorrangs des Unionsrechts, die Entwicklung eines ungeschriebenen EU-Grundrechtskatalogs, die Entwicklung der Europäischen Prinzipien des Zivilrechts und die Anerkennung eines Haftungsanspruchs des Einzelnen gegenüber dem Mitgliedstaat wegen Verletzung des Unionsrechts.

II. Zusammensetzung

1. Der Gerichtshof der Europäischen Union (*EuGH*)

Im *EuGH* ist ein Richter je Mitgliedstaat tätig (insgesamt 27). Sie **50** werden von acht Generalanwälten unterstützt. Die Zahl der Generalanwälte soll in der Zukunft schrittweise auf elf angehoben werden.

Die Richter und Generalanwälte werden von den Regierungen der **51** Mitgliedstaaten im gegenseitigen Einvernehmen für eine Dauer von sechs Jahren ernannt. Eine anschließende Wiederernennung ist möglich. Die Richter wählen aus ihrer Mitte einen Präsidenten mit einer dreijährigen Amtszeit (Wiederwahl ist zulässig). Der Präsident führt den Vorsitz in den größeren Spruchkörpern. Die Generalanwälte unterstützen den Gerichtshof durch die Erstellung unabhängiger Rechtsgutachten (sog. Schlussanträge) zu den ihnen zugewiesenen Rs. Diese sind zwar rechtlich unverbindlich, können jedoch zur Erklärung der häufig kurz gefassten Urteile des *EuGH* herangezogen werden.

2. Das Gericht (EuG)

Das Gericht besteht derzeit aus 27 Richtern (mindestens ein Richter **52** je Mitgliedstaat), die von den Regierungen der Mitgliedstaaten im gegenseitigen Einvernehmen für eine Dauer von sechs Jahren ernannt werden. Eine anschließende Wiederernennung ist möglich. Im Gegensatz zum *EuGH* wird das Gericht erster Instanz grundsätzlich nicht von Generalanwälten unterstützt – allerdings kann ausnahmsweise einem Richter diese Aufgabe übertragen werden.

3. Gericht für den öffentlichen Dienst

Das Gericht für den öffentlichen Dienst besteht aus sieben Richtern, **53** die vom Rat auf eine Amtszeit von sechs Jahren ernannt werden (Wiederernennung ist möglich). Im Gegensatz zum Gerichtshof und dem Gericht erster Instanz werden die Richter also nicht von den Mitgliedstaaten ernannt.

III. Arbeitsweise

1. Gerichtshof der EU (*EuGH*)

Der *EuGH* entscheidet gem. Satzung als Plenum, wenn die Rs. von **54** außergewöhnlicher Bedeutung oder wenn es in der Satzung vorgesehen ist (bspw. bei Amtsenthebungsverfahren eines Kommissionsmitglieds). Er tagt als Große Kammer mit dreizehn Richtern, wenn die Rs. von großer Bedeutung ist, oder wenn ein Mitgliedstaat oder ein EU-Organ als Partei des Verfahrens dies beantragt. In sonstigen Fällen entscheidet der Gerichtshof als Kammer mit entweder drei oder fünf Richtern.

2. Gericht (*EuG*)

55 Abhängig von der Bedeutung der Rs. tagt das *EuG* – wie der *EuGH* – als Plenum, als Große Kammer, als Kammer mit drei oder fünf Richtern oder mit einem Einzelrichter. In den meisten Fällen tagt das Gericht als Dreier- oder Fünfer-Kammer.

3. Gericht für den öffentlichen Dienst

56 Das Gericht für den öffentlichen Dienst tagt grundsätzlich in einer Kammer mit drei Richtern, kann aber bei bedeutenden Rs. auch im Plenum zusammentreten. Darüber hinaus kann es in besonderen Fällen auch als Fünfer-Kammer oder als Einzelrichter entscheiden.

IV. Sonstige Organe

57 Weitere wichtige Organe sind

- die Europäische Zentralbank (Art. 282 AEUV), die als Teil des Europäischen Systems der Zentralbanken die Währungspolitik der Union betreibt.
- Der Europäische Rechnungshof (Art. 285 AEUV), der für die Rechnungsprüfung der EU zuständig ist.
- Der Wirtschafts- und Sozialausschuss (Art. 301 AEUV), der im Rahmen von Gesetzgebungsvorhaben beratende Funktion hat.
- Der Ausschuss der Regionen (Art. 300 Abs. 3 AEUV), der als Sprachrohr der Regionen und Kommunen die Interessen bei Rechtsetzungsverfahren der EU wahrnimmt.

Kapitel 5. Rechtsetzungsverfahren und -kompetenzen

Literatur: *Ackermann*, EBLRev 2010, 587; *Bungenberg*, EuR 2000, 879; *M. Schröder*, JZ 2004, 8.

A. Kompetenzen

I. Prinzip der begrenzten Einzelermächtigung

Die EU handelt gem. Art. 5 Abs. 1, 2 EUV nach dem Prinzip der begrenzten Einzelermächtigung nur im Rahmen der ihr hierfür übertragenen Zuständigkeiten. Dies ist Ausdruck der mangelnden **Kompetenz-Kompetenz** der EU, das heißt ihres Unvermögens, sich eigene Kompetenzen zu schaffen. Demnach muss sich jeder Rechtsakt der EU gem. Art. 2 Abs. 1 AEUV auf eine vorher übertragene Kompetenz begründen, die vom Normgeber nach objektiven, justiziablen Kriterien mit Blick auf Ziel und Inhalt des Rechtsaktes auszuwählen und zu benennen ist.[60] Kommt er diesem Erfordernis nicht nach, so ist der Rechtsakt nichtig.[61] 1

II. Die Kompetenzen im Einzelnen

Der AEUV enthält in Art. 2 ff. AEUV einen Kompetenzkatalog, der die in den Verträgen verteilten Kompetenznormen in Kategorien einteilt. Besonders prüfungsrelevant ist die Binnenmarktkompetenz des Art. 114 AEUV. Neben diesen Kompetenzen bestehen auch solche, die der *EuGH* aufgrund der implied-powers-Lehre anerkannt hat und die sog. Vertragsabrundungskompetenz des Art. 352 AEUV. 2

1. Kompetenzkatalog

Die Art. 2 ff. AEUV unterscheiden zwischen ausschließlichen, geteilten und parallelen Kompetenzen. Der dort enthaltene Kompetenzkatalog ist nicht abschließend. Daneben besteht vor allem die nicht in Art. 2 ff. AEUV erwähnte komplementäre Kompetenz. Kommen mehrere Kompetenzen in Frage, so ist diejenige zu wählen, die nach objektiven Kriterien dem Schwerpunkt der Regelungsmaterie entspricht.[62] 3

Im Rahmen der **ausschließlichen Kompetenzen** gem. Art. 2 Abs. 1; Art. 3 AEUV hat die EU die alleinige Regelungsgewalt. Besonders wichtige Bereiche sind die gemeinsame Handels- und Währungspolitik sowie die Festlegung der für das Funktionieren des Binnenmarkts erforderlichen Wettbewerbsregeln. Neben diesen in Art. 3 4

---

[60] *EuGH* C-155/91, Slg. 1993, I-939 – Kommission/Rat.

[61] *EuGH* C-187/93, Slg. 1994, I-2857 – Parlament/Rat.

[62] Siehe hierzu anschaulich *Dünnes-Zimmermann*, Gesundheitspolitische Handlungsspielräume der Mitgliedstaaten im Europäischen Gemeinschaftsrecht, 2006, 224 ff.

AEUV aufgezählten „Außenkompetenzen" besitzt die EU die ausschließliche „Innenkompetenz", dh bspw. zur Regelung ihres Verwaltungsaufbaus und der internen Zuständigkeitsverteilung ihrer Organe.

5 Die **geteilten Kompetenzen** in Art. 2 Abs. 2, Art. 4 AEUV stellen den Mitgliedstaaten solange und soweit das Handeln frei, wie die EU von ihrer Kompetenz keinen Gebrauch macht. Soweit wie die EU von ihrer Kompetenz Gebrauch macht besteht ein Handlungsverbot für die Mitgliedstaaten. Besonders wichtige Bereiche sind der Binnenmarkt, Verbraucherschutz, sowie der Energiebereich.

6 Im Bereich der **parallelen Kompetenzen** (Art. 5, 6 AEUV) folgt aus dem Handeln der EU keine Sperrwirkung für das Handeln der Mitgliedstaaten. Harmonisierende Akte sind mithin ausgeschlossen. Besonders wichtige Bereiche sind der Schutz und die Verbesserung der menschlichen Gesundheit, Verwaltungszusammenarbeit sowie der Katastrophenschutz.

7 Im Bereich der **komplementären Kompetenzen** ist ein Zusammenwirken zwischen mitgliedstaatlichen und EU-Organen bei der Rechtsetzung erforderlich. Eine solche Komplementäraufgabe ist bspw. die Regulierung der Unionsbürgerschaft, die zwar autonom gewährleistet wird, jedoch in ihrer Existenz von mitgliedstaatlichen Vorschriften abhängt.[63]

2. „Implied-Powers"-Lehre

8 Die „Implied-Powers"-Lehre entspricht den aus dem deutschen Recht bekannten Annexkompetenzen, Kompetenzen kraft Sachzusammenhangs und Kompetenzen aus der Natur der Sache.[64] Demnach beinhalten die vorhandenen Unionskompetenzen „zugleich diejenigen Vorschriften (...), bei deren Fehlen sie sinnlos wären oder nicht in vernünftiger und zweckmäßiger Weise zur Anwendung gelangen könnten".[65]

3. Die Vertragsabrundungskompetenz (Art. 352 AEUV)

9 Die **Vertragsabrundungskompetenz** des Art. 352 AEUV erlaubt der EU tätig zu werden, wenn es zur Verwirklichung eines der Ziele der EU notwendig ist und die erforderliche Kompetenz hierfür fehlt. Mit anderen Worten ist sie Ausdruck des *venire contra factum propri-*

---

[63] Siehe hierzu ausführlich *Mann/Purnhagen*, Wisconsin International Law Journal, 2012, 484–533.

[64] Siehe hierzu auch *Nettesheim*, Europäische Rechtsetzung in: *Oppermann/Classen/Nettesheim*, Europarecht, 5. Aufl. (2011), § 11 Rn. 12.

[65] *EuGH* 8/55, Slg. 1955, 311 – Fédéchar.

um: Wenn die Mitgliedstaaten die EU zur Verwirklichung bestimmter Ziele verpflichten, ihr Handeln jedoch an das Vorliegen einer Kompetenz knüpfen und sie ihr diese Kompetenz nicht einräumen, so wird eine Norm wie Art. 352 AEUV notwendig.

III. Kompetenzausübungsregeln

Gem. Art. 5 S. 2 EUV bestehen für die Ausübung der Kompetenzen **10**
die Grenzen der Subsidiarität und Verhältnismäßigkeit.

1. Subsidiaritätsprinzip

Die EU darf ihre Kompetenz nur ausüben, wenn die entsprechende **11**
Maßnahme „besser" auf Unionsebene verwirklicht werden kann. Dabei wird in der Regel ein zweistufiger Test durchgeführt:

1. **Effektivitätstest:** Können die Mitgliedstaaten die Ziele der beabsichtigten Unionsmaßnahme ausreichend verwirklichen?
2. **Mehrwerttest:** Wird durch das Handeln ein europäischer Mehrwert geschaffen?

Da diese „Tests" regelmäßig auch Gesichtspunkte betreffen, die im **12**
Rahmen der Verhältnismäßigkeitsprüfung relevant sind, sind beide Prinzipien schwer voneinander abgrenzbar. Es empfiehlt sich daher, den „Subsidiaritätstest" in die Verhältnismäßigkeitsprüfung bei der Erforderlichkeit der Maßnahme einzubauen.

Hinweis: Das Subsidiaritätsprinzip spielt in der Praxis kaum eine Rolle. Der *EuGH* sieht im Falle des Erlasses eines Rechtsakts aufgrund Art. 114 AEUV das Subsidiaritätsprinzip bereits als beachtet an, wenn die Tatbestandsvoraussetzungen des Art. 114 AEUV erfüllt sind.[66]

2. Verhältnismäßigkeitsprinzip

Das Verhältnismäßigkeitsprinzip wird entsprechend der aus der deut- **13**
schen Rechtstradition bekannten Prinzipien geprüft. Siehe hierzu die Darstellung bei den allgemeinen Lehren der Grundfreiheiten, die hier entsprechende Anwendung findet.

3. Sonstige unionsrechtliche Prinzipien

Neben dem Verhältnismäßigkeits- und Subsidiaritätsgrundsatz müs- **14**
sen die Organe weitere wesentliche unionsrechliche Prinzipien beachten.

---

[66] *EuGH* C-377/98, Slg. 2001, I-7079, Rn. 32 – Niederlande/Parlament und Rat.

Hierzu gehört vor allem die „Meroni"-Doktrin.[67] Sie erfordert, dass 1. Organe der EU nur solche Kompetenzen delegieren dürfen, die sie selbst besitzen und 2. diese Aufgaben nur reine Ausführungsaufgaben sein dürfen, nicht jedoch solche, die eine Ermessensentscheidung beinhalten.

Hinweis: Die Vereinbarkeit der Unionsrechtsakte mit der „Meroni"-Doktrin ist insbesondere durch die Schaffung der neuen europäischen Finanzmarktarchitektur wieder aktuell (Siehe *Rob van Gestel/Thomas van Golen*, Enforcement by the New Euopean Supervisory Agencies: Quis Custodiet Ipsos Custodes?, in: *Purnhagen/Rott*, Varieties of European Economic Law and Regulation (2014), 757; *Goldmann/Purnhagen*, VersR 2012, 29 (32). Viele der EU-Rechtsakte zur Finanzmarktaufsicht räumen den Aufsichtsbehörden weitgehende Entscheidungsbefugnisse ein. Der *EuGH* hat diese mittlerweile mit der Meroni-Doktrin für vereinbar erklärt.[68]

IV. Binnenmarktkompetenz Art. 114 AEUV

Literatur: *Roth*, EWS 2008, 401; *Weatherill*, German Law Journal 2011, 827.

15 Im Rahmen der geteilten Kompetenzen nimmt die Binnenmarktkompetenz des Art. 114 AEUV eine herausgehobene Stellung ein, da der *EuGH* sie mittlerweile zu einer umfassenden Kompetenz ausgebaut hat, die sogar zur Regulierung des europäischen Zivilrechts herangezogen wird.[69] Art. 114 Abs. 1 AEUV sieht vor:

„Soweit in den Verträgen nichts anderes bestimmt ist, gilt für die Verwirklichung der Ziele des Artikels 26 die nachstehende Regelung. Das Europäische Parlament und der Rat erlassen gemäß dem ordentlichen Gesetzgebungsverfahren und nach Anhörung des Wirtschafts- und Sozialausschusses die Maßnahmen zur Angleichung der Rechts- und Verwaltungsvorschriften der Mitgliedstaaten, welche die Errichtung und das Funktionieren des Binnenmarkts zum Gegenstand haben."

16 Zur Prüfung der Binnenmarktkompetenz bietet sich dieses Schema an:

Prüfungsschema 2: Binnenmarktkompetenz gem. Art. 114 AEUV

I. Formelle Voraussetzungen (Gesetzgebungsverfahren)

II. Materielle Voraussetzungen

1. Verwirklichung der Ziele des Art. 26 AEUV
2. durch „Maßnahmen"

---

[67] *EuGH* Rs. C-9/56 und 10/56, Slg. 1958, S. 133 – Meroni.

[68] *EuGH*, C-270/12 – Vereinigtes Königreich/Rat.

[69] Siehe hierzu *Basedow*, EuZW 2012, 1; *Reich/Micklitz*, EWS 2011, 114.

3. zur „Angleichung der Rechts- und Verwaltungsvorschriften der Mitgliedstaaten"
4. Die Maßnahmen müssen Errichtung und Funktionieren des Binnenmarkts zum Ziel haben.
   a) Abbau von Hemmnissen für die Grundfreiheiten
   b) Abbau von spürbaren Wettbewerbsverfälschungen
5. Verhältnismäßigkeit der Angleichungsmaßnahme
6. Einhaltung des Subsidiaritätsprinzips
7. Einhaltung weiterer unionsrechtlicher Prinzipien

1. Verwirklichung der Ziele des Art. 26 AEUV durch Maßnahmen

Die aufgrund von Art. 114 AEUV erlassenen Akte müssen zunächst 17 der Verwirklichung der Ziele des Art. 26 AEUV dienen. Demnach müssen die Maßnahmen gem. Art. 26 Abs. 2 AEUV vor allem die Grundfreiheiten verwirklichen. An dieser Stelle ist nur ein Bezug der Maßnahme zu den Grundfreiheiten herzustellen, die konkrete Auswirkung wird später geprüft. Ferner muss es sich um „Maßnahmen" handeln. „Maßnahmen" sind zumindest alle Rechtsakte, die in Art. 288 AEUV genannt sind. Damit kann der Erlass von Richtlinien, Verordnungen, Beschlüsse, Empfehlungen und Stellungnahmen auf Art. 114 AEUV gestützt werden.

2. Zur „Angleichung der Rechts- und Verwaltungsvorschriften der Mitgliedstaaten"

Der Begriff der „Angleichung" umfasst nicht nur Maßnahmen, die 18 eine Vielzahl von Fällen regeln, sondern auch gerade **Einzelmaßnahmen**. Umfasst vom Begriff der „Maßnahmen zur Angleichung" ist auch die Befugnis, „Maßnahmen hinsichtlich eines bestimmten Produkts oder einer bestimmten Produktkategorie und gegenenfalls auch Einzelmaßnahmen hinsichtlich dieser Produkte vorzuschreiben"[70]. Da die Norm von ihrem Wortlaut die Existenz von Rechts- und Verwaltungsvorschriften in den Mitgliedstaaten vorschreibt, ist fraglich, ob auch Maßnahmen in Bereichen ergehen können, in denen noch keine mitgliedstaatlichen Vorschriften existieren. Der *EuGH* hat überzeugend die sog. **präventive Rechtsangleichung** für zulässig erachtet. So ist eine Verordnung, die „einer heterogenen Entwicklung der nationalen Rechtsvorschriften vorbeugen" soll, von Art. 114 AEUV umfasst.[71]

[70] *EuGH* Rs. C-359/92, Slg. 1994, I-3681, Rn. 37 – Deutschland/Rat.
[71] *EuGH* Rs. C-350/92, Slg. 1995, I-1985, Rn. 35 – Spanien/Rat.

In der Tat wäre den Zielen der Union nicht gedient, wenn der Normgeber zunächst eine Rechtszersplitterung durch unterschiedliche mitgliedstaatliche Normen abwarten müsste, um dann harmonisierend tätig zu werden.

3. Die Maßnahmen müssen die Errichtung und das Funktionieren des Binnenmarkts zum Ziel haben

19 Der Wortlaut der Vorschrift ist irreführend. Nicht die Rechts- und Verwaltungsvorschriften müssen die Errichtung und das Funktionieren des Binnenmarktes zum Ziel haben, sondern die Maßnahmen der Union.

Definition Errichtung und Funktionieren des Binnenmarkts: Jede substantielle und konkrete Auswirkung auf den Binnenmarkt, sei es unmittelbarer oder mittelbarer Art.[72] (Umkehrschluss aus Art. 115 AEUV).

20 Der EuGH hat richtigerweise darauf hingewiesen, dass die Kompetenznorm nicht eine generelle Regulierung des Binnenmarktes erlaubt.[73] Es muss stets ein positiver Bezug zur Binnenmarktverwirklichung glaubhaft dargetan werden.[74] Dies heißt allerdings nicht, dass jeder einzelne Sachverhalt, der von der entsprechenden Regelung abgedeckt ist, einen Binnenmarktbezug aufweisen muss.[75] Es genügt, wenn wenn die entsprechenden Hemmnisse wahrscheinlich sind.[76]

21 Die Verwirklichung des Binnenmarkts geschieht im Wesentlichen durch zwei Säulen: Eine Säule besteht gem. Art. 26 Abs. 2 AEUV aus der Verwirklichung der Grundfreiheiten, die andere gem. Art. 3 Abs. 3 UAbs. 1 iVm Protokoll Nr. 27 aus dem Abbau von spürbaren Wettbewerbsverfälschungen. Maßnahmen, die aufgrund von Art. 114 AEUV erlassen worden sind, müssen der Verwirklichung zumindest einer dieser Ziele dienen.

---

[72] GA Jacobs, Schlussantrag zu *EuGH* C-350/92, Slg. 1995, I-1985, Ziff. 45 – Spanien/Rat.

[73] *EuGH* Rs. C-376/98, Slg. 2000, I-8419, Rn. 83 – Deutschland/Parlament (Tabakwerbeurteil I).

[74] *EuGH* Rs. C-376/98, Slg. 2000, I-8419, Rn. 84 – Deutschland/Parlament (Tabakwerbeurteil I).

[75] *EuGH* Rs. C-376/98, Slg. 2000, I-8419, Rn. 84 – Deutschland/Parlament (Tabakwerbeurteil I).

[76] *EuGH* Rs. C-376/98, Slg. 2000, I-8419, Rn. 86 – Deutschland/Parlament (Tabakwerbeurteil I).

a) Abbau von Hemmnissen für die Grundfreiheiten

Hemmnisse für die Grundfreiheiten sind anhand folgender Definition zu ermitteln: 22

Definition Hemmnisse für die Grundfreiheiten: Hemmnisse sind nationalen Regelungen, die wegen ihrer Unterschiedlichkeit eine Beeinträchtigung für die Grundfreiheiten darstellen, die z.B. wegen Art. 36 AEUV oder infolge eines zwingenden Erfordernisses i.S.d. Cassis de Dijon-Rechtsprechung – nicht beseitigt werden kann.[77]

Hinweis: Damit kann an dieser Stelle in der Prüfung eine komplette Grundfreiheitsprüfung notwendig sein. Bei offensichtlichen Verstößen gegen eine Grundfreiheit sollte sie jedoch kurz ausfallen, da wahrscheinliche Hemmnisse für den Binnenmarkt ausreichend sind.

b) Abbau von spürbaren Wettbewerbsverfälschungen

Hier kann eine Prüfung des EU-Wettbewerbsrechts (bspw. Art. 101, 102, 107 ff. AEUV) notwendig werden. Allerdings ist zu beachten, dass dieser Bereich des Binnenmarkts nahezu vollumfänglich von den spezielleren Kompetenznormen des Wettbewerbsrechts abgedeckt ist. 23

4. Verhältnismäßigkeit und Subsidiarität

Bei der Berücksichtigung der **Verhältnismäßigkeit** der Angleichungsmaßnahme hat der Unionsgesetzgeber einen weiten Einschätzungsspielraum.[78] Demnach liegt ein Verstoß gegen den Grundsatz der Verhältnismäßigkeit nur vor, wenn die Maßnahme zur Erreichung ihres Ziels offensichtlich ungeeignet ist. Maßgeblich ist vor allem, ob eine milder einschneidende Maßnahme dem gleichen Zweck dienen würde. Dem **Subsidiaritätsprinzip** ist regelmäßig Genüge getan, wenn die Tatbestandsvoraussetzungen des Art. 114 Abs. 1 AEUV erfüllt sind.[79] 24

Übung: *Purnhagen*, Klausurenkurs Europarecht: Fall 8, Der unlautere Geschäftsleiter.

---

[77] *Kahl*, in: *Calliess/Ruffert*, EUV/AEUV, 2011 (alte Auflage!), Art. 114 AEUV Rn. 21.

[78] *EuGH* C-84/94, Slg. 1996, I-5755, Rn. 58 – Vereinigtes Königreich/Rat.

[79] *EuGH* C-377/98, Slg. 2001, I-7079, Rn. 32 – Niederlande/Parlament und Rat.

B. Rechtsetzungsverfahren

25 Die Rechtsetzungsverfahren sind überblicksartig in Art. 289 AEUV aufgezählt und können in das ordentliche und das besondere Gesetzgebungsverfahren, sowie das sonstige Rechtsetzungsverfahren eingeteilt werden. Die Verfahren unterscheiden sich maßgeblich durch die unterschiedlichen Beteiligungsrechte des EP. Welches Verfahren anzuwenden ist richtet sich nach der jeweiligen Kompetenznorm.

I. Das ordentliche Gesetzgebungsverfahren

26 Das ordentliche Gesetzgebungsverfahren gem. Art. 289 Abs. 1 iVm. Art. 294 AEUV ist das Regelverfahren, welchem quantitativ und qualitativ das größte Gewicht zukommt. Das EP hat ein vollwertiges Mitbestimmungsrecht und kann einen Rechtsakt auch verhindern. Die einzelnen Schritte des ordentlichen Gesetzgebungsverfahrens sind ausdrücklich und gut verständlich in Art. 294 AEUV formuliert.

Hinweis: Durch die durch die Aufwertung des ordentlichen Gesetzgebungsverfahrens im Vertrag durch Lissabon ebenfalls aufgewertete Position des EP soll das **Demokratiedefizit** der EU vermindert werden.

II. Das besondere Gesetzgebungsverfahren

27 Das besondere Gesetzgebungsverfahren gem. Art. 289 Abs. 2 AEUV ist nicht in einer einheitlichen Norm, die mit Art. 294 AEUV vergleichbar ist, geregelt. Das EP kann in diesem Rahmen nur angehört werden und seine Zustimmung verweigern, den Rechtsakt jedoch nicht verhindern. Letztlich ist allein der Rat entscheidungsbefugt, der den Vorschlag der Kommission je nach Kompetenznorm mit der entsprechenden Mehrheit annehmen kann.[80]

III. Sonstige Rechtsetzungsverfahren

28 Im Rahmen von sonstigen Rechtsetzungsverfahren können Organe meist ohne Beteiligung des EP Rechtsakte setzen. Im Bereich der GASP ist dieses Verfahren das Meistgebrauchte.

---

[80] Zu den Mehrheiten siehe die Ausführungen beim „Rat“.

Kapitel 6. Rechtsquellen und Handlungsformen

Literatur: *Böhm*, JA 2008, 838; *Fisahn/Mushoff*, EuR 2005, 222; *Magiera*, Jura 1989, 595; *Bieber/Salomé*, CMLRev 1996, 907; *Walzel/Becker*, Jura 2007, 653.

1 Die EU handelt gem. Art. 5 Abs. 1, 2 EU nach dem Prinzip der begrenzten Einzelermächtigung nur im Rahmen der ihr hierfür übertragenen Zuständigkeiten. Art. 288 AEUV statuiert sodann die wichtigsten Handlungsformen, die ihr für die Ausübung ihrer Zuständigkeiten zur Verfügung stehen:

„Für die Ausübung der Zuständigkeiten der Union nehmen die Organe Verordnungen, Richtlinien, Beschlüsse, Empfehlungen und Stellungnahmen an."

2 Diese Aufzählung ist nicht abschließend, tatsächlich erlassen EU-Organe eine Vielzahl anderer Maßnahmen wie zum Beispiel Grün- und Weißbücher, diverse Programme und Leitlinien, deren Rechtsnatur oft problematisch ist.[81]

3 Für die **Einordnung** von Maßnahmen der EU in diese Kategorien ist die Zuweisung in der jeweiligen Kompetenznorm und nicht deren Bezeichnung maßgeblich.[82] „Wo Verordnung drauf steht muss nicht Verordnung drin sein". Die richtige **Auswahl** der Handlungsform hängt vom Verhältnismäßigkeitsgrundsatz ab.[83] Stehen den EU-Organen mehrere Handlungsmöglichkeiten zur Verfügung, so ist die weniger einschneidende Maßnahme, die jedoch gleiche Wirksamkeit erlangt, zu wählen.[84]

Hinweis: Die Einordnung einer Maßnahme der EU wird insbesondere bei der Frage nach der Kompetenz der EU für diese Maßnahme relevant. Die Kompetenznormen der Verträge lassen häufig nur eine bestimmte Handlungsform für einen bestimmten Bereich zu. Art. 103 AEUV lässt bspw. als Handlungsformen nur Verordnungen und Richtlinien zur Durchsetzung des EU-Kartellrechts zu. In diesen Fällen ist daher entscheidend, welchen Rechtscharakter die fragliche Maßnahme hat. Keine große Relevanz (mehr) hat der Rechtscharakter einer Maßnahme hingegen bei der Nichtigkeitsklage, da Art. 263 AEUV den Klagegegenstand nicht mehr auf eine Verordnung oder einen Beschluss beschränken, sondern nur noch auf

---

[81] Siehe hierzu auch die Zusammenfassung bei *Streinz*, Europarecht, Rn. 474 ff; *Bieber/Epiney/Haag*, Europarecht, § 6, Rn. 42 ff.

[82] *Streinz*, Europarecht, Rn. 423.

[83] *EuGH* C-84/94, Slg. 1996, I-5755, Rn. 50 ff. – Großbritannien/Rat.

[84] Dies war bis zum Vertrag von Lissabon ausdrücklich in Ziffer 6 des Protokolls über die Anwendung der Grundsätze der Subsidiarität und der Verhältnismäßigkeit (ABl. 1997 C 340/105) geregelt. Im seiner post-Lissabon-Fassung (ABl. 2010 C 83/206) ist dieser Hinweis nunmehr gestrichen, was sich jedoch nicht auf die Rechtslage auswirken dürfte.

„Handlungen".[85] Allerdings verengt Art. 263 IV 2. Fall AEUV den Klagegegenstand auf „Rechtsakte mit Verordnungscharakter", so dass in einer Prüfung die Einordnung doch hilfreich sein kann.

A. Die Verordnung

4 Gem. Art. 288 Abs. 2 AEUV gilt für eine Verordnung Folgendes:

> „Die Verordnung hat allgemeine Geltung. Sie ist in allen ihren Teilen verbindlich und gilt unmittelbar in jedem Mitgliedstaat."

5 Im Vergleich mit der deutschen Terminologie ist die Verordnung einem materiellen **Gesetz** am nächsten.[86] „Allgemeine Geltung" iSd Art. 288 Abs. 2 S. 1 AEUV macht deutlich, dass die Verordnung einen abstrakt-generellen Charakter hat, das heißt eine unbestimmte Anzahl von Fällen und Personen trifft. „Sie ist in allen ihren Teilen verbindlich und gilt unmittelbar in jedem Mitgliedstaat" iSd Art. 288 Abs. 2 S. 2 AEUV hebt hervor, dass die Verordnung gleich einem Gesetz ohne nationalen Transformationsakt in den Mitgliedstaaten Geltung erlangt. „In den Mitgliedstaaten" heißt, dass nicht nur die Mitgliedstaaten selbst, sondern auch die sich darin befindlichen Unionsbürger Adressaten einer Verordnung sind.[87] Sie kann damit unmittelbar auch Rechte und Pflichten gegen Einzelne begründen. Steht mitgliedstaatliches Recht einer Verordnung entgegen, so wird dieses mitgliedstaatliche Recht unanwendbar.

6

[85] Siehe hierzu auch *Cremer*, in: *Callies/Ruffert*, Art. 263 AEUV Rn. 29; *Ruffert*, in: *Callies/Ruffert*, Art. 288 AEUV Rn. 89.

[86] Schwarze/*Biervert*, Art. 249 EGV Rn. 17 m.w.N. Aus diesem Grund sah der VVE in Art. I-33 Abs. 1 vor, die Verordnung „Europäisches Gesetz" zu nennen, ohne jedoch den Regelungsgehalt der Verordnung anzutasten. Im Zuge der Überarbeitungen, die sodann zum Lissabon-Vertrag geführt haben, wurde von diesem Vorhaben wieder Abstand genommen. Ziel der Überarbeitungen war es, die typisch nationalstaatlich geprägte Rhetorik des Verfassungsvertrages zu entschärfen. Da das „Gesetz" das typische Regulierungsinstrument des Nationalstaats ist, wurde es im Lissabon-Vertrag wieder als die für die EU typische „Verordnung" bezeichnet (siehe hierzu Schwarze/*Biervert*, Art. 249 EGV Rn. 17, der darauf hinweist, dass ein Gesetz nur formell vom Parlament erlassene Rechtsakte seien und dem Parlament auf Unionsebene „eine solche Rechtsetzungsrolle nicht zukommen sollte"). Materiell hat sich hierdurch jedoch nichts geändert. Das „Ordentliche Gesetzgebungsverfahren" gem. Art. 294 AEUV ist heute noch ein Überbleibsel der gescheiterten Umbenennungsbemühungen.

[87] Schwarze/*Biervert*, Art. 240 EGV Rn. 21.

Wesentlicher Sinn und Zweck der Verordnung ist es, einen einheitlichen europäischen Standard in gleicher Weise in allen Mitgliedstaaten durchzusetzen. Sie dient daher primär der **Rechtsvereinheitlichung**.[88] Sie ist die **schärfste regulatorische Maßnahme**, die der EU zur Verfügung steht.

B. Die Richtlinie

Gem. Art. 288 Abs. 3 AEUV gilt für eine Richtlinie folgendes: 7

> „Die Richtlinie ist für jeden Mitgliedstaat, an den sie gerichtet wird, hinsichtlich des zu erreichenden Ziels verbindlich, überlässt jedoch den innerstaatlichen Stellen die Wahl der Form und der Mittel."

Sie entspricht damit dem früheren **Rahmengesetz**, wie es in 8
Art. 75 GG vorgesehen war. Adressat einer Richtlinie sind grundsätzlich nur die Mitgliedstaaten, die sodann die Richtlinie durch einen nationalen Rechtsakt umzusetzen haben. Sie zeichnet sich daher durch ein **zweistufiges Verfahren** aus.

- Auf der ersten Stufe definiert die EU das für die Mitgliedstaaten zu erreichende Ziel und schreibt dies in der Richtlinie fest.
- Auf der zweiten Stufe überführt der Mitgliedstaat die Richtlinie in sein nationales Recht.

Auf jeder dieser Stufen gibt es typische rechtliche Probleme, die jedoch größtenteils als mittlerweile geklärt angesehen werden können.

I. Die Erste Stufe: Gesetzgebung auf EU-Ebene

Im Rahmen der Gesetzgebung auf EU-Ebene stellt sich insbesonde- 9
re die Frage nach der **Regelungsintensität** der Richtlinie. MaW ist fraglich, wie detailliert eine Zielvorgabe durch die EU-Organe an die Mitgliedstaaten sein darf. Augenscheinlich wird dieses Problem bei Richtlinien, die sehr detailreiche Regelungen enthalten. Nach einigen klärenden Urteilen des *EuGH*[89] ist es nun allgemein anerkannt, dass EU-Institutionen bei der Wahl der Regelungsintensität einer Richtlinie grds. frei sind.[90] Sie sind allerdings an die europarechtlich determinierten Grenzen der Subsidiarität und der Verhältnismäßigkeit gebunden.

---

[88] Schwarze/*Biervert*, Art. 240 EGV Rn. 17.
[89] Siehe nur *EuGH* C-359/92, Slg. 1994, I-3681, Rn. 5, 30, 31 – Deutschland/Rat.
[90] So auch *Streinz*, Europarecht, Rn. 436; *W-H. Roth*, Kompetenzen der EG zur vollharmonisierenden Angleichung des Privatrechts, in: *Gsell/Herresthal*, Vollharmonisierung im Privatrecht, 2009, 8.

Hinweis: In jüngerer Zeit hat die Frage nach der Regelungsintensität einer Richtlinie im EU-Privatrecht wieder an Relevanz gewonnen. Insbesondere im Verbraucherprivatrecht strebt die EU einen Wechsel von einer Mindestharmonisierung zu einer **Vollharmonisierung** an.[91] Damit sollen durch Richtlinien einheitliche Standards in den Mitgliedstaaten geschaffen werden. In der nun aufkeimenden Debatte werden alte Argumente um die Zulässigkeit der Regelungsintensität im Wesentlichen wieder aufgegriffen.[92] Während einige sich kritisch über die Kompetenz der EU zur Vollharmonisierung äußern[93] bzw. davon ausgehen, dass der Subsidiaritätsgrundsatz der Vollharmonisierung entgegenstehe[94] postulieren andere die Vorteile eines Wettbewerbs der Rechtsordnungen[95] oder weisen auf eine mangelnde Systembildung auf europäischer Ebene hin, in die sich eine Vollharmonisierung einfügen könnte.[96] Befürworter weisen auf die längst geklärte Frage hin, dass die EU-Institutionen bei der Wahl zur Erreichung ihrer Mittel grundsätzlich frei seien und eine Vollharmonisierung zur Erreichung des wesentlichen Ziels der EU, der Errichtung eines Binnenmarkts, in den meisten Bereichen förderlich sein kann.[97]

II. Die Zweite Stufe: Nationale Umsetzung

10 Bei der Umsetzung der Richtlinie ist der Mitgliedstaat an die Ziele der Richtlinie gebunden. Grundsätzlich hat er gem. Art. 288 Abs. 3 AEUV bei der Wahl der Form und Mittel, wie er diese Ziele erreichen möchte, einen Gestaltungsspielraum. Dieser Gestaltungsspielraum ist jedoch durch zahlreiche Faktoren eingeschränkt, die die effektive Durchsetzung des Unionsrechts (effet utile) sichern sollen.

1. Umsetzung spätestens bis zum Ablauf der Umsetzungsfrist und Vorwirkung

11 Mitgliedstaaten haben die Vorgaben der Richtlinien spätestens bis zum Ablauf der Umsetzungsfrist in nationales Recht umzusetzen. Allerdings kann eine Richtlinie auch schon vor dem Ablauf der Um-

---

[91] Siehe nur *Micklitz/Reich*, EuZW 2009; *Riehm*, EuZW 2010, 567; *Rott/Terryn*, ZEuP 2009, 456; *Tonner/Tamm*, JZ 2009, 277.

[92] Siehe in dieser Hinsicht auch *W-H. Roth*, Kompetenzen der EG zur vollharmonisierenden Angleichung des Privatrechts, in: *Gsell/Herresthal*, Vollharmonisierung im Privatrecht, 2009, 7 f.

[93] Kritisch *Emmerich/Doehner*, in: FS Peter Derleder, 2005, 367 ff.

[94] *Gsell/Herresthal*, Einleitung, in: *Gsell/Herresthal*, Vollharmonisierung im Privatrecht, 2009, 5.

[95] *Tamm*, EuZW 2007, 756 ff.

[96] *Wilhelmsson*, ZEuP 2008, 225 ff.; *Gsell/Schellhase*, JZ 2009, 20 ff.

[97] *W-H. Roth*, Kompetenzen der EG zur vollharmonisierenden Angleichung des Privatrechts, in: *Gsell/Herresthal*, Vollharmonisierung im Privatrecht, 2009, 13 ff.

setzungsfrist Vorwirkungen entfalten. Mitgliedstaaten ist es während der Frist nicht gestattet, Vorschriften zu erlassen, die geeignet sind, die Erreichung der in der Richtlinie vorgeschriebenen Ziele ernstlich in Frage zu stellen.[98]

Ferner kann ein unionsrechtliches Prinzip, welches hinter einer Richtlinie steht, dazu führen, dass bestimmte in der Richtlinie formulierte Ausformungen des allgemeinen Prinzips unmittelbare Anwendung finden.[99] Damit ist jedoch nicht die Richtlinie selbst, sondern das hinter der Richtlinie stehende unionsrechtliche Prinzip, welches unabhängig von der Umsetzungsfrist besteht, Quelle der unmittelbaren Anwendbarkeit des Unionsrechts.[100] **12**

2. Inhaltliche Vorgaben zur Umsetzung

Der Umsetzungsspielraum des Mitgliedstaates besteht soweit die Richtlinie dies ihm einräumt. Dies ist logische Konsequenz der grundsätzlichen Freiheit der europäischen Institutionen hinsichtlich der Wahl der Regelungsintensität einer Richtlinie. Im Rahmen dieses Umsetzungsspielraums muss der Mitgliedstaat **diejenige Form und diejenigen Mittel wählen, die sich zur Erreichung des mit der Richtlinie verfolgten Ziels am besten eignen**.[101] **13**

Die Form und Mittel der nationalen Maßnahmen müssen mindestens **von gleicher Qualität** wie jene nationale Maßnahmen sein, mit denen der fragliche Bereich üblicherweise im nationalen Recht geregelt wird.[102] Dabei muss es sich im jeden Fall um verbindliche nationale Rechtsakte handeln. Verwaltungsvorschriften reichen hierfür nicht aus.[103] **14**

Soll eine Richtlinie Ansprüche für Unionsbürger begründen, so müssen diese im Umsetzungsakt so ausgestaltet sein, dass die Begünstigten in der Lage sind, von ihren **Rechten Kenntnis zu erlangen** und diese gegebenenfalls vor den nationalen Gerichten geltend machen können.[104] **15**

---

[98] Siehe hierzu *EuGH* C-91/156, Slg. 1997,I-74411, Rn. 50 – Wallonie.
[99] *EuGH* C-144/04, Slg. 2005, I-9981, Rn. 42 – Mangold.
[100] *EuGH* C-144/04, Slg. 2005, I-9981, Rn. 75 f. – Mangold.
[101] *Streinz*, Europarecht, Rn. 440.
[102] *Bieber/Epiney/Haag*, Europarecht, § 6, Rn. 34.
[103] *EuGH* Rs. C-361/88, Slg. 1991, I-2567, Leits. 1 – Kommission/Deutschland (TA Luft).
[104] *EuGH* Rs. C-59/89, Slg. 1991, I-2607, Rn. 18 – Kommission/Deutschland (Blei).

III. Rechtswirkungen der Nichtumsetzung von Richtlinien

16 Da eine Richtlinie grundsätzlich nur im Verhältnis zwischen der EU und den Mitgliedstaaten Geltung entfaltet, würde eine Nichtumsetzung oder eine nicht hinreichende Umsetzung einer Richtlinie durch einen Mitgliedstaat bis zu einem Urteil des *EuGH* ohne Folgen bleiben. Verzögert ein Mitgliedstaat die Umsetzung einer Richtlinie, hätten die Unionsbürger daher allenfalls eine eingeschränkte Möglichkeit, vom EU-Recht zu profitieren. Daher hat der *EuGH* ein Sanktionssystem entwickelt, um einer nicht umgesetzten Richtlinie dennoch zur vollen Wirksamkeit zu verhelfen.

Hinweis: Ist die Umsetzungsfrist abgelaufen und hat der Mitgliedstaat eine Richtlinie nicht oder nicht hinreichend umgesetzt, so verläuft die Prüfung der Wirksamkeit einer Richtlinienvorschrift immer dreistufig:

1. Richtlinienkonforme Auslegung, wenn (-),
2. Unmittelbare Anwendbarkeit, wenn (-),
3. Staatshaftungsanspruch

1. Richtlinienkonforme Auslegung

17 Soweit der europarechtliche Sachverhalt eine Anknüpfung im nationalen Recht findet, sind die entsprechenden Normen zunächst richtlinienkonform auszulegen.[105] Wie und in welchen Grenzen eine solche richtlinienkonforme Auslegung vonstatten geht ist nach wie vor unklar.[106] Diese Darstellung orientiert sich an einer Lösung, die in der Prüfung gut handhabbar ist. Demnach kommt eine richtlinienkonforme Auslegung einer nationalen Vorschrift nur in Betracht, wenn

Prüfungsschema 3: Richtlinienkonforme Auslegung

I. die Umsetzungsfrist der Richtlinie verstrichen ist[107] und
II. sich durch die Anwendung der nationalen Auslegungsmethoden[108] keine Auslegung *contra legem*[109] ergibt und
III. die Grundsätze der Rechtssicherheit und das Rückwirkungsverbot beachtet werden[110].

---

[105] *EuGH* 14/83, Slg. 1984, 1891, Rn. 26 – von Colson und Kamann.
[106] Siehe hierzu *Auer*, NJW 2007, 1106, *Canaris*, FS F. Bydlinski, 2002, 47 ff.
[107] *EuGH* C-212/04, Slg. 2006, I-6057, Rn. 113 – Adeneler.
[108] *EuGH* C-397/01 bis C-403/01, Slg. 2004, I-8835, Rn. 116 – Pfeiffer.
[109] *EuGH* C-212/04, Slg. 2006, I-6057, Rn. 110 – Adeneler.
[110] *EuGH* C-212/04, Slg. 2006, I-6057, Rn. 110 – Adeneler.

***EuGH* C-397/01 bis C-403/01, Slg. 2004, I-8835 – Pfeiffer:**

Sachverhalt: Mehrere Rettungssanitäter, unter ihnen Herr Pfeiffer, waren beim Deutschen Roten Kreuz angestellt. Die tariflichen Regelungen, die in ihren Arbeitsvertrag einbezogen waren, sahen vor, dass sie unter Einschluss eines mindestens dreistündigen täglichen Arbeitsbereitschaftsdienstes eine Wochenarbeitszeit von 49 Stunden abzuleisten hatten. Art. 6 Nr. 2 der Richtlinie 93/104 schreibt eine Höchstgrenze für Arbeitsverträge von 48 Stunden in der Woche vor. Die Umsetzungsfrist der Richtlinie war schon abgelaufen. Herr Pfeiffer ua machten nun vor dem Arbeitsgericht Lörrach Vergütungsansprüche für die über 48 Stunden hinaus geleistete Arbeit geltend. Das AG Lörrach legte dem *EuGH* daraufhin unter anderem die Frage vor, ob Art. 6 Nr. 2 der Richtlinie 93/104 so auszulegen sei, dass er unmittelbare Wirkung entfalte.

Lösung: Unter Rückgriff auf mehrere ältere Entscheidungen konkretisierte der *EuGH* seine Anforderungen an die Rechtsfigur der richtlinienkonformen Auslegung. Es stellte vor allem klar, dass, sofern dies das nationale Recht durch die Anwendung seiner Auslegungsmethoden ermöglicht, das nationale Gericht verpflichtet ist, die gleichen Methoden anzuwenden, um das von der Richtlinie verfolgte Ziel zu erreichen. Diejenige nationale Auslegungsmethode, die am ehesten zum Ziel führt, ist zu bevorzugen.

Später konkretisierte der *EuGH* seine Anforderungungen an die richtlinienkonforme Auslegung in der Rs. **Adeneler**[111] weiter. **18**

***EuGH* C-212/04, Slg. 2006, I-6057 – Adeneler**

Sachverhalt: Mehrere griechische Staatsbürger, unter ihnen Herr Adeneler, schlossen mit einem privaten Arbeitgeber, der dem öffentlichen Sektor zuzurechnen ist, mehrere aufeinanderfolgende befristete Arbeitsverträge für eine Tätigkeit in jeweils demselben Arbeitsbereich. Schlussendlich wurden diese Verträge nicht verlängert. Sämtliche Verträge wurden vor dem Ende der Umsetzungsfrist der Richtlinie 1999/70/EG geschlossen, die in § 5 ihres Anhangs Regelungen gegen einen Missbrauch von befristeten Arbeitsverhältnissen enthält. Herr Adeneler ua erhoben nach Ablauf ihrer Arbeitsverträge Klage auf Feststellung, dass die fraglichen Arbeitsverträge § 5 des Anhangs zu Richtlinie 1999/70/EG als unbefristete Arbeitsverträge anzusehen seien.

[111] *EuGH* C-212/04, Slg. 2006, I-6057 – Adeneler.

Lösung: Der *EuGH* nahm die Klage zum Anlass, sich grundsätzlich mit den Sanktionen im Fall der Nichtumsetzung einer Richtlinie zu befassen. Er führte aus, dass „die nationalen Gerichte bei der Anwendung des innerstaatlichen Rechts dieses so weit wie möglich anhand des Wortlauts und des Zwecks der fraglichen Richtlinie auslegen müssen, um das in ihr festgelegte Ergebnis zu erreichen (...). Die Verpflichtung des nationalen Richters, bei der Auslegung der einschlägigen Vorschriften des innerstaatlichen Rechts den Inhalt einer Richtlinie heranzuziehen, wird (...) durch die allgemeinen Rechtsgrundsätze und insbesondere durch den Grundsatz der Rechtssicherheit und das Rückwirkungsverbot begrenzt; auch darf sie nicht als Grundlage für eine Auslegung contra legem des nationalen Rechts dienen (...)."

Hinweis: Die richtlinienkonforme Auslegung wird vor allem dann relevant, wenn es sich um ein Rechtsverhältnis zwischen Privaten handelt.[112] Im deutschen Zivilrecht geht die herrschende Meinung von einem **generellen Umsetzungswillen** des deutschen Gesetzgebers aus, da er durch die Schuldrechtsreform eine umfassende, EU-rechtskonforme Zivilrechtsordnung schaffen wollte. Dies dient der Vermeidung eines europarechtlichen Staatshaftungsanspruchs. Daher geht die Möglichkeit richtlinienkonformer Auslegung im BGB sehr weit.

19 Die Pflicht zur richtlinienkonformen Auslegung findet Ihre Grundlage in der Bindung des deutschen Gesetzgebers an Recht und Gesetz gem Art. 20 Abs. 3 GG, seiner Umsetzungsverpflichtung gem. Art. 288 Abs. 3 AEUV und aus der Unionstreue gem. Art. 4 Abs. 3 EUV. Letzteres wird von einigen Autoren bestritten.

Übung: *Purnhagen*, Klausurenkurs Europarecht: Fall 2, Münchener Parkplatznot; Fall 11, Schatten an den Fliesen.

2. Unmittelbare Anwendbarkeit gegenüber Mitgliedstaaten

20 Ist eine richtlinienkonforme Auslegung nicht möglich, so können einzelne Vorschriften der Richtlinie oder die ganze Richtlinie **unmittelbar anwendbar** werden. Dem Mitgliedstaat wird damit nach dessen Verfehlungen auf der zweiten Stufe die Möglichkeit genommen, die Ziele der Richtlinie schonend in sein nationales Recht zu integrieren. Stattdessen gilt die Richtlinie sodann auch ohne Umsetzungsakt unmittelbar gegen jeden Mitgliedstaat.

---

[112] Siehe *EuGH* C-212/04, Slg. 2006, I-6057, Rn. 113 – Adeneler; *Streinz*, Europarecht, Rn. 455.

EuGH Rs. 41/74, Slg. 1974, 1337 – van Duyn

Sachverhalt: Der Niederländerin van Duyn wurde die Einreise nach Großbritannien verweigert, da sie dort eine Stelle als Sekretärin bei der Church of Scientology antreten wollte. Nach geltendem britischem Recht durften damals keine Arbeitserlaubnisse für Tätigkeiten bei der Church of Scientology vergeben werden, um das Anwachsen des Sektenkultes in Großbritannien zu verhindern. Aus diesem Grund wurde van Duyn auch die Einreise verweigert. Van Duyn erhob gegen das Einreiseverbot Klage und berief sich dabei unter anderem unmittelbar auf Art. 3 I der RL 64/221 zur Koordinierung der Sondervorschriften für die Einreise und den Aufenthalt von Ausländern. Der High Court legte dem *EuGH* daraufhin unter anderem die Frage vor, ob Art. 3 I der o.g. RL unmittelbar anwendbar sei.

Lösung: Der *EuGH* hob zunächst hervor, dass zwar Verordnungen nach (heute) Art. 288 I AEUV unmittelbar anwendbar seien, dies jedoch die unmittelbare Wirkung anderer Rechtsakte nicht ausschließe (Rn. 12). Richtlinien seien gem. (heute) Art. 288 III AEUV „verbindlich", mit dieser Wirkung sei es unvereinbar, die Berufung einzelner betroffener Personen auf die durch die Richtlinie auferlegten Verpflichtungen grundsätzlich auszuschließen. Ferner würde der „effet utile" einer solchen Maßnahme abgeschwächt, wenn sich die Einzelnen vor Gericht nicht auf die Bestimmungen einer Richtlinie berufen könnten.

Der *EuGH* substantiierte im Fall **Ratti** wenige Jahre später die Voraussetzungen für die unmittelbare Wirkung von Richtlinien: 21

EuGH 148/78, Slg. 1979, 1629 – Ratti

Sachverhalt: X ist Leiter eines Unternehmens zur Herstellung von Lacken und Lösemitteln in Italien. Diese Unternehmen sind nach einem italienischen Gesetz verpflichtet, neben dem Vorhandensein bestimmter Stoffe auch deren prozentualen Anteil, vor allem den Anteil an Benzol, anzugeben. Bei Zuwiderhandlung sah das Gesetz Strafe vor. X unterließ die erforderliche Kennzeichnung und erfüllte damit den Straftatbestand des italienischen Gesetzes. Zur Zeit der fraglichen Ereignisse hätte dieses Gesetz jedoch in Erfüllung der Richtlinie 73/173 zur Kennzeichnung bestimmter Stoffe angepasst worden sein müssen. Dies hätte auch zur Aufhebung derjenigen Vorschriften geführt, für deren Nichteinhaltung X nunmehr strafrechtlich verfolgt werden soll. Das zuständige Gericht Pretura Penale Mailand legte dem *EuGH* daher die Frage vor, ob hier die Richtlinie oder das nationale Recht Vorrang habe.

Lösung: Der *EuGH* knüpfte im Fall Ratti die unmittelbare Wirkung von Richtlinien an drei Voraussetzungen: Der Mitgliedstaat muss erstens die Bestimmungen in der Richtlinie nicht in der dafür vorgesehenen Zeit umgesetzt haben, er befindet sich mithin mit der Umsetzung einer Richtlinie in Verzug. Zweitens müssen die Bestimmungen in der Richtlinie hinreichend klar und bestimmt sein. Dritte und letzte Voraussetzung ist, dass die Richtlinie unbedingt ist, mithin keine über den Umsetzungsakt hinausgehende Mitwirkung des Mitgliedstaates zur Durchsetzung der Maßnahme erforderlich ist. Hierbei ist insbesondere zu beachten, ob dem Mitgliedstaat ein Einschätzungsspielraum gegeben ist.

a) Voraussetzungen der unmittelbaren Anwendbarkeit

22 Daraus ergibt sich folgendes Prüfungsschema für die unmittelbare Anwendbarkeit von Richtlinien:

Prüfungsschema 4: Unmittelbare Anwendbarkeit einer Richtlinie

I. Die Richtlinie wurde *nicht fristgemäß* oder *nicht inhaltlich ordnungsgemäß* umgesetzt

II. die Bestimmungen der Richtlinie sind *inhaltlich unbedingt* und

III. die Bestimmungen sind *hinreichend genau.*

23 Für eine unmittelbare Anwendbarkeit von Richtlinien müssen demnach die folgenden Voraussetzungen kumulativ vorliegen:

aa) Die Richtlinie wurde nicht fristgemäß oder nicht inhaltlich ordnungsgemäß umgesetzt

24 Eine nicht fristgemäße Umsetzung liegt immer dann vor, wenn nach Ablauf der in der Richtlinie vorgesehenen Umsetzungsfrist noch kein nationales Umsetzungsgesetz in Kraft getreten ist. Die Umsetzung ist inhaltlich nicht ordnungsgemäß, wenn sie den Vorgaben der Richtlinie ganz oder zum Teil nicht entspricht. Zu Einzelheiten siehe hierzu auch die Ausführungen zur Umsetzung auf der zweiten Stufe.

bb) Die Bestimmungen der Richtlinie sind inhaltlich unbedingt

25 Eine Bestimmung in einer Richtlinie ist dann inhaltlich unbedingt, wenn für ihre Anwendbarkeit keine weiteren Maßnahmen der Unionsorgane oder der Mitgliedstaaten erforderlich sind. Etwaige in der

Richtlinie vorgesehenen Beurteilungs- oder Ermessensspielräume stehen jedoch einer inhaltlichen Unbedingtheit nicht per se entgehen.

cc) Die Bestimmungen sind hinreichend genau

Eine Bestimmung in einer Richtlinie ist dann hinreichend genau, wenn sie aus sich selbst heraus genügt, um im innerstaatlichen Bereich Anwendung zu finden. Dies ist immer dann der Fall, wenn es zu ihrer Anwendbarkeit keiner weiteren Konkretisierung bedarf. **26**

b) Begründung der unmittelbaren Anwendbarkeit

Die unmittelbare Anwendbarkeit von Richtlinien begründet sich auf drei Argumente: **27**

1. **Venire contra factum proprium:** Der Mitgliedstaat kommt seinen vertraglichen Verpflichtungen zur fristgemäßen und hinreichenden Umsetzung von Europarecht nicht nach. Demgemäß soll er sich selbst auch nicht auf die Vorteile, die ihm durch solch vertragswidriges Verhalten erwachsen, berufen können.[113] Damit ist zugleich ein Sanktionsgedanke gegen Mitgliedstaaten durch die unmittelbare Anwendbarkeit der Richtlinie ausgesprochen.[114]
2. **Effet utile:** Nach dem Grundsatz des effet utile sind Mitgliedstaaten gehalten, dem Unionsrecht zur größtmöglichen Wirksamkeit zu verhelfen. Hätte es ein Mitgliedstaat in der Hand, durch eine verzögerte oder unzureichende Umsetzung der Richtlinie deren Wirksamkeit zu beeinflussen, so könnte er bspw. die Umsetzungsfrist durch das Hinnehmen einer Klage faktisch verlängern. Dies führt dazu, dass der Sinn und Zweck der Umsetzungsfrist, eine wirksame Harmonisierung zu erreichen, unterlaufen würde.[115]
3. Zusätzlich zu den zwei anerkannten Argumenten kann sich eine unmittelbare Anwendbarkeit auch aus dem europäischen **Gleichbehandlungsgrundsatz** ergeben: Die Nichtumsetzung oder nicht hinreichende Umsetzung einer Richtlinie führt zu einer Ungleichbehandlung der Unionsbürger, da Richtlinien Rechtswirkungen nur in den Mitgliedstaaten entfalten, in denen sie umgesetzt wurden, in den anderen jedoch nicht.

---

[113] Siehe hierzu *EuGH* Rs. 148/78, Slg. 179, 1629, Rn. 18 – Ratti.

[114] Streinz, Europarecht, Rn. 444.

[115] In diesem Sinne, *EuGH* 148/78, Slg. 179, 1629, Rn. 18 – Ratti; *Streinz*, Europarecht, Rn. 444.

3. Unmittelbare Anwendbarkeit zwischen Privaten

28 Während nach den oben ausgeführten Voraussetzungen eine unmittelbare Anwendbarkeit von Richtlinien gegenüber Mitgliedstaaten besteht, kann sich ein Unionsbürger gegenüber Privaten nur begrenzt auf die unmittelbare Anwendbarkeit von Richtlinien berufen. Dies ergibt sich schon aus der Herleitung der Rechtsfigur der unmittelbaren Anwendbarkeit. Richtlinien sind nur gegen Mitgliedstaaten „verbindlich", nicht jedoch gegenüber Privaten. Auch ist nur der Mitgliedstaat an den Grundsatz des effet utile gebunden. Darüber hinaus kann einem Mitgliedstaat als Vertragspartner mit der unmittelbaren Anwendbarkeit für die Nicht- oder nicht ausreichende Umsetzung von Richtlinien sanktioniert werden, einem Privaten gegenüber kann ein solcher Vorwurf nicht gemacht werden. Zudem hat die Union nur eine Befugnis, mit Hilfe von Verordnungen und Entscheidungen, nicht jedoch mit Richtlinien unmittelbar zu Lasten der Unionsbürger Verpflichtungen anzuordnen.[116] Demnach ist nach allgemeiner Meinung eine **horizontale Direktwirkung von Richtlinien** grundsätzlich ausgeschlossen.

***EuGH* 152/84, Slg. 1986, 723, Rn. 48 – Marshall**

Sachverhalt: Die staatliche Southhampton Health Authority hatte eine Betriebsordnung, nach der Arbeitsverhältnisse von Frauen mit 60, von Männern mit 65 Jahren endeten. Frau Marshall war nahezu 60 und begehrte, bis 65 zu arbeiten. Um ihre Entlassung zu verhindern, berief sie sich zu ihrem Schutz auf die bislang vom Vereinigten Königreich trotz Fristablauf nicht umgesetzte Richtlinie 76/207/EWG. Nach dieser Richtlinie ist eine Ungleichbehandlung von Männern und Frauen bei der Berufsausübung ausnahmslos zu beseitigen. Der *EuGH* hatte nun die Frage zu klären, ob Frau Marshall sich auf diese Richtlinie berufen könne.
Lösung: Trotz der seit dem Urteil „Ratti" nun weitgehend konkretisierten Rechtsprechung eröffneten sich dem *EuGH* bei der Anwendung von Richtlinien neue Problemfelder. Hatte der *EuGH* bislang nur über die unmittelbare Wirkung im Verhältnis Bürger zum Mitgliedstaat (vertikale Wirkung) zu entscheiden, zeichneten sich mit zunehmender Harmonisierung und damit einhergehender Regelungsdichte die Fälle ab, in denen die Nichtumsetzung einer Richtlinie ausschließlich in das Verhältnis Privater einwirkt. Ob eine Richtlinie auch in solch einem Verhältnis unmittelbare Geltung entfaltet (horizontale Wirkung), hatte der *EuGH* im Fall Marshall zu entscheiden.

[116] In diesem Sinne *EuGH* 152/84, Slg. 1986, 723, Rn. 48 – Marshall; *EuGH* C-91/92, Slg 1994, I-3325, Rn. 24 – Faccini Dori.

Der *EuGH* kam im konkreten Fall darin überein, dass die Richtlinie nicht das Verhältnis zweier Privater betraf, sondern sich Frau Marshall gegen eine privatisierte staatliche Stelle wandte. Damit war letztlich die Richtlinie nach den in „Ratti" aufgestellten Grundsätzen über die vertikale unmittelbare Wirkung von Richtlinien anwendbar. Der *EuGH* verneinte jedoch eine unmittelbare horizontale Wirkung von Richtlinien, obwohl dies auf den Fall keine Auswirkungen hatte. Richtlinien könnten gem. (heute) Art. 288 Abs. 3 AEUV nur Geltung gegen „jeden Mitgliedstaat, an den sie gerichtet wird", und damit nicht gegen Private, Rechtswirkungen entfalten. Somit sei eine horizontale unmittelbare Wirkung zu verneinen.

Während in der Rs. *Marshall* die Verneinung der horizontalen Wirkung noch keine Auswirkungen auf den zu entscheidenden Fall hatte, wurden die in *Marshall* aufgestellten Grundsätze des *EuGH* in der Rs. *Faccini Dori* erheblich. **29**

***EuGH* C-91/92, Slg 1994, I-3325 – Faccini Dori**

Sachverhalt: Frau Dori wurde in der Nähe des Mailänder Bahnhofs angesprochen und überredet, einen Vertrag über die Bestellung eines Englisch-Fernkurses zu schließen. Wieder zu Hause angekommen trat sie vom Vertrag zurück. Der Anbieter akzeptierte den Rücktritt nicht und trat seine Ansprüche an ein Inkassobüro ab. Das Inkassobüro erwirkte einen Mahnbescheid, gegen den Frau Dori Widerspruch einlegte. Der mit dem Widerspruch befasste Giudice conciliatore di Firenze legte dem *EuGH* unter anderem die Frage vor, ob eine Person aus Art. 5 der RL 85/577, der trotz Verstreichen der Umsetzungsfrist noch nicht umgesetzt war, ein Rücktrittsrecht herleiten könne.

Lösung: Der *EuGH* wies in diesem Zusammenhang noch einmal darauf hin, dass die Union im Rahmen des Erlasses von Richtlinien im Gegensatz zu Verordnungen keine Kompetenz habe, Verpflichtungen für Bürger anzuordnen. Damit könne eine Richtlinie auch keine Verpflichtungen gegenüber Bürgern im Wege der unmittelbaren Anwendbarkeit anordnen. Damit bleibt dem Bürger nur der Weg über eine richtlinienkonforme Auslegung einer bereits bestehenden nationalen Vorschrift. Ist auch dies nicht möglich, so habe der Einzelne die Möglichkeit, einen etwaigen für ihn entstandenen Schaden im Wege des europäischen Staatshaftungsanspruchs geltend zu machen.

Der grundsätzliche Ausschluss der horizontalen Direktwirkung einer Richtlinie gilt jedoch nur dann, wenn die Richtlinie unmittelbar den **30** einzelnen Unionsbürger verpflichten würde. Führt die unmittelbare Anwendbarkeit nur zu einer Nichtanwendung einer Vorschrift und entsteht dem Unionsbürger dadurch kein unmittelbarer Nachteil, so kann eine Richtlinie unmittelbar anwendbar werden.[117]

C. Beschluss

31 Gem. Art. 288 Abs. 4 AEUV gilt für einen Beschluss folgendes:

> „Beschlüsse sind in allen ihren Teilen verbindlich. Sind sie an bestimmte Adressaten gerichtet, so sind sie nur für diese verbindlich."

32 Art. 288 Abs. 3 S. 1 AEUV hebt hervor, dass ein Beschluss gleichsam einer Verordnung ohne nationalen Transformationsakt in den Mitgliedstaaten Geltung erlangt. Gem. Art. 288 Abs. 3 S. 2 AEUV gibt es zwei Arten von Beschlüssen: Es wird unterschieden zwischen dem Beschluss, der an einen bestimmten Adressaten oder einen Adressatenkreis gerichtet ist (im Folgenden: Adressatenbeschluss) und einem solchen, der nicht an einen bestimmten Adressaten oder Adressatenkreis gerichtet ist (im Folgenden: Allgemeinbeschluss).

33 Der **Adressatenbeschluss** entspricht der „Entscheidung" in ex-Art. 249 Abs. 3 EGV, die durch den Lissabonvertrag in „Beschluss" umbenannt wurde. Der Adressatenbeschluss gilt lediglich für den im Beschluss bezeichneten Adressaten. Insoweit ist der Adressatenbeschluss in der deutschen Terminologie am ehesten vergleichbar einem **Verwaltungsakt**. Sinn und Zweck eines Adressatenbeschlusses ist es, detaillierte europarechtliche Verwaltungsentscheidungen im Einzelfall, wie zum Beispiel die Zulassung eines Arzneimittels, zu regeln.

34 Der **Allgemeinbeschluss** ist durch den Vertrag von Lissabon in Art. 288 Abs. 3 AEUV klarstellend aufgenommen worden. Von den Rechtswirkungen unterscheidet sich diese Form des Beschlusses ohne Adressatennennung nicht von einer Verordnung, was eine Abgrenzung, soweit überhaupt notwendig, erschweren dürfte.

D. Empfehlungen und Stellungnahmen

35 Gem. Art. 288 Abs. 5 AEUV gilt für Empfehlungen und Stellungnahmen:

> „Die Empfehlungen und Stellungnahmen sind nicht verbindlich."

---

[117] Nicht eindeutig in dieser Hinsicht *EuGH* 443/98, Slg. 2000, I-7535, Rn. 50 – Unilever Italia, deutlich jedoch *Streinz*, Europarecht, Rn. 450 sowie Fn. 74.

Die europäische Gerichtsbarkeit hat jedoch eine mittelbare rechtliche Geltung über den Gleichheitssatz konstruiert.[118] Über diesen formaljuristischen Ansatz hinaus haben solche Empfehlungen und Stellungnahmen jedoch auf rechtliche und politische Akteure einen erheblichen Einfluss, so dass Ihnen trotz ihrer rechtlichen Nichtverbindlichkeit normative Funktionen zukommen, bspw. durch Heranziehung zur Auslegung von unbestimmten Rechtsbegriffen, als Richtschnur für legislative Akte oder für die Ausübung von Klagerechten. In der Praxis bedient sich die EU sehr häufig und erfolgreich dieses Instruments, um leise und nachhaltig integrationspolitisch tätig zu werden. **36**

Hinweis: Diese Empfehlungen und Stellungnahmen haben in der Praxis vor allem die Funktion, die Klagepraxis der Kommission zu verstehen. Die Kommission teilt durch Empfehlungen und Stellungnahmen den Unionsbürgern und Mitgliedstaaten nicht nur ihr Rechtsverständnis mit, sondern erklärt damit auch implizit, in welchen Fällen sie von ihrem Klagerecht vor dem *EuGH* Gebrauch machen wird.

Kapitel 7. Grundfreiheiten

Literatur: *Böhm*, JA 2009, 328; *Ehlers*, Jura 2001, 266; 482.

Die Grundfreiheiten gehören neben den Handlungsformen zum Kernbereich dessen, was ein Prüfungskandidat unbedingt beherrschen muss. Obwohl die meisten Grundfreiheiten mittlerweile durch den Erlass von Sekundärrecht soweit ausgeformt wurden, dass in der Praxis selten noch Sachverhalte unmittelbar an den primärrechtlichen Grundfreiheiten gemessen werden, bilden sie nach wie vor den wesentlichen Gegenstand der Staatsprüfungen. Ein Grund hierfür dürfte auch sein, dass die Prüfung der Grundfreiheiten gut an die Prüfung der deutschen Grundrechte angelehnt werden kann. Damit sind die Grundfreiheiten neben dem deutschen Prüfungsstoff gut „handhabbar". **1**

A. Allgemeine Lehren

Literatur: *Bachmann*, AcP 2010, S. 424; *Bernard*, The Substantive Law of the EU. The Four Freedoms. 4. Aufl. 2013; *Classen*, EuR 2004, 416; *Ohler*, JA 2006, 839; *Papadileris*, JuS 2011, 123; *Ruffert*, JuS 2009, 91; *Steindorff*, JZ 1994, 95.

---

[118] *EuG* T-13/99, Slg. 2002, II-3305, Rn. 119 – Pfizer.

I. Grundfreiheiten als Binnenmarktinstrument

2 Die Gewährleistungen der Grundfreiheiten ist gem. Art. 26 Abs. 2 AEUV Kern des Binnenmarkts. Aus diesem Grund kam ihnen auch recht früh durch die Zuerkennung ihrer unmittelbaren Anwendbarkeit eine Schlüsselfunktion bei der Verwirklichung des Binnenmarktes zu.[119]

1. Vom Verbot gegen Staaten zum individuellen Recht

3 Adressaten der Grundfreiheiten waren ursprünglich die Mitgliedstaaten. Diese Zielrichtung wird heute noch durch die Formulierung bspw. des Art. 34 AEUV deutlich, der als Verbotsnorm und nicht als eine individuelle Rechte gewährleistende Norm ausgestaltet ist. Der *EuGH* erklärte jedoch in der Rs. **Van Gend & Loos** die Grundfreiheiten für unmittelbar anwendbar. Obwohl die wörtliche Begründung des Urteils diese Erklärung nicht hergibt, wird das Urteil folgendermaßen verstanden: Die Durchsetzung der Grundfreiheiten gegenüber den Mitgliedstaaten erwies sich als schwierig. Durch die unmittelbare Anwendbarkeit konnte jeder Bürger eines Mitgliedstaates durch Wahrnehmung der Grundfreiheiten an der Verwirklichung des Binnenmarktes teilhaben. Das Individuum wurde quasi als Instrument zur Verwirklichung des Binnenmarktes benutzt.

***EuGH* 26/62, Slg. 1963 – van Gend & Loos**

Sachverhalt: Das niederländische Unternehmen van Gend & Loos führte aus der BRD stammende chemische Erzeugnisse in die Niederlande ein. Die niederländische Finanzverwaltung erhob dafür anstatt des sonst geltenden unionseinheitlichen Zollsatzes einen erhöhten Wertzoll. Van Gent & Loos machte vor einem mitgliedstaatlichen Gericht geltend, dass dieser Wertzoll nicht mit der Warenverkehrsfreiheit vereinbar sei. Das Gericht setzte das Verfahren aus und legte dem *EuGH* die Fragen vor, ob die Verträge unmittelbare Geltung hätten und ob der Einzelne aus der Warenverkehrsfreiheit individuelle Rechte herleiten könne.

Lösung: (...) Das Ziel des EWG-Vertrages (...) [ist] die Schaffung eines gemeinsamen Marktes, dessen Funktionieren die der Gemeinschaft angehörigen Einzelnen unmittelbar betrifft; damit ist zugleich gesagt, dass der Vertrag mehr ist als ein Abkommen, das nur wechselseitige Verpflichtungen zwischen den vertragschließenden Staaten begründet. Diese Auffassung wird durch die Präambel des Ver-

[119] *EuGH* 26/62, Slg. 1963, Rn. 9/15 – van Gend & Loos.

trags bestätigt, die sich nicht nur an die Regierungen, sondern auch an die Völker richtet. Die europäische Wirtschaftsgemeinschaft stellt eine neue Rechtsordnung des Völkerrechts dar, zu deren Gunsten die Staaten, wenn auch in begrenztem Rahmen, ihre Souveränitätsrecht eingeschränkt haben; eine Rechtsordnung, deren Rechtssubjekte nicht nur die Mitgliedstaaten, sondern auch die einzelnen sind. Das von der Gesetzgebung der Mitgliedstaaten unabhängige Gemeinschaftsrecht soll daher den einzelnen, ebenso wie es ihnen Pflichten auferlegt, auch Rechte verleihen. Solche Rechte entstehen nicht nur, wenn der Vertrag dies ausdrücklich bestimmt, sondern auch auf Grund von eindeutigen Verpflichtungen, die der Vertrag den einzelnen wie auch den Mitgliedstaaten und den Organen der Gemeinschaft auferlegt. Wenn der Vertrag in den Artikel 258 und 259 AEUV der Kommission und den Mitgliedstaaten die Möglichkeit einräumt, den Gerichtshof anzurufen, falls ein Staat seinen Verpflichtungen nicht nachkommt, so wird dadurch den einzelnen nicht das Recht genommen, sich gegebenenfalls vor dem nationalen Richter auf diese Verpflichtungen zu berufen. Nach dem Geist, der Systematik und dem Wortlaut des EWG-Vertrages ist Artikel 30 AEUV dahin auszulegen, dass er unmittelbare Wirkungen erzeugt und individuelle Rechte begründet, welche die staatlichen Gerichte zu beachten haben.

2. Vom Diskriminierungs- zum Beschränkungsverbot

Die Grundfreiheiten waren ursprünglich als reine Diskriminierungs- **4**
verbote ausgestaltet. Dies spiegelt sich heute noch in der Formulierung des Art. 45 Abs. 2 AEUV wider, der von der „Abschaffung jeder auf der Staatsangehörigkeit beruhenden unterschiedlichen Behandlung der Arbeitnehmer“ spricht. Der *EuGH* hat ausgehend von der Dassonville-Entscheidung[120] zunächst die Warenverkehrsfreiheit, dann sämtliche anderen Grundfreiheiten zu einem Beschränkungsverbot ausgebaut.

Grund für diese Regelung war die Einsicht, dass nur durch ein Ver- **5**
bot von Diskriminierungen die Schaffung eines Binnenmarktes nicht gelingen würde. Der **effet utile** gebietet daher, dass auch eine unterschiedslos anwendbare Regelung einer Grundfreiheit nicht jede praktische Wirksamkeit nehmen darf.[121] Dieser effet utile dient fortan als prägendes Auslegungskriterium im EU-Recht. Der Schwenk vom Diskriminierungs- zum Beschränkungsverbot ist in den Formulierungen neuerer Grundfreiheiten verankert. So spricht Art. 63 Abs. 1

[120] Siehe die Darstellung der Entscheidung im Rahmen der Warenverkehrsfreiheit.
[121] *EuGH* C-76/90, Slg. 1991, I-4221, Rn. 12 – Säger/Dennmeyer.

AEUV nur noch davon, dass „alle Beschränkungen des Kapitalverkehrs (...) verboten" sind.

3. Grundfreiheiten und Privatrecht

6 Die Grundfreiheiten finden auch in Privatrechtsverhältnissen Anwendung, jedoch mit nach Grundfreiheit variierender Intensität. Grund ist hierfür wiederum der effet utile: Bestimmte Grundfreiheiten wie die Arbeitnehmerfreizügigkeit verwirklichen sich gerade in privatwirtschaftlich geregelten Verhältnissen. Damit würde deren Geltungsbereich unterlaufen und die einheitliche Anwendung des Unionsrechts gefährdet, wenn sie dort keine Geltung hätten.

***EuGH* 36/74, Slg. 1974, 1405 – Walrave und Koch**

Sachverhalt: Die niederländischen Radsportler Walrave und Koch klagten gegen eine Regelung verschiedener privater Radsportverbände, die es ihnen untersagte, als Schrittmacher für Steher anderer Nationalität als ihrer eigenen an Rennen teilzunehmen.

Lösung: Die unzweifelhaft diskriminierenden Regelungen waren nicht von einem Staat erlassen worden, sondern von privaten Organisationen. Daher hatte der *EuGH* zu klären, ob auch Maßnahmen Privater an den Grundfreiheiten zu messen sind. Er führte aus: „Das Verbot der unterschiedlichen Behandlung gilt nicht nur für Akte der staatlichen Behörden, sondern erstreckt sich auch auf sonstige Maßnahmen, die eine kollektive Regelung im Arbeits- und Dienstleistungsbereich enthalten. Denn die Beseitigung der Hindernisse für den freien Personen- und Dienstleistungsverkehr (...) wäre gefährdet, wenn die Beseitigung der staatlichen Schranken dadurch in ihren Wirkungen wieder aufgehoben würde, dass privatrechtliche Vereinigungen oder Einrichtungen kraft ihrer rechtlichen Autonomie derartige Hindernisse aufrichteten. Da im Übrigen die Arbeitsbedingungen je nach Mitgliedstaat einer Regelung durch Gesetze und Verordnungen oder durch Verträge und sonstige Rechtsgeschäfte, die von Privatpersonen geschlossen oder vorgenommen werden, unterliegen, bestünde bei einer Beschränkung auf staatliche Maßnahmen die Gefahr, dass das fragliche Verbot nicht einheitlich angewandt würde." (Rn. 16/19).

7 Darüber hinaus gelten die Grundfreiheiten auch durch die aufgrund von Art. 114 AEUV erlassenen privatrechtlichen Sekundärrechtsakte. Da diese privatrechtlichen Sekundärrechtsakte gem. Art. 114 Abs. 1 AEUV der Verwirklichung der Ziele des Art. 26 AEUV, d.h. gem. Art. 26 Abs. 2 AEUV regelmäßig der Grundfreiheiten dienen müssen,

erlangen die Grundfreiheiten durch diese Sekundärrechtsakte Geltung auch in privaten Verhältnissen.

II. Grundfreiheiten und Grundrechte

Binnenmarktbezogene, marktkreierende Grundfreiheiten können mit 8
den individualfreiheitssichernden europäischen Grundrechten kollidieren. Während die Auflösung dieses Spannungsverhältnisses in der Anfangsphase des Nebeneinander von Grundrechten und Grundfreiheiten problematisch war, ist mittlerweile geklärt, dass dieses Spannungsverhältnis zwei Auswirkungen hat: Erstens sind Grundrechte **Rechtfertigungsgründe für Beschränkungen der Grundfreiheiten**:

***EuGH* C-112/00, Slg. 2003, I-5659 – Schmidberger**

Sachverhalt: Der österreichische Verein „Transitforum Tirol" führte eine nach österreichischem Recht rechtmäßige Blockade der Brenner-Autobahn durch, um für eine Verringerung des Schwerlast-Aufkommens auf der Brenner-Autobahn zu demonstrieren. Das Transportunternehmen Schmidberger sah darin einen Verstoß gegen die Warenverkehrsfreiheit.
Lösung: Der *EuGH* stellte zunächst fest, dass die Versammlung eine Beschränkung der Warenverkehrsfreiheit darstellt (Rn. 59 ff.). Sodann führte er aus, dass diese Beschränkung jedoch durch eine verhältnismäßige Grundrechtsausübung gerechtfertigt gewesen wäre. „(I)n der Gemeinschaft (können) keine Maßnahmen als rechtens anerkannt werden (…), die mit der Beachtung der (…) Menschenrechte unvereinbar sind. (Rn. 81, …) Da die Grundrechte demnach sowohl von der Gemeinschaft als auch von ihren Mitgliedstaaten zu beachten sind, stellt der Schutz dieser Rechte ein berechtigtes Interesse dar, das grundsätzlich geeignet ist, eine Beschränkung von Verpflichtungen zu rechtfertigen, die nach dem Gemeinschaftsrecht, auch kraft einer durch den Vertrag gewährleisteten Grundfreiheit wie dem freien Warenverkehr, bestehen (Rn. 74)." Allerdings können diese Rechte „keine uneingeschränkte Geltung beanspruchen, sondern müssen im Hinblick auf ihre gesellschaftliche Funktion gesehen werden. Folglich kann die Ausübung dieser Rechte Beschränkungen unterworfen werden, sofern diese Beschränkungen tatsächlich dem Gemeinwohl dienenden Zielen der Gemeinschaft entsprechen und nicht einen im Hinblick auf den mit den Beschränkungen verfolgten Zweck unverhältnismäßigen, nicht tragbaren Eingriff darstellen, der die geschützten Rechte in ihrem Wesensgehalt antastet (Rn. 88).

9 Zweitens bestimmen sie die **Reichweite des Anwendungsbereichs von Grundfreiheiten,** indem sie im „Huckepackverfahren“[122] auch Drittstaatsangehörigen den Geltungsbereich der Grundfreiheiten eines Unionsbürgers eröffnen:

***EuGH* C-60/00, Slg. 2002, I-6279 – Carpenter**

Sachverhalt: Der Brite Peter Carpenter betrieb ein Unternehmen, das Werbeannoncen von Kunden im In- und Ausland an Zeitungen verkaufte. Seine philippinische Frau Mary kümmerte sich währenddessen um seine zwei Kinder aus erster Ehe, was Herrn Carpenter nach eigenen Angaben bei der Arbeit entlastete. Ein Antrag auf Aufenthaltsgenehmigung für Frau Carpenter wurde von den britischen Behörden abgelehnt; zeitgleich wurde ein Ausweisungsbeschluss erlassen. Frau Carpenter klagte gegen diesen Beschluss. Das Immigration Appeal Tribunal legte dem *EuGH* die Frage vor, ob sich der Ehepartner eines Unionsbürgers auf die Dienstleistungsfreiheit berufen könne.

Lösung: „Es steht fest, dass die Trennung der Eheleute Carpenter sich nachteilig auf ihr Familienleben und damit auf die Bedingungen auswirken würde, unter denen Herr Carpenter eine Grundfreiheit wahrnimmt. Diese Freiheit könnte nämlich ihre volle Wirkung nicht entfalten, wenn Herr Carpenter von ihrer Wahrnehmung durch Hindernisse abgehalten würde, die in seinem Herkunftsland für die Einreise und den Aufenthalt seines Ehegatten bestünden (Rn. 39, ...) Artikel 49 EG (ist) im Licht des Grundrechts auf Achtung des Familienlebens dahin auszulegen (…), dass er es in einer Situation wie der des Ausgangsverfahrens verbietet, dass der Herkunftsmitgliedstaat eines in diesem Staat ansässigen Dienstleistungserbringers, der Dienstleistungen für in anderen Mitgliedstaaten ansässige Empfänger erbringt, dessen Ehegatten, der Staatsangehöriger eines Drittstaats ist, den Aufenthalt in seinem Hoheitsgebiet verwehrt (Rn. 46).“

III. Grundfreiheitsdogmatik und Prüfungsschema

10 Obwohl die Prüfung der Grundfreiheiten nach wie vor je nach Regelungsziel der Grundfreiheit variiert, hat sich die Dogmatik heute weitgehend an die der Warenverkehrsfreiheit angeglichen. Die Möglichkeit, daher eine einheitliche Grundfreiheiten-Dogmatik anwenden zu können, erleichtert das Lernen und die Prüfung erheblich.

[122] *Britz*, NvWZ 2004, 173 (176).

1. Prüfungsschema

Das folgende Prüfungsschema orientiert sich in erster Linie an der Effektivität in der Klausurlösung. Wie bei allen Schemata entstehen Reibungsverluste durch verkürzte Darstellung. Daher kann es in Einzelfällen angebracht sein, von dieser Reihenfolge abzuweichen. 11

Prüfungsschema 5: Grundfreiheiten

I. Vorprüfung
1. Kein einschlägiges, abschließendes Sekundärrecht
2. Unmittelbare Anwendbarkeit (bei der ANF)
3. Grenzüberschreitender Sachverhalt

II. Anwendungsbereich (weite Auslegung)
1. Persönlich
   a) Natürliche Personen
   b) Juristische Personen
2. Sachlich
3. Keine Anwendungsbereichsausnahme

III. Beeinträchtigung
1. Handeln eines Verpflichteten
   a) Mitgliedstaat oder Union
   b) Private
2. Unmittelbare Diskriminierung („Kontingentierung“)
3. Behinderung
   a) Maßnahme gleicher Wirkung
   b) Konkretisierung nach ANETT
      (Art. 35 AEUV: Ausnahme nach „Groenveld“)

IV. Rechtfertigung (enge Auslegung)
1. Geschriebene Rechtfertigungsgründe
2. Ungeschriebene Rechtfertigungsgründe
3. Grundrechte
4. Verhältnismäßigkeit
   a) Legitimes Ziel
   b) Geeignetheit
   c) Erforderlichkeit
   d) Angemessenheit

2. Grundfreiheitsdogmatik

12 Da Grundfreiheiten „nur" zur Verwirklichung des Binnenmarktes beitragen, finden sie nur bei **grenzüberschreitenden Sachverhalten** Anwendung. Rein innerstaatliche Sachverhalte erfassen die Grundfreiheiten nicht. Einzelne in den Grundfreiheiten zu regelnde Sachverhalte können jedoch durch **Sekundärrecht konkretisiert** werden. Nach dem Grundsatz *lex specialis derogat legi generali* verdrängen diese sekundärrechtlichen Regelungen dann die Grundfreiheiten.

Hinweis: Mittlerweile finden die primärrechtlichen Grundfreiheiten nur noch selten Anwendung, da viele Sachverhalte sekundärrechtlich geregelt sind. Dennoch werden in den Klausuren meistens Grundfreiheiten abgefragt, indem das geltende Sekundärrecht per Sachverhaltshinweis ausgeschlossen wird. Ist dennoch ein eine primärrechtliche Grundfreiheit konkretisierender Sekundärrechtsakt zu prüfen, so empfiehlt es sich, auch den Sekundärrechtsakt nach wie vor im Prüfungsschema der Grundfreiheit zu prüfen. Die meisten Sekundärrechtsakte, die Gegenstand von Prüfungen sind, wurden aufgrund von Art. 114 AEUV erlassen, der vor allem der sekundärrechtlichen Durchsetzung der Grundfreiheiten dient. Auch der *EuGH* tendiert zu dieser Vorgehensweise.[123]

13 Da Grundfreiheiten ursprünglich nur im Verhältnis zu Mitgliedstaaten Anwendung fanden, bedarf ihre **unmittelbare Anwendbarkeit** besonderer Begründung. Bis auf Art. 45 Abs. 3 lit. d) AEUV, welcher nicht unbedingt ist, bereitet dieses Merkmal jedoch in der Grundfreiheitsprüfung keine Probleme. Daher sollte es nur noch bei der Prüfung der Arbeitnehmerfreizügigkeit erwähnt werden.

14 Die Prüfung der Grundfreiheiten kann in einem Prüfungsschema erfolgen, das dem deutschen Juristen von den Grundrechten vertraut ist. Dabei wird ebenso grundsätzlich zwischen drei verschiedenen Prüfungsschritten unterschieden: **Anwendungsbereich – Beeinträchtigung – Rechtfertigung**. Der Grundsatz der Verhältnismäßigkeit ist Teil der Rechtfertigung, Konkurrenzen werden im Anwendungsbereich behandelt. Diejenigen Prüfungsschritte, die sich nicht recht in diesen Kategorien unterbringen lassen, werden im hier vertretenen Aufbau im Rahmen einer **„Vorprüfung"** behandelt.

Hinweis: Dies lässt sich am Beispiel des „grenzüberschreitenden Elements" verdeutlichen: Obgleich die Prüfung des grenzüberschreitenden Elements regelmäßig in Prüfungen unproblematisch ist, bereitet die Bearbeitung dieses Merkmals in Prüfungen immer wieder Probleme. Wo prüft man das grenzüberschreitende Element, bei einer Vorprüfung, im Geltungsbereich oder bei der Beeinträchtigung? Und was prüft man eigentlich? Muss der Sachverhalt grenzüberschreitend sein oder die Maßname? Grundsätzlich sind alle diese Lösungen in einer Klausur vertretbar, eine allgemeingültige Lösung gibt es nicht. Zwar legt der Wortlaut von Art. 34 und

---

[123] Siehe hierzu bspw. *EuGH* Slg. 1994, I-317C-315/92, Rn. 13 – Clinique.

35 AEUV „Maßnahmen gleicher Wirkung (...) zwischen den Mitgliedstaaten" nahe, dass Anknüpfungspunkt für das grenzüberschreitende Element die entsprechende Maßnahme sein muss; die Prüfung des grenzüberschreitenden Elements würde sodann folgerichtig in der Beeinträchtigung erfolgen.[124] Allerdings knüpft der *EuGH* zur Feststellung des grenzüberschreitenden Elements nicht nur an die Maßnahme, sondern auch an andere Elemente des zugrunde liegenden Sachverhalts an. Da sich beim *EuGH* in dieser Frage keine einheitliche Linie erkennen lässt, wird hier vorgeschlagen, bei der Prüfung klausurtaktisch vorzugehen. Da der Punkt der Grenzüberschreitung regelmäßig unproblematisch ist, sollte das grenzüberschreitende Element entgegen der richtigen dogmatischen Einordnung im Tatbestand[125] in einem Satz in einer Vorprüfung abgehandelt werden. Anknüpfungspunkt soll dabei der Sachverhalt sein, da er erstens weiter als der Begriff der Maßnahme gefasst ist und man zweitens im Rahmen der Vorprüfung noch nicht geprüft hat, was eigentlich genau die mit der Maßnahme verbotene Tätigkeit umfasst.

a) Anwendungsbereich

Der **Anwendungsbereich** einer Grundfreiheit ist grundsätzlich weit 15
auszulegen.[126] Dadurch wird zum einen gewährleistet, dass diejenigen Argumente, die eigentlich bei der Rechtfertigung Berücksichtigung finden und damit im Rahmen des Verhältnismäßigkeitsprinzips für wesentlich bessere **Einzelfallgerechtigkeit** sorgen, nicht abgeschnitten werden.[127] Zum anderen liegt dies in der Geschichte des Binnenmarktrechts begründet, welcher vor allem der Durchsetzung der mit der **Freihandelstheorie** verbundenen Deregulierung dient.[128] Der Anwendungsbereich muss sowohl in **persönlicher** als auch in **sachlicher** Hinsicht eröffnet sein. Die Wichtigkeit dieser Prüfungspunkte variiert zwischen den Grundfreiheiten. Während bspw. der persönliche Anwendungsbereich bei der Warenverkehrsfreiheit kaum eine Rolle spielt, ist er der zentrale Prüfungspunkt im Anwendungsbereich der Arbeitnehmerfreizügigkeit. Einige Verhaltensweisen, die eigentlich in den Anwendungsbereich der Grundfreiheit fallen würde, sind gesetzlich oder nach Richterrecht ausgenommen, **sog. Bereichsausnahme**.

b) Beeinträchtigung

Eine **Beeinträchtigung** des Anwendungsbereiches kann nur durch 16
Maßnahmen erfolgen, die ein durch die Grundfreiheiten **Verpflichteter**

---

[124] So auch *Röhl*, Jura 2006, 321.
[125] Siehe *Becker*, in: *Schwarze*, Art. 28 EGV, Rn. 19.
[126] *Ehlers*, Die Grundfreiheiten der Europäischen Gemeinschaften Allgemeine Lehren, in: *Ehlers*, Grundrechte und Grundfreiheiten, Rn. 64.
[127] *Purnhagen*, EuZW 2011, 224 (225).
[128] *Purnhagen*, The Virtue of Cassis de Dijon 25 Years Later – It Is Not Dead, It Just Smells Funny, in: *Purnhagen/Rott*, Varieties of European Economic Law and Regulation, 317 ff.

erlassen hat. Dies ist bei grenzüberschreitenden verbindlichen Maßnahmen der Mitgliedstaaten sowie der Unionsorgane der Fall. Maßnahmen Privater können ebenso entweder als dem staatlichen Handeln zurechenbare Maßnahme oder im Rahmen der „Drittwirkung der Grundfreiheiten“ als Beeinträchtigung gelten. Jede Maßnahme eines Verpflichteten muss jedoch eine bestimmte Qualität aufweisen. Bei der Prüfung der **Beeinträchtigung** schlägt sich die Wandlung der Grundfreiheiten vom Diskriminierungs- zum Beschränkungsverbot nieder. Alle **unmittelbar diskriminierenden Maßnahmen** sind Beschränkungen.

Hinweis: Einige Grundfreiheiten sind vom Wortlaut („Beschränkungen“) schon als Beschränkungsverbot konzipiert. Es empfiehlt sich in der Prüfung dennoch, mit der Prüfung der Diskriminierung zu beginnen, da zum einen der *EuGH* auch in Fällen der Beschränkung eine Diskriminierung stets voraussetzt. Zum anderen ist diese regelmäßig einfacher zu subsumieren.

17 Daneben gelten als Beeinträchtigung auch alle **Beschränkungen** wie die „Maßnahmen gleicher Wirkung“.

Hinweis: Der Unterschied zwischen unmittelbar diskriminierenden Maßnahmen und Beschränkungen verdeutlicht sich am besten mit dem Begriff der „Einfuhrbeschränkung“ anhand der Warenverkehrsfreiheit. Eine Einfuhrbeschränkung von Waren (Bsp.: Nur noch 100 Teddybären der Sonderedition X dürfen in den Mitgliedstaat S eingeführt werden) ist eine unmittelbare Diskriminierung. Eine Maßnahme gleicher Wirkung sind alle anderen Handlungen, die mit anderen Mitteln als der Einfuhrbeschränkung den gleichen Effekt erzeugen. So könnte ein Mitgliedstaat verbieten, alle Teddybären der Sonderedition X zu verkaufen.

18 In Anlehnung an die **Dassonville**-Entscheidung des *EuGH*[129] definieren sich die Maßnahmen gleicher Wirkung wie folgt:

Definition Maßnahme gleicher Wirkung (Dassonville-Formel): Jede Maßnahme, die geeignet ist, die Ausübung der Grundfreiheit unmittelbar oder mittelbar, tatsächlich oder potentiell zu behindern.

19 Diese weite Definition, bei der vor allem das Wort „potentiell“ konstituierend wirkt, führte dazu, dass letztlich nahezu jede mitgliedstaatliche Regelung durch den *EuGH* kontrolliert werden konnte. Der *EuGH* schränkte diese als zu weit empfundene Definition durch zahlreiche Urteile wieder ein.[130] Zu nennen ist zunächst die *rule of remoteness*, die eine Beeinträchtigung der Grundfreiheiten ausscheiden lässt, wenn die Auswirkungen einer Maßnahme zu unbestimmt und zu

[129] *EuGH* 8/74, Slg. 1974, 837 – Dassonville.

[130] Siehe hierzu *Epiney*, Freiheit des Warenverkehrs, in: *Ehlers*, Grundrechte und Grundfreiheiten, Rn. 36 ff.

mittelbar sind.[131] Da diese Fälle selten sind, kann die *rule of remoteness* regelmäßig in der Prüfung unbeachtet bleiben. Der *EuGH* entwickelte sodann die **Keck**-Rechtsprechung, welche fortan als Einschränkung zu prüfen war.[132] Allerdings ist sie von ihrem Wortlaut nicht für alle Grundfreiheiten passgenau[133] und konnte auch in der Praxis keine Lösung für viele Einzelfälle bieten.[134] Der *EuGH* hat daher zunächst die Keck-Rechtsprechung auf ihren Sinn und Zweck als Marktzugangskriterium reduziert.[135] In einem nächsten Schritt ist er dann zunächst für Verwendungsbeschränkungen[136], dann für alle Einschränkungen von der Keck-Formel abgewichen.[137] Anstelle der Keck-Formel ist die ANETT-Formel getreten. Diese besteht aus einem **drei-Stufen-Test**, der konkretisierend zur Dassonville-Formel herangezogen wird:

ANETT-Formel:

1. Ist die Maßnahme diskriminierend?

→ wenn ja, dann Beeinträchtigung (+)

2. Werden durch die Maßnahme vom sachlichen Anwendungsbereich der Grundfreiheit umfasste Schutzgüter aus anderen Mitgliedstaaten weniger günstig behandelt als inländische Waren?

→ wenn ja, dann Beeinträchtigung (+)

3. Wird durch die Maßnahme der Zugang von vom sachlichen Anwendungsbereich der Grundfreiheit umfasste Schutzgüter aus einem Mitgliedsland zum inländischen Markt sonstwie behindert ist?

→ wenn ja, dann Beeinträchtigung (+)

Diese neue ANETT-Formel lässt allerdings offen, wann der Zugang behindert ist. Solange bis der *EuGH* hier keine Klarheit geschaffen hat bietet es sich an, wiederum auf die Kriterien der alten Keck-Formel zurückzugreifen. Zur Beantwortung der Frage, ob der Marktzugang 20

[131] Siehe etwa *EuGH* C-44/98, Slg. 1999, I-6269, Rn. 16 – BASF.
[132] Siehe *Purnhagen*, Europarecht, 1. Auflage, 2012, Kapitel 7, Rn. 19.
[133] *Kingreen,* in: *Callies/Ruffert*, Art. 34–36 AEUV, Rn. 50.
[134] *Purnhagen,* JZ 2012, 743.
[135] *EuGH* C-384/93, Slg. 1995, I-1141, Rn. 37 f. – Alpine Investments; *EuGH* C-110/05, Slg. 2009, I-519, Rn. 37 – Kommission/Italien.
[136] *EuGH* C-142/05, Slg. 2009, I-4273 – Mickelsson und Roos.
[137] *EuGH* C-456/10, Rn. 32–35 – ANETT, *Purnhagen,* JZ 2012, 743, wohl auch *Weatherill*, Why There Is No Principle of Mutual Recognition in EU Law (and Why that Matters to Consumer Lawyers), in: *Purnhagen/Rott*, Varieties of European Economic Law and Regulation, 401 ff..

beeinträchtigt ist, können daher u.a. die folgenden Kritierien herangezogen werden:
- Sind alle Wirtschaftsteilnehmer gleich betroffen?
- Ist der Absatz der inländischen Produkte gleich betroffen (bei der Warenverkehrsfreiheit)?
- Im Zweifel als Faustformel: Wird der Zugang *zum* Markt erschwert (dann Beeinträchtigung) oder ist dies eine Behinderung *nach* erfolgtem Marktzugang (dann keine Beeinträchtigung)?

Beispiel: Die Abgrenzung zwischen der Art und Weise der Ausübung und der Ausübung an sich lässt sich am Beipiel des Notarberufs deutlich machen. Ist der Beruf des Notars nur den Angehörigen eines Mitgliedstaates eröffnet, so betrifft dies die Ausübung des Notarberufs an sich. Eine Beeinträchtigung ist mithin gegeben. Ist der Notarberuf hingegen von bestimmten persönlichen Anforderungen an die Qualität der Person, wie bspw. eine juristische Ausbildung, geknüpft, so betrifft dies lediglich die Art und Weise der Ausübung. Da diese Anforderungen jedoch alle Wirtschaftsteilnehmer gleichermaßen treffen, ist dies keine Beeinträchtigung.

21 Im (seltenen) Fall der mengenmäßigen Ausfuhrbeschränkung (Art. 35 AEUV) kann diese allgemeine Formel nicht angewendet werden, da es keine Marktzugangssituation gibt. Daher gilt in diesen Fällen die Groenveld-Formel:

Groenveld-Formel: Mitgliedstaatliche Maßnahmen, die „spezifische Beschränkungen der Ausfuhrströme bezwecken oder bewirken und damit unterschiedliche Bedingungen für den Handel innerhalb eines Mitgliedstaats und seinen Außenhandel schaffen, so dass die inländische Produktion oder der Binnenmarkt des betreffenden Staates zum Nachteil der Produktion oder des Handels anderer Mitgliedstaaten einen besonderen Vorteil erlangt“ sind Beschränkungen.

c) Rechtfertigung

22 Der Rechtfertigungstatbestand einer Grundfreiheit ist grundsätzlich eng auszulegen.[138] Man unterscheidet zwischen **geschriebenen**, d.h. im AEUV befindlichen und **ungeschriebenen**, von der Rechtsprechung entwickelten **Rechtfertigungsgründen**. Daneben gelten die **Unionsgrundrechte** sowie der **Verhältnismäßigkeitsgrundsatz** als Rechtfertigungsgründe. Zwar hatte der *EuGH* ursprünglich entschieden, dass die ungeschriebenen Rechtfertigungsgründe nur zur Rechtfertigung von unmittelbar diskriminierenden Maßnahmen Anwendung finden. Inzwi-

---

[138] *Ehlers*, Die Grundfreiheiten der Europäischen Gemeinschaften Allgemeine Lehren, in: *Ehlers*, Grundrechte und Grundfreiheiten, Rn. 64.

schen hat er diese Einschränkung jedoch vermehrt durchbrochen und wohl aufgegeben. Als ungeschriebene Rechtfertigungsgründe zählen seit der Cassis-Rechtsprechung[139] alle „zwingenden Erfordernisse". Davon sind insbesondere die folgenden wichtig:
- Wirksame steuerliche Kontrolle[140]
- Verbraucherschutz[141]
- Umweltschutz[142]
- Kulturpolitik[143]
- Schutz der Lauterkeit des Hansdelsverkehrs[144]
- Schutz der nationalen sozialen Sicherungssysteme

d) Verhältnismäßigkeit

Beeinträchtigungen der Grundfreiheiten sind nur dann gestattet, wenn sie verhältnismäßig sind.[145] Der Grundsatz der Verhältnismäßigkeit ist ein allgemeiner Grundsatz des Unionsrechts.[146] Die entsprechende Maßnahme muss zur Verfolgung eines legitimen Ziels geeignet, erforderlich und angemessen sein. **Ein legitimes Ziel** kann sich aus den geschriebenen oder ungeschriebenen Rechtfertigungsgründen ergeben. Maßgeblich hierfür sind insbesondere die in Art. 2 und 3 EUV formulierten Werte und Ziele. Das Ziel muss auch tatsächlich verfolgt werden und nicht nur dazu dienen, die eigenen Anbieter zu schützen.[147] Kein legitimes Ziel sind wirtschaftliche Gründe.[148] **Geeignet** ist eine Maßnahme, wenn sie dem Ziel dient und sich nicht als vollkommen untauglich erweist.[149] Eine Maßnahme ist nicht schon deshalb ungeeignet, weil bessere Mittel denkbar wären.[150] **Erforderlich** für die Erreichbarkeit des Ziels ist eine Maßnahme, wenn kein gleich geeignetes milderes Mittel vorliegt, welches den 23

[139] *EuGH* 120-78, Slg. 1979, 649 – REWE Zentral AG/Monopolverwaltung für Branntwein (Cassis de Dijon).
[140] *EuGH* 120-78, Slg. 1979, 649, Rn. 8 – REWE Zentral AG/Monopolverwaltung für Branntwein (Cassis de Dijon).
[141] *EuGH* 120-78, Slg. 1979, 649, Rn. 8 – REWE Zentral AG/Monopolverwaltung für Branntwein (Cassis de Dijon).
[142] *EuGH* 302/86, Pfandflaschen, Slg. 1988, 4607, 4630, Rn. 8 f.
[143] *EuGH* 60 und 61/84, Slg. 1985, 2605 – Cinéthèque.
[144] *EuGH* 120-78, Slg. 1979, 649, Rn. 8 – REWE Zentral AG/Monopolverwaltung für Branntwein (Cassis de Dijon).
[145] Siehe nur *EuGH*, Slg. 1988, 4607, Rn. 11 ff. – Kommission/Dänemark (Pfandflaschen).
[146] *EuGH* 8/55, Slg. 1955/1956, 297, 311 –Fédération Charbonnière.
[147] *EuGH* C-203/96, Slg. 1998, I-4075, Rn. 44 – Dusseldorp.
[148] *EuGH* C-120/95, Slg. 1998, I-1831, Rn. 39 – Decker.
[149] *Müller-Graff*, in: *v.d. Groeber/Schwarze*, Art. 30 EGV, Rn. 132.
[150] *EuGH* Rs. 152/78, Slg. 1980, 229, Rn. 15 ff. – Kommission/Frankreich.

Handel innerhalb der Union weniger beeinträchtigen würde.[151] Bei dieser Einschätzung verfügen die Mitgliedstaaten über einen gewissen Spielraum.[152] Die Maßnahme ist **angemessen**, wenn das Verhältnis zwischen dem mit der Maßnahme geschützten Gut und der Beschränkung der Grundfreiheit ausgewogen ist.[153] Das bedeutet, dass das mit der mitgliedstaatlichen Maßnahme verfolgte Interesse mit dem Ziel der grundfreiheitsspezifischen Binnenmarktverwirklichung zum Ausgleich kommen muss.

e) Konkurrenzen, Schwerpunkttheorie

24 Es kommt häufig vor, dass bei einer Maßnahme die Verletzung mehrerer Grundfreiheiten in Frage kommt. Ist daher der Anwendungsbereich mehrerer Grundfreiheiten berührt, so sind diese Grundfreiheiten grundsätzlich nebeneinander anwendbar.[154] Lässt sich indes aus der Verletzungshandlung der Grundfreiheit und der Zielrichtung der Maßnahme des Verpflichteten im **Schwerpunkt** die Verletzung einer Grundfreiheit zuordnen, so ist der Anwendungsbereich der anderen Grundfreiheit erst gar nicht eröffnet.[155] Daher haben auch Subsidiaritätsregelungen im Anwendungsbereich bestimmter Grundfreiheiten wie bspw. in Art. 57 AEUV – wenn überhaupt – nur eine eingeschränkte Bedeutung.[156]

Übung: *Purnhagen*, Klausurenkurs Europarecht: Fall 3, Kontaktlinsen über das Internet; Fall 4, Kein Rausch für Ausländer.

B. Die einzelnen Grundfreiheiten

25 Die Grundfreiheiten werden in Art. 26 Abs. 2 AEUV aufgezählt:

> „Der Binnenmarkt umfasst einen Raum ohne Binnengrenzen, in dem der freie Verkehr von Waren, Personen, Dienstleistungen und Kapital gemäß den Bestimmungen der Verträge gewährleistet ist."

26 „Personen" umfasst dabei die Niederlassungs- und Arbeitnehmerfreizügigkeit, „Kapital" die Kapital- und Zahlungsverkehrsfreiheit. Insgesamt gibt es damit sechs Grundfreiheiten:
- Warenverkehrsfreiheit
- Arbeitnehmerfreizügigkeit

---

[151] *EuGH* Rs. 298/87, Slg. 1988, 4489, Rn. 15 – Smanor.
[152] *EuGH* Rs. C-112/00, Slg. 2003, I-5659, Rn. 74 ff. – Schmidberger.
[153] *EuGH* Rs. 178/84, Slg. 1987, 1227, Rn. 28 – Kommission/Deutschland.
[154] *Ehlers*, Die Grundfreiheiten der Europäischen Gemeinschaften Allgemeine Lehren, in: Ehlers, Grundrechte und Grundfreiheiten, Rn. 65.
[155] Siehe hierzu *Purnhagen*, EuZW 2011, 224 (225 f.).
[156] Siehe *EuGH* C-452/04, Slg. 2006, I-9521 – Fidium Finanz.

– Niederlassungsfreiheit
– Dienstleistungsfreiheit
– Kapitalverkehrsfreiheit
– Zahlungsverkehrsfreiheit

Im Folgenden werden nur die Besonderheiten der jeweiligen Grundfreiheit im Rahmen des allgemeinen Prüfungsaufbaus dargestellt.

I. Warenverkehrsfreiheit (Art. 34 ff. AEUV)

Literatur: *Ackermann*, RIW 1994, 189; *Chalmers*, ICLQ 1993, 269; *Purnhagen*, EuZW 2011, 224; *Purnhagen*, The Virtue of Cassis de Dijon 25 Years Later – It Is Not Dead, It Just Smells Funny, in: *Purnhagen/Rott*, Varieties of European Economic Law and Regulation, 315 ff.; *Röhl*, Jura 2006, 321; *Schön*, EuR 2001, 216; *Schütz*, Jura 1998, 631; *Weatherill*, Why There Is No Principle of Mutual Recognition in EU Law (and Why that Matters to Consumer Lawyers), in: *Purnhagen/Rott*, Varieties of European Economic Law and Regulation, 401 ff.

Die Warenverkehrsfreiheit ist im Kern in Art. 34 AEUV geregelt: **27**

„Mengenmäßige Einfuhrbeschränkungen sowie alle Maßnahmen gleicher Wirkung sind zwischen den Mitgliedstaaten verboten."

Die Warenverkehrsfreiheit ist die dogmatische „Mutter" der Grund- **28**
freiheiten.[157] Mittlerweile haben sich alle Grundfreiheiten an die vom *EuGH* ausgeformte dogmatische Struktur der Warenverkehrsfreiheit angeglichen. Daher ist auch die Kenntnis der Warenverkehrsfreiheit zum Verständnis der anderen Grundfreiheiten unerlässlich.

Mengenmäßige Ausfuhrbeschränkungen gem. Art. 35 AEUV wer- **29**
den Einfuhrbeschränkungen vergleichbar behandelt. Besonderheiten ergeben sich lediglich bei der ANETT-Einschränkung im Rahmen der Beeinträchtigung, worauf dort gesondert hingeweisen werden wird.

1. Prüfungsschema

Zur Prüfung der Warenverkehrsfreiheit bietet sich folgendes Schema **30**
an:

Prüfungsschema 6: Warenverkehrsfreiheit (Art. 34 AEUV)

I. Vorprüfung

1. Kein einschlägiges, abschließendes Sekundärrecht
2. Grenzüberschreitender Sachverhalt

---

[157] Siehe auch *Körber*, Grundfreiheiten und Privatrecht, 2004, 115 „Die Warenverkehrsfreiheit als Pionierfreiheit des Binnenmarktes".

II. Anwendungsbereich
- 1. Persönlich
- 2. Sachlich
  - a) Ware
    - aa) Problemfälle
    - bb) Sonderregeln für bestimmte Erzeugnisse
  - b) Unionsware gem. Art. 28 Abs. 2 AEUV
- 3. Bereichsausnahme

III. Beeinträchtigung
- 1. Handeln eines Verpflichteten
  - a) Mitgliedstaat oder Union
  - b) Private
- 2. Mengenmäßige Ein- und Ausfuhrbeschränkung
- 3. Maßnahmen gleicher Wirkung
  - a) Dassonville-Formel
  - b) Konkretisierung nach ANETT
    (Art. 35 AEUV: Ausnahme nach „Groenveld")

IV. Rechtfertigung
- 1. Geschriebene Rechtfertigungsgründe gem. Art. 36 AEUV
- 2. Ungeschriebene Rechtfertigungsgründe
- 3. Grundrechte
- 4. Verhältnismäßigkeit

2. Anwendungsbereich

a) Persönlicher Anwendungsbereich

31 Der persönliche Anwendungsbereich umfasst grundsätzlich alle natürlichen Personen unabhängig von deren Staatsangehörigkeit sowie alle juristischen Personen.

b) Sachlicher Anwendungsbereich

aa) Ware

32 Der sachliche Anwendungsbereich erfordert gem. der Überschrift zu Titel II AEUV das Vorliegen einer „Ware".

Definition Ware: Waren sind alle körperlichen Gegenstände, die (einen Geldwert haben und deshalb) Gegenstand von Handelsgeschäften sein können.[158]

Problematisch sind regelmäßig die folgenden Fälle: 33

1. **Strom/Gas/Wasser** sind „Waren", obwohl sie nicht körperlich sind.
2. **Abfälle** sind „Waren", obwohl sie manchmal keinen Geldwert haben können.[159]
3. **Leichen, Föten** und **embryonale Stammzellen** (str., wohl +)[160]
4. **Fernsehsendungen** sind nicht körperlich und daher keine Waren, der Handel mit den entsprechenden Film- und Tonträgern hingegen schon.[161]
5. Waren für den **medizinischen Bedarf**, bspw. Brillen, sind auch „Waren".

Bestimmte Erzeugnisse sind in spezielleren Art. geregelt, die Regeln der Warenverkehrsfreiheit werden daher für diese Produkte durch speziellere Regelungen verdrängt. Dies gilt insbesondere für 34

1. Landwirtschaftliche Erzeugnisse (Art. 38 ff. AEUV spezieller)
2. Waffen, Munition, und Kriegsmaterial (Art. 346 Abs. 1 lit. b AEUV spezieller)
3. Sämtliche Waren, die unter den EAGV fallen (siehe Art. 34 AEUV)

bb) Unionsware gem. Art. 28 Abs. 2 AEUV

Da sich grundsätzlich jede natürliche und juristische Person auf die 35 Warenverkehrsfreiheit berufen kann, erfolgt die Einschränkung des Anwendungsbereichs auf binnenmarktrelevante Sachverhalte durch das Erfordernis der „Unionsware" gem. Art. 28 Abs. 2 AEUV. Demnach muss die fragliche Ware entweder aus der EU stammen oder sich in den Mitgliedstaaten im freien Verkehr befindet.

Definition Unionsware: Unionswaren sind solche, die vollständig innerhalb der Union gewonnen oder hergestellt, oder unter Verwendung von Bestandteilen zusammengesetzt wurden, die ebenfalls aus der Union stammen, oder bei denen Bestandteile aus Drittstaaten verwendet wurden, die in den zollrechtlich freien Verkehr übergeführt worden sind.

---

[158] *EuGH* Rs. 7/68 – Kommission/Italien, Slg. 1968, 634 (642).
[159] *EuGH* C-91/156, Slg. 1997, I-74411 – Wallonie.
[160] Siehe *Leible/T. Streinz*, in: *Grabitz/Hilf/Nettesheim*, Art. 34 AEUV, Rn. 31.
[161] *EuGH* 155/73, Slg. 1974, 409 – Sacchi.

36 Zur Qualifikation von Drittlandswaren gelten die Regelungen des Art. 29 AEUV.

c) Bereichsausnahme

37 Eine Bereichsausnahme ist in den Verträgen nicht vorgesehen. Allerdings nimmt der *EuGH* **Betäubungsmittel**, die nicht zur Verwendung für medizinische und wissenschaftliche Zwecke gehandelt werden, aus dem Anwendungsbereich der Warenverkehrsfreiheit heraus.[162] Diese Praxis ist mit einer Ausnahme,[163] auf Kritik gestoßen.[164] Es ist nicht ersichtlich, warum Betäubungsmittel wie Marihuana bereits aus dem Anwendungsbereich ausgeschlossen werden sollen. Den spezifischen Gefahren und den kulturellen Unterschieden in Europa bei der Handhabung des Handels mit Betäubungsmitteln kann wesentlich besser im Rahmen der einzelfallbezogenen Rechtfertigungsgründe Rechnung getragen werden.[165]

3. Beeinträchtigung

a) Handeln eines Verpflichteten

38 Verpflichteter der Warenverkehrsfreiheit sind sowohl die Unionsorgane als auch die Mitgliedstaaten. Dazu zählt auch das Handeln von Privaten, sofern es diesen zuzurechnen ist. Ob Private durch die Warenverkehrsfreiheit verpflichtet sind ist umstritten.[166] Eine ausdrückliche Aussage für eine solche Bindung Privater lässt sich der Rechtsprechung nicht entnehmen. Der *EuGH* hat nun am Beispiel einer privaten Zertifizierungsstelle die Bindung quasi-staatlicher privater Organisationen an die Warenverkehrsfreiheit ausdrücklich angenommen.[167] Diese sind in Bezug auf ihre Regulierungsmacht mit staatlichen Institutionen vergleichbar. Demnach können zwar auch Private an die Warenverkehrsfreiheit gebunden sein, aber nur wenn ihre Regulierungsmacht als „quasi-staatliche Institution" derjenigen eines Staates ähnelt. Es ist weiterhin unentschieden, ob Maßnahmen von „normalen" Privaten sich an der Warenverkehrsfreiheit messen lassen müssen.

---

[162] *EuGH* C-137/09, I-13019, Rn. 41 – Josemans.
[163] *Streinz*, JuS 2011, 1044.
[164] *Leible/T.Streinz*, in: *Grabitz/Hilf/Nettesheim*, Art. 34 AEUV, Rn. 30; *Purnhagen*, EuZW 2011, 224 ff.; *Schröder*, JZ 2011, 629 (631).
[165] *Purnhagen*, EuZW 2011, 224 ff.
[166] Siehe weiterführend *Leible/T.Streinz*, in: *Grabitz/Hilf/Nettesheim*, Art. 34 AEUV, Rn. 37.
[167] *EuGH* C-171/11, NJW 2013, 623 – Fra.bo.

b) Mengenmäßige Ein- und Ausfuhrbeschränkungen

Definition Mengenmäßige Ein- und Ausfuhrbeschränkung: Maßnahmen, die die Warenein- oder ausfuhr der Menge oder dem Wert nach begrenzen.[168]

Darunter fallen vor allem Kontigentierungen, sowie Ein- oder Durchfuhrverbote. Diese Beschränkungen kommen selten vor, daher können sie regelmäßig vernachlässigt werden. 39

c) Maßnahmen gleicher Wirkung

aa) Dassonville-Formel

„Maßnahmen gleicher Wirkung" sind nach der Dassonville-Formel zu bestimmen. Maßgeblich ist damit lediglich die potentielle Geeignetheit einer Maßnahme, den unionalen Handel zu behindern. Ob diese Behinderung tatsächlich eintritt, ist unerheblich.[169] 40

***EuGH* Rs. 8/74, Slg. 1974, 837 – Dassonville**

Sachverhalt: Die belgische Importfirma Dassonville wird strafrechtlich verfolgt, weil sie schottischen Whisky über Frankreich eingeführt hat, ohne dabei die nach Art. 1 der Königlichen VO Nr. 57 vom 20.12.1934 erforderliche Bescheinigung mit der Ursprungsbezeichnung „Scotch Whisky" vorlegen zu können. Für die Einfuhr nach Frankreich hatte lediglich ein Freigabeauszug aus dem Zollabfertigungsregister mit der Aufschrift „British Customs Certificate of Origin" genügt. Da die Beschaffung der Ursprungsbezeichnung „Scotch Whisky" in Frankreich schwierig ist, möchte sie das Produkt lediglich mit dem Freigabeauszug weiter nach Belgien transportieren. Das zustandige Tribunal de Premiere Instance Brüssel legt daher dem *EuGH* die Frage vor, ob eine Bestimmung wie Art. 1 der og VO gegen die Warenverkehrsfreiheit verstößt.

Lösung: Da diese Regelung keine Kontigentierung vorsah konnte der *EuGH* nur der Frage nachgehen, ob eine „Maßnahme gleicher Wirkung" wie eine Kontigentierung vorliegt. Er hatte dabei die Frage zu klären, ob eine solche „Maßnahme gleicher Wirkung" stets eine diskriminierende, dh zwischen Ausländern und Inländern differenzierende Maßnahme umfasst, oder ob eine unterschiedslose Handelsbeschränkung ausreicht. Hierzu führte der *EuGH* aus: „Jede

---

[168] Nur für die Einfuhr *EuGH* Slg 1973, 865, Rn. 7 – Geddo.
[169] *EuGH* Slg. 1984, 1299, Rn. 20 – Prantl.

Handelsregelung der Mitgliedstaaten, die geeignet ist, den innergemeinschaftlichen Handel unmittelbar oder mittelbar, tatsächlich oder potentiell zu behindern, ist als Maßnahme mit gleicher Wirkung wie eine mengenmäßige Beschränkung anzusehen." (Rn. 5). Damit sollte nun nicht nur eine Diskriminierung, sondern gerade auch eine wenn auch nur potentielle Behinderung des Handels ausreichen.

bb) Konkretisierung nach ANETT

Hinweis: Früher ist hier ausschließlich die Keck-Formel geprüft worden (Siehe Purnhagen, Europarecht, 1. Auflage, 2012, Kapitel 7)

41 Als „Maßnahme gleicher Wirkung sind nach der ANETT-Formel sämtliche Maßnahmen eines Mitgliedstaates anzusehen,

„mit denen bezweckt oder bewirkt wird, Waren aus anderen Mitgliedstaaten weniger günstig zu behandeln, (...) wie Vorschriften über die Voraussetzungen, denen die Waren entsprechen müssen, selbst wenn diese Vorschriften unterschiedslos für alle Erzeugnisse gelten (...). Ebenfalls unter diesen Begriff fällt jede sonstige Maßnahme, die den Zugang zum Markt eines Mitgliedstaats für Erzeugnisse aus anderen Mitgliedstaaten behindert."[170]

42 Demnach ist hier zu prüfen:

ANETT-Formel:

1. Ist die Maßnahme diskriminierend?

→ wenn ja, dann Beeinträchtigung (+)

2. Werden durch die Maßnahme vom sachlichen Anwendungsbereich der Grundfreiheit umfasste Schutzgüter aus anderen Mitgliedstaaten weniger günstig behandelt als inländische Waren?

→ wenn ja, dann Beeinträchtigung (+)

3. Wird durch die Maßnahme der Zugang von vom sachlichen Anwendungsbereich der Grundfreiheit umfasste Schutzgüter aus einem Mitgliedsland zum inländischen Markt sonstwie behindert ist?

→ wenn ja, dann Beeinträchtigung (+)

ABER (!) Zur Ermittlung ist hierbei wieder auf die Keck-Formel zu rekurrieren.

---

[170] *EuGH* C-456/10, Rn. 32–35 – ANETT.

cc) Keck als Konkretisierung

Fallen die Prüfungspunkte 1 und 2 des ANETT-Tests negativ aus, so kommt es darauf an, ob der **Marktzugang** durch die Maßnahme beeinträchtigt wird. Hierbei kann man sodann wieder auf die hierzu entwickelten Kriterien der Keck-Formel rekurrieren. Ausgeschlossen sind demnach alle Maßnahmen, **43**

„die bestimmte Verkaufsmodalitäten beschränken oder verbieten, (...), sofern diese Bestimmungen für alle betroffenen Wirtschaftsteilnehmer gelten, die ihre Tätigkeit im Inland ausüben, und sofern sie den Absatz der inländischen Erzeugnisse und der Erzeugnisse aus anderen Mitgliedstaaten rechtlich wie tatsächlich in der gleichen Weise berühren."[171]

Demnach kommt es darauf an, ob der **Marktzugang** für ausländische Waren stärker betroffen ist als für inländische. Dies ist nicht der Fall, wenn alle Wirtschaftsteilnehmer gleich von der Maßnahme betroffen sind oder der Absatz der inländischen und ausländischen Produkte gleichermaßen betroffen ist. Eine solche Beschränkung ist das Versandhandelsverbot für Arzneimittel in § 43 Abs. 1 AMG a.F.[172]

***EuGH* C-267/91 u. C-268/91, Slg. 1993, S. I-6097 – Keck und Mithouard**

Sachverhalt: Die Leiter von Einkaufszentren in Frankreich Bernard Keck und Daniel Mithouard verstießen wegen des Verkaufs von Erzeugnissen unterhalb des Einkaufspreises gegen Art. 32 der Ordonnance Nr. 86-1243 vom 1. Dezember 1986. Das mit der Klage gegen das gegen die Leiter eingeleitete Strafverfahren befasste Tribunal de grande instance Straßbourg legten dem *EuGH* die Frage vor, ob ein solches Verbot gegen die Warenverkehrsfreiheit verstoße.

Lösung: „(E)ntgegen der bisherigen Rechtsprechung (ist) die Anwendung nationaler Bestimmungen, die bestimmte Verkaufsmodalitäten beschränken oder verbieten, auf Erzeugnisse aus anderen Mitgliedstaaten nicht geeignet, den Handel zwischen den Mitgliedstaaten im Sinne des Urteils Dassonville unmittelbar oder mittelbar, tatsächlich oder potentiell zu behindern, sofern diese Bestimmungen für alle betroffenen Wirtschaftsteilnehmer gelten, die ihre Tätigkeit im Inland ausüben, und sofern sie den Absatz der inländischen Erzeugnisse und der Erzeugnisse aus anderen Mitgliedstaaten rechtlich wie tatsächlich in der gleichen Weise berühren (Rn. 16). Sind diese Voraussetzungen nämlich erfuellt, so ist die Anwendung derartiger Regelungen auf den

[171] *EuGH* C-267/91 u. C-268/91, Slg. 1993, S. I-6097 – Keck und Mithouard.
[172] *EuGH* C-322/01, 2003, I-14887, Rn. 68 ff. – Doc Morris.

> Verkauf von Erzeugnissen aus einem anderen Mitgliedstaat, die den von diesem Staat aufgestellten Bestimmungen entsprechen, nicht geeignet, den Marktzugang für diese Erzeugnisse zu versperren oder stärker zu behindern, als sie dies für inländische Erzeugnisse tut. Diese Regelungen fallen daher nicht in den Anwendungsbereich von Artikel 30 EWG-Vertrag (Rn. 17)."

Hinweis: Diese Vorgehensweise ist noch nicht von der Rechtsprechung gedeckt, folgt aber aus der Entwicklung der Auslegung des Begriffs der „Maßnahmen gleicher Wirkung". Wendet man die Tests in dieser Reihenfolge an, so läuft man allerdings Gefahr, die gleichen Aspekte der Maßnahmen gleicher Wirkung mehrfach zu prüfen. So kennt auch die Keck-Formel wie die ANETT-Formel eine Diskriminierungsprüfung. Diese Inkonsistenz ist jedoch solange hinzunehmen, bis der *EuGH* nicht mit einer besseren Lösung aufwarten kann. In der Prüfung ist es aufgrund der Historie der „Maßnahmen gleicher Wirkung" jedenfalls vertretbar, so zu prüfen, auch wenn es dazu zu einer gewissen zirkulären Argumentationsweise kommen kann. Diese Inkonsitenz ist mit der Marktöffnungsratio des Unionsrechts vereinbar.

4. Rechtfertigung

a) Geschriebene Rechtfertigungsgründe

45 Die in Art. 36 AEUV statuierten Rechtfertigungsgründe sind als Ausnahmevorschriften abschließend und eng auszulegen.[173]

– **Öffentliche Sittlichkeit, Ordnung und Sicherheit (ordre public).** Die öffentliche Ordnung ist ein Oberbegriff für die Schutzgüter öffentliche Sicherheit (= das Schutzsystem des Staates zur Erhaltung seiner inneren und äußeren Sicherheit[174]) und Sittlichkeit (= die Moralvorstellungen, nach denen sich das Zusammenleben der Menschen richten soll[175]). Obwohl der Begriff der „öffentlichen Ordnung" als unionsrechtlicher Rechtsbegriff grundsätzlich losgelöst von der Auslegung des Begriffes in den Mitgliedstaaten zu beurteilen ist, unterliegt er dennoch einer Konkretisierung durch die Mitgliedstaaten.[176] Daraus ergibt sich ein zweistufiger Mechanismus:[177] Zunächst macht der betroffene Mitgliedstaat von seinem Beurteilungsspielraum Gebrauch um festzustellen, ob er im jeweils konkreten Fall die öffentliche Ordnung als verletzt ansieht. Sodann kontrolliert der *EuGH* auf einer zweiten Stufe die Vereinbarkeit des Verständnisses des Mitgliedstaates mit dem Europa-

[173] *EuGH* C-205/89, Slg. 1991, I-1361, Rn. 9 – Kommission/Griechenland.
[174] *EuGH* C-367/89, Slg. 1991, I-4621, Rn. 22 – Richardt.
[175] *EuGH* Rs. 34/79, Slg. 1979, 3795 ff – Henn und Darby.
[176] Siehe hierzu *Frenz*, Hb Europarecht, Bd. 1, Rn. 943, 1646, 2236.
[177] So auch *Schneider/Wunderlich*, in: *Schwarze*, Art. 39 EGV, Rn. 121.

recht.[178] Dieses Wechselverhältnis ist Ausfluss des Spannungsverhältnisses zwischen Kulturpluralismus und Harmonisierungsnotwendigkeit, welches im Europarecht stets bei der Auslegung unbestimmter Rechtsbegriffe in Einklang gebracht werden muss.[179]
– **Schutz der Gesundheit des Lebens von Menschen, Tieren und Pflanzen** sind nur dann Rechtfertigungsgründe, wenn ein unmittelbarer Bezug zu den genannten Schutzgütern besteht.[180]
– **Nationales Kulturgut von künstlerischem, geschichtlichem oder archäologischem Wert** ist bislang ohne praktischen Belang geblieben.
– **Schutz des gewerblichen und kommerziellen Eigentums.** Darunter fallen Patentrechte[181], Warenzeichen[182] und Urheberrechte[183] sowie Ursprungsbezeichnungen und geographische Herkunftsangaben[184].

b) Ungeschriebene Rechtfertigungsgründe

Gem. der „Cassis-de-Dijon“-Formel können nichtdiskriminierende Beschränkungen durch notwendige und zwingende Erfordernisse gerechtfertigt werden. Im Rahmen der Warenverkehrsfreiheit sind solche zwingenden Erfordernisse vor allem[185] 46
– die Lauterkeit des Handelsverkehrs,
– der Verbraucherschutz,
– der Schutz der öffentlichen Gesundheit,
– die Erfordernisse einer wirksamen steuerlichen Kontrolle.

***EuGH* 120-78, Slg. 1979, 649 – REWE Zentral AG/Monopolverwaltung für Branntwein (Cassis de Dijon)**

Sachverhalt: Der deutschen REWE-AG wurde die Genehmigung von einer deutschen Behörde versagt, aus Frankreich eine Partie des Likörs „Cassis de Dijon“ aus Frankreich einzuführen. Der Likör mit 15–20 %igem Alkoholgehalt erfülle nicht den erforderlichen Mindestalkoholgehalt von 25 %, um als Fruchtlikör in Deutschland

[178] Siehe grundlegend *EuGH* 41/74, Slg 1974, 1337, Rn. 18/19 – van Duyn.
[179] Zum Ganzen *Helleringer/Purnhagen*, On the Terms, Relevance and Impact of a European Legal Culture, in: *Helleringer/Purnhagen*, Towards a European Legal Culture, 2014, 3 ff.
[180] *EuGH* C-67/97, Slg. 1998, I-8033 ff. – Bluhme.
[181] *EuGH* 35/87, Slg. 1988, 3585, Rn. 14 f. – Thetford.
[182] *EuGH* 102/77, Slg. 1978, 1139, Rn. 7 f. – Hoffmann-La-Roche.
[183] *EuGH* 402/85, Slg. 1987, 1747, Rn. 11 ff. – Basset.
[184] *EuGH* C-47/90, Slg. 1992, I-3669, Rn. 10 – Delhaize.
[185] *EuGH* 120-78, Slg. 1979, 649, Rn. 8 – REWE Zentral AG/Monopolverwaltung für Branntwein (Cassis de Dijon).

verkehrsfähig zu sein. Die Kläger sahen darin einen Verstoß gegen die Warenverkehrsfreiheit. Das Hessische Finanzgericht legte diese Frage dem *EuGH* vor.

Lösung: „In Ermangelung einer gemeischaftlichen Regelung der Herstellung und Vermarktung von Weingeist (...) ist es Sache der Mitgliedstaaten, alle die Herstellung und Vermarktung von Weingeist und alkoholischen Getränken betreffenden Vorschriften für ihr Hoheitsgebiet zu erlassen. Hemmnisse für den Binnenhandel der Gemeinschaft, die sich aus den Unterschieden der nationalen Regelungen über die Vermarktung dieser Erzeugnisse ergeben, müssen hingenommen werden, soweit diese Bestimmungen notwendig sind, um zwingenden Erfordernissen gerecht zu werden, insbesondere den Erfordernissen einer wirksamen steuerlichen Kontrolle, des Schutzes der öffentlichen Gesundheit, der Lauterkeit des Handelsverkehrs und des Verbraucherschutzes.“ (Rn. 8)

Übung: *Purnhagen*, Klausurenkurs Europarecht: Fall 3, Kontaktlinsen über das Internet.

II. Arbeitnehmerfreizügigkeit (Art. 45 AEUV)

Literatur: *Frenz*, JA 2007, 4; *Kingreen*, Jura 2001, 547; *Leopold/Semmelmann*, ZEuS 2008, 275.

Die Arbeitnehmerfreizügigkeit ist in Art. 45 Abs. 1 AEUV geregelt:

„Innerhalb der Union ist die Freizügigkeit der Arbeitnehmer gewährleistet.“

47 Die Freizügigkeit der Arbeitnehmer zählt zu den Grundfreiheiten, die zwar regelmäßig Gegenstand von Examensprüfungen sind, jedoch nicht deren Schwerpunkt bilden. Grund hierfür sind die vielen im Rahmen der Arbeitnehmerfreizügigkeit erlassenen Sekundärrechtsakte. Eine umfängliche Kenntnis dieser Rechtsakte kann nicht von einem Pflichtfachprüfling erwartet werden, die Kenntnis der hier behandelten grundlegenden Sekundärrechtsakte jedoch schon.

48 Sinn und Zweck der Arbeitnehmerfreizügigkeit ist es, eine **effektive Allokation des Produktionsfaktors „Arbeit“** im europäischen Wirtschaftsraum zu erreichen. „Effektiv“ heißt dabei, dass die Arbeitnehmerfreizügigkeit ein Gleichgewicht zwischen Angebot von und Nachfrage nach Arbeit auf dem europäischen Markt herstellen soll. Dabei ist nicht allein entscheidend, dass Arbeitnehmer im europäischen Wirtschaftsraum dort ihre Arbeitskraft einsetzen können sollen, wo sie den größten wirtschaftlichen Nutzen erbringt. Das Angebot von „Arbeit“ umfasst auch die sozialen Arbeitsbedingungen und bildet damit ein Freiheitsrecht des Arbeitnehmers: „Die Freizügigkeit ist ein Grundrecht der Arbeitneh-

mer und ihrer Familien; die Mobilität der Arbeitskräfte innerhalb der Gemeinschaft [jetzt Union] soll für den Arbeitnehmer eines der Mittel sein, die ihm die Möglichkeit einer Verbesserung der Lebens- und Arbeitsbedingungen garantiert, und damit auch seinen sozialen Aufstieg erleichtert".[186]

1. Prüfungsschema

Zur Prüfung der Arbeitnehmerfreizügigkeit bietet sich folgendes Schema an: **49**

Prüfungsschema 7: Arbeitnehmerfreizügigkeit (Art. 45 AEUV)

I. Vorprüfung
1. Kein einschlägiges, abschließendes Sekundärrecht
2. Unmittelbare Anwendbarkeit
3. Grenzüberschreitender Sachverhalt

II. Anwendungsbereich
1. Persönlich
   a) Arbeitnehmer
   b) Arbeitgeber
2. Sachlich
   a) Recht auf Zugang zur Beschäftigung
      aa) Recht auf Einreise
      bb) Recht auf Aufenthalt
      cc) Recht auf Gleichbehandlung bei der Stellensuche
      dd) Recht auf Anerkennung von Diplomen
   b) Recht auf Ausübung der Beschäftigung
      aa) Gleichbehandlung bei Vergünstigungen aus dem Arbeitsverhältnis
      bb) Gleichbehandlung bei steuerlichen und sozialen Vergünstigungen
   c) Verbleibe-/Daueraufenthaltsrecht
3. Bereichsausnahme, Art. 45 Abs. 4 AEUV

III. Beeinträchtigung
1. Handeln eines Verpflichteten

---

[186] VO (EWG) Nr. 1612/68 des Rates vom 15. Oktober 1968 über die Freizügigkeit der Arbeitnehmer innerhalb der Gemeinschaft, Abl. L 257/68, 2, Erwägungsgrund 3.

a) Mitgliedstaat oder Union
b) Private
2. Diskriminierungen
3. Beschränkungen
a) Dassonville-Formel
b) Konkretisierung analog „ANETT“

IV. Rechtfertigung

1. Geschriebene Rechtfertigungsgründe gem. Art. 45 Abs. 2 AEUV
2. Ungeschriebene Rechtfertigungsgründe: „zwingende Gründe“
3. Grundrechte
4. Verhältnismäßigkeit

2. Wichtige speziellere Sekundärrechtsakte

50 Im Rahmen der Arbeitnehmerfreizügigkeit ist etliches Sekundärrecht erlassen worden, dessen Einschlägigkeit vorrangig zu prüfen ist. Am Häufigsten wird hierbei VO (EWG) Nr. 1612/68 über die Freizügigkeit der Arbeitnehmer in der Gemeinschaft abgeprüft, die weite Teile der grundfreiheitlichen Arbeitnehmerfreizügigkeit speziell regelt. Im Folgenden eine Auswahl der wichtigsten Sekundärrechtsakte[187]:

– VO (EWG) Nr. 1612/68 über die Freizügigkeit der Arbeitnehmer in der Gemeinschaft, welche die grundsätzlichen Voraussetzungen des Zugangs zur und der Ausübung der Beschäftigung von Arbeitnehmern und deren Familienangehörigen regelt.
– RL 2004/38/EG über das Recht der Unionsbürger und ihrer Familienangehörigen, sich im Hoheitsgebiet der Mitgliedstaaten frei zu bewegen und aufzuhalten. Die Regelungen umfassen deren Rechte zur Einreise und (Dauer-)Aufenthalt sowie dessen Beschränkungen aus Gründen der öffentlichen Ordnung, Sicherheit oder Gesundheit.
– VO (EWG) 1251/70 über das Recht der Arbeitnehmer, nach Beendigung einer Beschäftigung im Hoheitsgebiet eines Mitgliedstaats zu verbleiben. Sie regelt die zeitlichen und materiellen Anforderungen an ein Verbleiberecht nach der Verrichtung seiner Arbeit in dem jeweiligen Mitgliedstaat,
– VO (EG) 883/2004 zur Koordinierung der Systeme der sozialen Sicherheit (sog. Wanderarbeiterverordnung). Sie vereinheitlicht die wesentlichen europäischen Rechtsvorschriften über Zweige der so-

[187] Weiterführend *Bieber/Epiney/Haag*, Die Europäische Union, § 14 Rn. 40 ff.

zialen Sicherheit im Hinblick auf Versicherungen, der Leistungen bei Krankheit und Mutterschaft, bei Invalidität, im Alter, an Hinterbliebene, bei Arbeitsunfällen und Berufskrankheiten, bei Arbeitslosigkeit sowie Familienleistungen und Sterbegeld.
– RL 2005/36/EG über die Anerkennung von Berufsqualifikationen: Sie gilt bspw. für Architekten, das Hotel- und Gaststättengewerbe und insbesondere für medizinische Berufe (Ärzte, Apotheker, medizinische Hilfstätigkeiten).

3. Vorprüfung

Art. 45 Abs. 3 lit. d) AEUV ist nicht unmittelbar anwendbar, da sein Anwendungsbereich durch den Inhalt von Kommissions-Verordnungen bedingt ist. 51

4. Anwendungsbereich

a) Persönlicher Anwendungsbereich

Der persönliche Anwendungsbereich umfasst grundsätzlich alle natürlichen und juristischen Personen, die wie folgt qualifiziert sind. 52

aa) Arbeitnehmer

Arbeitnehmer fallen als natürliche Personen in den Anwendungsbereich, wenn sie EU-Bürger sind. Der Begriff des Arbeitnehmers ist hierbei autonom und weit zu bestimmen. Er hängt von vier Kriterien ab: 53

Definition Arbeitnehmer: Ein Arbeitnehmer

1. erbringt während einer *bestimmten* Zeit
2. *Leistungen* von gewissem wirtschaftlichem Wert für einen anderen,
3. ist hierbei von dessen *Weisungen* abhängig und
4. erhält als Gegenleistung eine *Vergütung*, die nicht völlig untergeordnet oder unwesentlich ist.[188]

Problematische Kriterien sind vor allem das Vorliegen einer Leistung sowie einer Vergütung. Folgende Fälle sind bislang vom *EuGH* hinsichtlich des **Vorliegens von „Leistungen“** bejaht worden: 54
– **Arbeitssuchende** fallen in den Anwendungsbereich, obwohl sie noch keine „Leistung für einen anderen erbringen“.[189] Die Regelun-

---

[188] Definition in Anlehnung an *EuGH* C-337/97, Slg. 1999, I-3289, Rn. 13 – Meeusen; C-85/96, Slg. 1998, I-2691, Rn. 32 – Martínez Sala; Rs. 66/85, Slg. 1986, 2121 – Lawrie-Blum.

gen des Art. 45 Abs. 3 lit. a), b) AEUV würden sonst keinen Sinn machen.

- **Praktikanten im Rahmen einer Berufsausbildung**, soweit ihre „Leistung einen gewissen wirtschaftlichen Wert für einen anderen" darstellt. Dies ist immer dann der Fall, wenn die geleistete Stundenzahl geeignet ist, sich mit der jeweiligen Beschäftigung vertraut zu machen.[190]
- Bei den Leistungen von **Prostituierten** reicht nach Ansicht des *EuGH* die „Sitten- und Sozialwidrigkeit"[191] allein nicht aus, um einen Bezug zu wirtschaftlicher Betätigung zu verneinen.[192]
- **Studenten,** die im Aufnahmestaat ihre Tätigkeit unterbrochen haben, um ein Studium zu beginnen, soweit dieses Studium eine „Leistung von einem gewissen wirtschaftlichen Wert" für seinen Arbeitgeber aufweist. Dies ist immer dann der Fall, wenn die frühere Erwerbstätigkeit und der Gegenstand des Studiums einen gewissen Zusammenhang aufweisen.[193]

55 Im Hinblick auf das **Vorliegen einer „Vergütung"** hat der *EuGH* folgende Fälle anerkannt:

- **Kirchliche Mitarbeiter**, auch wenn sie als Gegenleistung lediglich die Übernahme ihrer Lebenshaltungskosten erlangen.
- **Sportler**, die als Gegenleistung nicht nur Medaillen und Anerkennung erlangen, sondern auch eine nicht unwesentliche Vergütung.[194]
- **Studien- und Rechtsreferendare**, auch wenn ihre Tätigkeit zu Ausbildungszwecken erfolgt. Sie erhalten eine Vergütung, die neben der Ausbildung nicht unwesentlich als Gegenleistung für ihre Tätigkeit zu verstehen ist.[195]
- **Teilzeitbeschäftigte**, auch wenn ihre Vergütung unter dem Mindesteinkommen des Aufnahmestaates liegt und etwaige Unterstützungsleistungen des Staates in Anspruch genommen werden müssen.[196]

---

[189] *EuGH* C-85/96, Slg. 1998, I-2691, Rn. 32 – Martínez Sala.

[190] *EuGH* C-3/90, Slg. 1992, I-1071 – Bernini.

[191] BVerwGE 60, 284, 289, hatte dagegen das Merkmal „von einem gewissen wirtschaftlichen Wert" verneint, da die Prostitution „als eine sittenwidrige und in verschiedener Hinsicht sozialwidrige Tätigkeit" nicht dem Wirtschaftsleben zugerechnet werden könne.

[192] *EuGH* C-393/89, Slg. 1991, I-273 – Roux; verb. Rs. 115 u. 116/81, Slg. 1982, 1665 – Adoui.

[193] *EuGH* 39/86, Slg. 1988, 3161 – Lair; Rs. 3/87, Slg. 1989, 4459 – Agegate.

[194] *EuGH* C-415/9, Slg. 1995, I-5062, Rn. 70–75 – Bosman; Rs. 13/76, Slg. 1976, 1333 – Dona; Rs. 36/74, Slg. 1974, 1405 – Walrave.

[195] *EuGH* 66/85, Slg. 1986, 2121 – Lawrie-Blum; 197/86, Slg. 1988, 3205 – Brown.

[196] *EuGH* C-444/93, Slg. 1995, I-4745, Rn. 16 – Megner und Scheffel; Rs. 53/81, Slg. 1982, 1035 – Levin; Rs. 139/85, Slg. 1986, 1774 – Kempf.

Der Zeitraum des Schutzes besteht grundsätzlich von der Aufnahme der Arbeitssuche[197] bis zur Erfüllung aller Ansprüche aus einem beendeten Arbeitsverhältnis.[198] Darüber hinaus kann sich gem. Art. 45 Abs. 3 lit. d) AEUV ein Bleiberecht des Arbeitnehmers auch nach Beendigung des Arbeitsverhältnisses ergeben, insbesondere um sein Recht auf berufliche Wiedereingliederung durchzusetzen.[199] 56

Familienangehörige, die nicht in die Kategorie des „Arbeitnehmers" fallen, oder nicht EU Bürger oder Angehörige eines entsprechend assoziierten Mitgliedstaates sind, können sich nach allgemeiner Ansicht nicht auf die Arbeitnehmerfreizügigkeit berufen. Dies scheint jedoch vor dem Hintergrund von Art. 7 GrCh fraglich, der ausdrücklich die Achtung des Familienlebens verlangt.[200] Letztlich ist diese Frage jedoch in den meisten Fällen irrelevant, da die vorrangig anzuwendende VO 1612/68 solchen Familienangehörigen, die eine Tätigkeit im Hoheitsgebiet eines anderen Mitgliedstaates ausüben,[201] gewisse „abgeleitete" Rechte einräumt. Dazu gehören bspw. 57

- das Recht auf Familiennachzug für Ehepartner sowie alle unterhaltsberechtigten Verwandten,[202]
- das Recht der Ehepartner und erwachsenen Kindern eine eigene Erwerbstätigkeit auszuüben,[203]
- das Recht der Kinder, in gleicher Weise wie inländische Kinder am allgemeinen Unterricht sowie an Lehr- und Berufsausbildungen teilzunehmen[204] einschließlich des Rechts auf Teilhabe an staatlichen Ausbildungsförderungsmaßnahmen,[205] wie zum Beispiel der Bezug von BAföG in Deutschland.[206]

---

[197] *EuGH* C-85/96, Slg. 1998, I-2691, Rn. 32 – Martínez Sala; siehe hierzu auch Art. 45 Abs. 3 a) und b) AEUV.

[198] *EuGH* C-43/99, Slg. 2001, I-4265, Rn. 55 – Leclere; C-35/97, Slg. 1998, I-5325 – Kommission/Frankreich; C-57/96, Slg. 1997, I-6689 – Meints.

[199] Siehe hierzu vor allem Art. 7 Abs. 3 der VO (EWG) 1612/68.

[200] Vgl. *EuGH* C-60/00, Slg. 2002, I-6279 – Carpenter, damals unter Hinweis auf die entsprechende Verbürgung in Art. 8 EMRK; im Ergebnis wie hier *Schneider/Wunderlich*, in: *Schwarze*, Art. 39, Rn. 96.

[201] Siehe zu dieser Voraussetzung *EuGH* C-65/96, Slg. 1997, I-3182, Rn. 20 – Uecker.

[202] Art. 10 Abs. 1 VO (EWG) 1612/68, hierzu auch *EuGH* 249/86, Slg. 1989, 1286 – Kommission/Deutschland. Nach Rechtsprechung des EuGH fallen hierunter jedoch keine eheähnlichen Lebensgemeinschaften, siehe *EuGH* 58/85, Slg. 1986, 1283 – Florence Reed.

[203] Art. 11 VO (EWG) Nr. 1612/68.

[204] Art. 12 VO (EWG) Nr. 1612/68.

[205] *EuGH* 9/74, Slg. 1974, 773 – Casagrande, 68/74, Rs. 68/74, Slg. 1975, 109 – Alaimo.

[206] Siehe hierzu nunmehr § 8 Abs. 1 Nr. 3 und 5 BAföG.

bb) Arbeitgeber

58 Auch Arbeitgeber mit Niederlassung in der EU können sich auf Art. 45 AEUV berufen, wenn sie Arbeitskräfte akquirieren. Da viele Arbeitnehmer durch die Übernahme eines für sie nicht zu überblickenden Prozessrisikos von der Durchsetzung ihrer Rechte abgehalten würden, diene dies der effektiven Durchsetzung des Unionsrechts.[207]

b) Sachlicher Anwendungsbereich

59 Sachlich genießt jeder Arbeitnehmer gem. Art. 45 Abs. 2 AEUV das Recht auf Gleichbehandlung mit den Arbeitnehmern des Aufnahmestaates hinsichtlich der Beschäftigung, Entlohnung und sonstigen Arbeitsbedingungen. Ob ein bestimmter Sachverhalt in den Anwendungsbereich der Kapitalverkehrsfreiheit fällt, kann zunächst anhand des nicht abschließenden Katalogs des Art. 45 Abs. 3 AEUV ermittelt werden. Grundsätzlich lassen sich die von der Arbeitnehmerfreizügigkeit geschützten Sachverhalte in fünf Bereiche gliedern:

aa) Zugang zu einer Beschäftigung

60 Gem. Art. 1 bis 6 VO 1612/68 sind Stellenangebot, Arbeitsgesuch und Berufszugang von den Regeln über die Arbeitnehmerfreizügigkeit erfasst. Dies gewährt dem Arbeitnehmer vor allem das Recht, in einen Mitgliedstaat einzureisen um sich dort Arbeit zu suchen. Dies umfasst auch den Anspruch auf soziale Vergünstigungen wie bspw. einen Anspruch auf finanzielle Fördermaßnahmen des Aufnahmestaates zur Aufnahme von Beschäftigungen. Ungeklärt ist, wie lange er sich zu diesem Zweck in dem Aufnahmemitgliedstaat aufhalten kann. Der *EuGH* hat bislang eine Obergrenze von sechs Monaten festgesetzt, sofern der Einreisende nach Ablauf dieser Frist noch keine Aussicht hat, eine Tätigkeit in naher Zukunft zu finden. Ein Arbeitgeber darf, vorbehaltlich etwaiger sprachlicher Eignungstests, kein spezielles Verfahren zur Anwerbung ausländischer Arbeitnehmer vorschreiben.

bb) Vergünstigungen aus einem bestehenden Arbeitsverhältnis

61 Gem. Art. 7 Abs. 1 VO 1612/68 sind Vergünstigungen aus einem Arbeitsverhältnis geschützt. Dabei ist es unerheblich, worauf das Arbeitsverhältnis beziehungsweise die gewährte Leistung beruht. Es kann daher sowohl auf Vertrag, Gesetz, hoheitlicher Maßnahme oder auch nur auf freiwilliger Basis gründen. Die Arbeitnehmerfreizügigkeit verlangt Gleichbehandlung insbesondere bezüglich Arbeits-

---

[207] *EuGH* C-350/96, Slg. 1998, I-2521, Rn. 20 ff. – Clean Car Autoservice.

zeitregelungen und Anstellungsbedingungen, Kündigungsschutzvorschriften, sowie die Lohnfortzahlung im Krankheitsfall.

cc) Soziale und steuerliche Vergünstigungen

Art. 7 Abs. 2 VO 1612/68 berechtigt EU-Arbeitnehmer zu „gleichen sozialen und steuerrechtlichen Vergünstigungen wie inländische Arbeitnehmer". Soziale Vergünstigungen sind unter anderem Maßnahmen zur Ausbildungsförderung und Stipendien, Behindertenbeihilfen, Erziehungsgeld für Teilzeitbeschäftigte, Geburtsbeihilfen, sowie Hilfen zum Lebensunterhalt. Steuerliche Vergünstigungen sind Werbungskosten und Ehegattensplitting, sowie Lohnsteuerjahresausgleich. **62**

dd) Recht auf berufliche Wiedereingliederung

Art. 7 Abs. 3 VO 1612/68 verlangt, dass EU-Arbeitnehmer auch hinsichtlich beruflicher Wiedereingliederungsmaßnahmen mit Inländern gleich gestellt werden. Dies gilt gem. Art. 45 Abs. 3 lit. d) AEUV auch über das Bestehen eines Arbeitsverhältnisses hinaus. **63**

ee) Recht auf Wohnungsnahme

Schließlich hat der Arbeitnehmer nach Art. 9 der VO (EWG) Nr. 1612/68 auch das Recht, in Bezug auf Wohnungssuche, Miete, und Eigentumserwerb Inländern gleichgestellt zu werden. **64**

c) Bereichsausnahme

Gem. Art. 45 Abs. 4 AEUV besteht eine Anwendungsbereichsausnahme für die Beschäftigung in der öffentlichen Verwaltung. Der Begriff der „Beschäftigung in der öffentlichen Verwaltung" ist als **autonomer** europarechtlicher Begriff **funktional** auszulegen. Autonom bedeutet, dass mitgliedstaatliche Ausgestaltungen wie zum Beispiel der deutsche Begriff des Amtsträgers in § 11 (1) Nr. 2 StGB keinerlei Auswirkungen, auch nicht indiziell oder analog, auf seine Auslegung haben. Funktionale Auslegung bedeutet in diesem Zusammenhang, dass nicht der formale Status eines Beschäftigten entscheidend ist, sondern die Natur der Tätigkeit. Die entsprechenden Arbeitsstellen müssen „eine unmittelbare oder mittelbare Teilnahme an der Ausübung hoheitlicher Befugnisse und an der Wahrnehmung solcher Aufgaben mit sich bringen, die auf die Wahrung der allgemeinen Belange des Staates oder anderer öffentlicher Körperschaften gerichtet sind".[208] Daher fallen unter die Ausnahme nur hoheitliche Tätigkeiten i.e.S. Als Faustregel kann gelten, dass alle solche Tätigkeiten, die mit der Ausübung des staatlichen Gewaltmonopols verknüpft sind wie **65**

---

[208] *EuGH* C-114/97, Slg. 1998, I-6717, Rn. 35 – Kommission/Spanien

bspw. eine militärische oder polizeiliche Tätigkeit, solche hoheitlichen Tätigkeiten sind. Keine Ausnahme liegt hingegen bei der Tätigkeit von Krankenschwestern in öffentlichen Krankenhäusern,[209] Studienreferendaren[210] und Lehrern[211] sowie Mitarbeitern einer staatlichen Forschungseinrichtung[212] vor. Der europäische Begriff der „Beschäftigung in der öffentlichen Verwaltung" ist damit **enger** als der deutsche Beamtenbegriff.

66 Eröffnet ein Mitgliedstaat den Zugang zur „Beschäftigung in der öffentlichen Verwaltung", kann er sich bezüglich der **Ausübungsregelungen nicht** mehr auf die Ausnahmeregelung des Artikels 45 Abs. 4 AEUV berufen.[213]

5. Beeinträchtigung

a) Handeln eines Verpflichteten

67 Verpflichteter der Arbeitnehmerfreizügigkeit sind die Unionsorgane, Mitgliedstaaten sowie Private. Die Drittwirkung der Arbeitnehmerfreizügigkeit hatte der *EuGH* bereits in **Walrave und Koch** bejaht.[214] In der Rs. **Angonese** erklärte er ausdrücklich die Grundfreiheit auf alle Privatpersonen anwendbar.

***EuGH* C-281/98, Slg. 2000, I-4139 – Angonese**

Sachverhalt: Die Cassa di Risparmio Bozen verlangte für eine Anstellung einen allein in Bozen zu erwerbenden Ausweis der Zweisprachigkeit. Für den zweisprachigen Roman Angonese war es aufgrund seines Studiums in Österreich räumlich kaum möglich, diese Bescheiningung rechtzeitig zu erhalten. Seine Bewerbung wurde daraufhin unter Hinweis auf eine entsprechende Regelung im Tarifvertrag abgelehnt. Das vorlegende Gericht legte die Frage vor, ob eine solche Verpflichtung gegen das Gemeinschaftsrecht verstoße.

Lösung: „Zunächst ist festzustellen, daß das in Artikel 48 des Vertrages ausgesprochene Diskriminierungsverbot allgemein formuliert ist und sich nicht speziell an die Mitgliedstaaten richtet (Rn. 30)." Der *EuGH* rezipiert dann seine Rechtsprechung in „Walrave und

---

[209] *EuGH* 307/84, Slg. 1986, 1725 – Kommission/Frankreich.
[210] *EuGH* 66/85, Slg. 1986, 2121 – Lawrie-Blum.
[211] *EuGH* C-5/91, Slg. 1991, I-5627 – Bleis.
[212] *EuGH* 33/88, Slg. 1989, 1591 – Alloué I; C-295/91, Slg. 1993, I-4309, Rn. 24 f. – Alloué II.
[213] *EuGH* C-248/ 96, Slg. 1997, I-6407, Rn. 32 – Grahame und Hollanders.
[214] Siehe im allgemeinen Teil.

Koch„ „Bosman„ und „Defrenne“, bevor er diese Rechtsprechung aus den dort genannten Gründen ausdrücklich auch auf Privatpersonen erweitert: „Diese Erwägung muß erst recht für Artikel 48 des Vertrages gelten, in dem eine Grundfreiheit formuliert wird und der eine spezifische Anwendung des in Art 6 EG-Vertrag (jetzt: Art. 18 AEUV) (…) ausgesprochenen allgemeinen Diskriminierungsverbots darstellt. In diesem Zusammenhang soll er ebenso wie Artikel 119 EG-Vertrag (jetzt: Art. 157 AEUV) (…) eine nichtdiskriminierende Behandlung auf dem Arbeitsmarkt gewährleisten (Rn. 35). Das in Artikel 48 des Vertrages ausgesprochene Verbot der Diskriminierung aufgrund der Staatsangehörigkeit gilt somit auch für Privatpersonen (Rn. 36).“

b) Diskriminierungen

Nach Art. 45 Abs. 2 AEUV sind unterschiedliche Behandlungen aufgrund der Staatsangehörigkeit ausdrücklich geschützt. 68

c) Beschränkungen

aa) Dassonville-Formel

Obwohl der Wortlaut des Art. 45 Abs. 2 AEUV nur von einem Diskriminierungsverbot (unterschiedliche Behandlung) ausgeht, hat der *EuGH* in der Rs. Bosman die Arbeitnehmerfreizügigkeit zu einem Behinderungsverbot (Beschränkungsverbot) ausgebaut. 69

***EuGH* C-415/93, Slg. 1995, I-5062 – Bosman**

Sachverhalt: Der belgische Staatsbürger Jean-Marc Bosman wollte vom belgischen Verein RC Lüttich zum französischen US-Dünkirchen wechseln. Der Transfer stand unter der vertraglichen vereinbarten aufschiebenden Bedingung, dass der belgische Fußballdachverband Union royale belge des sociétés de football association ASBL (URBSFA) den nach allgemeinen Fédération Internationale de Football Association (FIFA) – Regeln bei einem internationalen Transfer erforderlichen Freigabeschein ausstellte. Der URBSFA verweigerte wegen vermuteter mangelnder finanzieller Ausstattung des US-Dünkirchen die Ausstellung dieses Scheines. Bosman war daraufhin nicht in der Lage für den US-Dünkirchen zu spielen und wurde zusätzlich vom RC Lüttich gesperrt. Die nachfolgenden Gerichtsverhandlungen führten schlussendlich zur Vorlage unter anderem der Frage an den *EuGH*, ob die nationalen und internationalen Sportvereinigungen oder Sportverbände in ihren

Regelungen Bestimmungen vorsehen können, die den Zugang ausländischer Spieler, die der Europäischen Gemeinschaft angehören, zu den von ihnen veranstalteten Wettbewerben beschränken.

Lösung: Der *EuGH* stellte fest, dass „Bestimmungen, die einen Staatsangehörigen eines Mitgliedstaats daran hindern oder davon abhalten (Hervorhebung d. Verf.), sein Herkunftsland zu verlassen, um von seinem Recht auf Freizügigkeit Gebrauch zu machen (Rn. 96)", Beeinträchtigungen dieser Arbeitnehmerfreizügigkeit darstellten, „auch wenn sie unabhängig von der Staatsangehörigkeit der betroffenen Arbeitnehmer Anwendung finden (Rn. 109)". Demnach beschränkten die Transferregelungen die Freizügigkeit von Herrn Bosman.

bb) Konkretisierung analog ANETT

70 Mit der Ausweitung der verbotenen Beschränkungen stellte sich die Frage, ob nicht wie unter der Warenverkehrsfreiheit eine Konkretisierung abalog ANETT anzuwenden ist. Der *EuGH* hat eine Einschränkung mit Hinweis auf die **„Keck-Ausnahme"** im Urteil *Bosman* implizit und unter unmittelbarem Hinweis auf die Rs. *Keck* für Berufs**zugangs**regelungen bejaht, indem er nach der Feststellung der Beschränkung unmittelbar die Prüfung der „Keck-Ausnahme" unter ausdrücklichem Hinweis auf das Keck-Urteil vornimmt.[215] Später hat der *EuGH* in der Rs. **Graf** diese Analogie auch für Berufsausübungsregelungen weiter geführt.[216] Damit ist die *Keck*-Formel im Rahmen der Arbeitnehmerfreizügigkeit hinsichtlich der Zugangsregelung analog anwendbar. Der *EuGH* hat diese Keck-Formel jedoch mittlerweile durch die Rs. ANETT bei der Warenverkehrsfreiheit konkretisiert. Damit stellt sich die Frage, ob die ANETT-Formel auch auf die Arbeitnehmerfreizügigkeit Anwendung findet. Der *EuGH* hat die ANETT-Formel (noch) nicht ausdrücklich auf die Arbeitnehmerfreizügigkeit angewendet. Der Entstehung der ANETT-Formel war jedoch die Kritik der schwierigen Übertragbarkeit der *Keck*-Formel auf andere Grundfreiheiten sowie das Bestreben, die *Keck*-Formel auf Ihren Sinn und Zweck als Marktzugangskriterium zurückzuführen, vorausgegangen.[217] Die Keck-Formel ist bei der Arbeitnehmerfreizügigkeit ohnehin nur reduziert als Markzugangskriterium angewendet worden. Zudem ist es Sinn und Zweck der ANETT-Formel, gerade auch eine bessere Übertragbarkeit auf

---

[215] *EuGH* C-415/93, Slg. 1995, I-5062, Rn. 102 ff. – Bosman.

[216] *EuGH* C-190/98, Slg. 2000, I-493 – Graf; klarstellend insbesondere GA Fenelly, C-190/98, Slg. 1998, I-8033 – Graf.

[217] *Purnhagen,* JZ 2012, 743.

andere Grundfreiheiten zu ermöglichen. Daher ist auch bei der Arbeitnehmerfreizügigkeit eine Konkretisierung nach ANETT zu prüfen.

ANETT-Formel:

1. Ist die Maßnahme diskriminierend?

   → wenn ja, dann Beeinträchtigung (+)

2. Werden durch die Maßnahme vom sachlichen Anwendungsbereich der Grundfreiheit umfasste Schutzgüter aus anderen Mitgliedstaaten weniger günstig behandelt als inländische Waren?

   → wenn ja, dann Beeinträchtigung (+)

3. Wird durch die Maßnahme der Zugang von vom sachlichen Anwendungsbereich der Grundfreiheit umfasste Schutzgüter aus einem Mitgliedsland zum inländischen Markt sonstwie behindert ist?

   → wenn ja, dann Beeinträchtigung (+)

   ABER (!) Zur Ermittlung ist hierbei wieder auf die zur Keck-Formel ergangenen Urteile zu rekurrieren.

6. Rechtfertigung

Rechtfertigungsgründe sind auch im Rahmen der Arbeitnehmerfrei- 71
zügigkeit grundsätzlich eng auszulegen.[218]

a) Geschriebene Rechtfertigungsgründe gem. Art. 45 Abs. 2 AEUV

Art. 45 Abs. 2 AEUV erlaubt Beschränkungen der Arbeitnehmerfrei- 72
zügigkeit aus Gründen der öffentlichen Ordnung, Sicherheit und Gesundheit. Auch hierbei handelt es sich um Begriffe, die zwar autonom europarechtlich zu bestimmen sind, allerdings nach den nationalen Bedürfnissen der Mitgliedstaaten ausgelegt werden können.[219] Diese Vorschrift wurde durch die RL 64/221/EWG konkretisiert. Der *EuGH* hielt, dem restriktiven Auslegungsansatz folgend, weder eine lebenslange Ausweisung wegen des Besitzes verbotener Betäubungsmittel für ausreichend,[220] noch

---

[218] *EuGH* 139/85, Slg 1986, 1741 Rn. 13 – Kempf.

[219] *EuGH* 36/57, Slg. 1975, 1219, Rn. 26/28 – Rutili/Minister des Innern. Diesem Urteil liegt der Streit zugrunde, ob die Begriffe autonom oder nationalstaatlich zu bestimmen sind, vgl. hierzu ausführlich *Bieber/Epiney/Haag*, Die Europäische Union, § 14 Rn. 33 ff.

[220] *EuGH* C-348/96, Slg. 1999, I-11 – Calfa.

die Praxis der Prostitution, soweit Staatsangehörige des Aufnahmestaates nicht in gleicher Weise verfolgt werden.[221]

b) Ungeschriebene Rechtfertigungsgründe

73 Analog der für die Warenverkehrsfreiheit entwickelten „Cassis-de-Dijon"-Formel können versteckte Diskriminierungen und Beschränkungen durch „zwingende Gründe des Allgemeininteresses" gerechtfertigt werden.[222]

Hinweis: Manche Autoren sehen Rechtfertigungen wegen „zwingenden Gründen des Allgemeininteresses" in Anlehnung an die Formulierung älterer Entscheidungen des *EuGH*[223] als Teil der geschriebenen Rechtfertigungsgründe des Art. 45 Abs. 2 AEUV an.[224] Dem ist nicht zuzustimmen, da der *EuGH* durch die Formulierung „zwingende Gründe des Allgemeininteresses" ausdrücklich die Parallele zu den „zwingenden Erfordernissen" der Cassis-Rechtsprechung hergestellt hat, die mittlerweile überwiegend als ungeschriebene Rechtfertigungsgründe angesehen werden. Darüber hinaus widerspräche eine solch weite Auslegung des Art. 45 Abs. 3 AEUV dem Grundsatz, dass dieser restriktiv zu interpretieren ist.[225]

Übung: *Purnhagen*, Klausurenkurs Europarecht: Fall 6, Bankdrücker.

III. Die Niederlassungsfreiheit (Art. 49 AEUV)

Literatur: *Bergmann*, ZEuS 2012, 233; *Gebert/Fingerhuth*, IStR 2009, 445; *Hatje*, Jura 2003, 160; *Nettesheim*, NVwZ 1996, 342; *Teichmann*, ZGR 2011, 639.

74 Die Niederlassungsfreiheit ist in Art. 49 S. 1 AEUV geregelt:

„Die Beschränkungen der freien Niederlassung von Staatsangehörigen eines Mitgliedstaats im Hoheitsgebiet eines anderen Mitgliedstaats sind nach Maßgabe der folgenden Bestimmungen verboten."

75 Die Niederlassungsfreiheit bezweckt die Binnenmarktverwirklichung durch die Freizügigkeit der Selbstständigen, also der Freiberufler, Handwerker und sonstigen Gewerbetreibenden.

1. Prüfungsschema

76 Zur Prüfung der Niederlassungsfreiheit bietet sich folgendes Schema an:

---

[221] *EuGH* 115 u. 116/81, Slg. 1982, 1665 – Adoui.
[222] *EuGH* C-195/98, Slg. 2001, I-10497, Rn. 45 – ÖGB. Zur Analogie der „Cassis de Dijon"-Formel *Bieber/Epiney/Haag*, Die Europäische Union, § 14 Rn. 39.
[223] *EuGH* C-90/96, Slg. 1997, I-6527, Rn. 47 ff. – Petrie/Universitá degli studi Verona; C-350/96, Slg. 1998, I-2521, Rn. 26 ff. – Clean Car.
[224] Siehe *Schneider/Wunderlich* in: *Schwarze*, Art. 39 EGV, Rn. 117.
[225] S. zum Streit auch *Scheuer/Weerth*, in: *Lenz/Borchardt*, Art. 45 AEUV Rn. 41.

Püfungsschema 7: Niederlassungsfreiheit (Art. 49 AEUV)

I. Vorprüfung
- 1. Kein einschlägiges, abschließendes Sekundärrecht
- 2. Grenzüberschreitender Sachverhalt

II. Anwendungsbereich
- 1. Persönlich
  - a) Natürliche Personen
  - b) Juristische Personen, Art. 54 AEUV
- 2. Sachlich
  - a) Niederlassung *oder*
  - b) Selbstständige Erwerbstätigkeit
- 3. Subsidiarität
- 4. Bereichsausnahme

III. Beeinträchtigung
- 1. Handeln eines Verpflichteten
  - a) Mitgliedstaat oder Union
  - b) Private (str.)
- 2. Diskriminierungen
- 3. Beschränkungen
  - a) Dassonville-Formel
  - b) Konkretisierung analog ANETT

IV. Rechtfertigung
- 1. Geschriebene Rechtfertigungsgründe (Art. 52 AEUV)
- 2. Ungeschriebene Rechtfertigungsgründe
- 3. Grundrechte
- 4. Verhältnismäßigkeit

2. Anwendungsbereich

a) Persönlicher Anwendungsbereich

Die Anwendung der Niederlassungsfreiheit steht gem. Art. 29 S. 1 AEUV allen natürlichen Personen offen, die „Staatsangehörige eines Mitgliedstaates" sind. Damit ist sie allen Unionsbürgern gem. Art. 20 AEUV eröffnet. Gem. Art. 54 AEUV ist sie auch solchen juristischen Personen eröffnet, die „ihren satzungsmäßigen Sitz, ihre Hauptverwaltung oder ihre Hauptniederlassung" in einem Mitgliedstaat haben. 77

Ausgenommen sind nicht-rechtsfähige Gesellschaften und gem. Art. 54 UAbs. 2 AEUV Gesellschaften die keinen Erwerbszweck verfolgen.

b) Sachlicher Anwendungsbereich

78 Geschützt ist die freie Niederlassung (Art. 49 UAbs. 1 AEUV) sowie die selbstständige Erwerbstätigkeit (Art. 49 UAbs. 2 AEUV).

aa) Niederlassung

79 Ob eine „Niederlassung" vorliegt, bestimmt sich nach folgender Definition:

Definition Niederlassung: „Die tatsächliche Ausübung einer wirtschaftlichen Tätigkeit mittels einer festen Einrichtung in einem anderen Mitgliedstaat auf unbestimmte Zeit."[226]

80 Die Subsumtion der Tätigkeit einer natürlichen Person ist regelmäßig unproblematisch. Bei juristischen Personen stellt sich jedoch die Frage, welche Art der **tatsächlichen Ausübung** geschützt ist.

81 Um das Problem zu verstehen, sind zunächst einige Vorüberlegungen zur Bestimmung der **Rechtsfähigkeit** juristischer und natürlicher Personen anzustellen. Während natürliche Personen in der EU einheitlich bereits durch Geburt rechtsfähig werden, werden juristische Personen nur durch die Voraussetzungen, die in einer Rechtsordnung festgelegt werden, zu rechtsfähigen Personen. Gem. Art. 54 Abs. 2 AEUV werden diese Voraussetzungen von den Mitgliedstaaten bestimmt. Diese Voraussetzungen divergieren sowohl hinsichtlich der Rechtsnormen über das anwendbare Recht zur Bestimmung der Rechtsfähigkeit juristischer Personen als auch der Anforderungen an die Rechtsfähigkeit der juristischen Personen in den Mitgliedstaaten. Während sich in ehemaligen Kolonialmächten wie Großbritannien oder den Niederlanden das anwendbare Recht danach richtet, in welchem Land die juristische Person gegründet wurde (**Gründungstheorie**), gilt in weniger kolonial geprägten Ländern wie Deutschland das Recht, in dem die juristische Person ihren Sitz – zumeist ihren effektiven Verwaltungssitz – hat (**Sitztheorie**).

Hinweis: Die Gründungstheorie soll gewährleisten, dass sich auch die Gesellschaften, die in den kolonialisierten Ländern tätig waren, auf das bekannte Heimatrecht berufen konnten. Dadurch werden eher die Interessen der Gesellschafter geschützt. Die Sitztheorie stellt hingegen sicher, dass sich Gesellschaften nicht durch Sitzverlegung dem Recht des Staates entziehen können, in dem sie operativ tätig sind. Dadurch werden die sog. stakeholder-Interessen (Arbeitnehmer, Gläubiger) geschützt.

---

[226] *EuGH* C-221/89, Slg 1991, I-3905, Rn. 20 – Factortame I.

Politische Bemühungen zur sekundärrechtlichen Harmonisierung der diesbezüglichen Vorschriften sind bislang gescheitert. Damit unterliegen mitgliedstaatliche Gesellschaftsrechtsordnungen einem Wettbewerb innerhalb der EU,[227] der auch solange europarechtlich geschützt ist, wie die Harmonisierungsbemühungen nicht erfolgreich sind. Würde man sämtliche grenzüberschreitende niederlassungsrelevante Ausübungen einer einmal gegründeten juristischen Person durch die Niederlassungsfreiheit schützen, würde man die für einen solchen Wettbewerb notwendige Varietät untergraben und würde damit indirekt die Voraussetzungen der Rechtsfähigkeit juristischer Personen regeln. Hierfür hat die EU keine Kompetenz. Ein kompletter Verzicht hierauf würde jedoch zur Aushöhlung der Niederlassungsfreiheit in Bezug auf juristische Personen führen. In diesem Spannungsfeld bewegt sich der *EuGH*, wenn er darüber befindet, welche „Ausübung" von Art. 49 AEUV geschützt ist: **82**

***EuGH* C-81/87, Slg. 1988, 5483 – Daily Mail**

Sachverhalt: Die britische Daily Mail wollte ihren Geschäftssitz in die Niederlande verlegen. In beiden Ländern gilt die Gründungstheorie. Für die Aufgabe des britischen Firmensitzes benötigte Daily Mail nach britischem Recht die Genehmigung der britischen Steuerbehörde, die diese verweigerte. Ist dieses Genehmigungserfordernis mit Art. 49 AEUV vereinbar?

Lösung: Der *EuGH* entschied, dass die Niederlassungsfreiheit nicht das Recht des Wegzugs garantiere. Zur Begründung führte der *EuGH* aus: „Im Gegensatz zu natürlichen Personen werden Gesellschaften aufgrund einer Rechtsordnung, beim gegenwärtigen Stand des Gemeinschaftsrechts aufgrund einer nationalen Rechtsordnung, gegründet. Jenseits der jeweiligen nationalen Rechtsordnung, die ihre Gründung und ihre Existenz regelt, haben sie keine Realität (Rn. 19). Hinsichtlich dessen, was für die Gründung einer Gesellschaft an Verknüpfung mit dem nationalen Gebiet erforderlich ist, wie hinsichtlich der Möglichkeit einer nach einem nationalen Recht gegründeten Gesellschaft, diese Verknüpfung nachträglich zu ändern, bestehen erhebliche Unterschiede im Recht der Mitgliedstaaten. (…) In einigen Staaten muß nicht nur der satzungsmäßige, sondern auch der wahre Sitz, also die Hauptverwaltung der Gesellschaft, im Hoheitsgebiet liegen; die Verlegung der Geschäftsleitung aus diesem Gebiet hinaus setzt somit die Liquidierung der Gesell-

[227] *Eidenmüller*, ZIP 2002, 2233.

schaft mit allen Folgen voraus, die eine solche Liquidierung auf gesellschafts – und steuerrechtlichem Gebiet mit sich bringt. Andere Staaten gestehen den Gesellschaften das Recht zu, ihre Geschäftsleitung ins Ausland zu verlegen, aber einige, unter ihnen das Vereinigte Königreich, beschränken dieses Recht; die rechtlichen Folgen der Verlegung, insbesondere auf steuerlichem Gebiet, sind in jedem Mitgliedstaat anders (Rn. 20)."

83 Nach **Daily Mail** hatte der *EuGH* somit erklärt, dass nur der **Zuzug** einer juristischen Person in einen anderen Mitgliedstaat von Art. 49 AEUV erfasst ist. Maßgebliches Abgrenzungskriterium ist die Zielrichtung der Maßnahme: Möchte sie den Zuzug behindern, so ist sie europarechtswidrig. Darauffolgend hatte sich der *EuGH* im ähnlichen Fall **Centros** damit zu befassen, ob die Gründung einer Zweigniederlassung von Art. 49 AEUV umfasst ist. Im Kern war der Schutz der Errichtung sogenannter „Briefkastenfirmen" durch Art. 49 AEUV fraglich.

***EuGH* C-212/97, Slg. 1999, I-1459 – Centros**

Sachverhalt: Die Centros Ltd. wurde von einem niederländischen Ehepaar bei einem Besuch in England gegründet. Wie geplant, entfaltete diese Gesellschaft keine Geschäftstätigkeit in England. Die Gesellschaft sollte allerdings eine Zweigniederlassung in Dänemark gründen, um dort geschäftlich tätig zu werden. Die hierfür erforderliche Erlaubnis wurde von der dänischen Zentralverwaltung versagt. Der *EuGH* hatte zu entscheiden, ob dieses Verhalten ein Verstoß gegen die Niederlassungsfreiheit darstelle.

Lösung: Der *EuGH* entschied, dass die Niederlassungsfreiheit die Eintragung einer Zweigniederlassung auch in diesem Fall umfasst, selbst wenn damit das mitgliedstaatliche Recht über die Errichtung von Gesellschaften umgangen wird, das höhere Anforderungen an die Einzahlung des Mindestgesellschaftskapitals stellt.

84 In der Literatur versuchte man in der Folge in das Urteil eine Aussage zur Zulässigkeit der Sitztheorie hineinzulesen.[228] Tatsächlich hatte der *EuGH* jedoch lediglich festgestellt, dass eine einmal in einem Mitgliedstaat rechtmäßig gegründete Gesellschaft natürlichen Personen im Hinblick auf den Anwendungsbereich der Niederlassungsfreiheit gleichgestellt ist, somit ihre Rechtspersönlichkeit von anderen Mitgliedstaaten anzuerkennen ist.[229] Da sich die Rechtsnatur von Zweignie-

---

[228] Siehe nur *Eidenmüller*, ZIP 2002, 75.
[229] *EuGH* C-212/97, Slg. 1999, I-1459, Rn. 19 f. – Centros.

derlassungen von der schon gegründeten juristischen Person ableiten, kann sich eine Gesellschaft im Hinblick auf Zweigniederlassungen auch voll auf die Niederlassungsfreiheit berufen. Die Abgrenzung von Zuzug und Wegzug ist in diesem Fall irrelevant, da die bereits gegründete juristische Person ihren Mitgliedstaat nicht verlässt und somit das Recht der Mitgliedstaaten, die Rechtsfähigkeit von juristischen Personen zu bestimmen, nicht untergraben wird. Die Gründung von Zweigniederlassungen ist daher konsequenter Weise selbst dann eine von Art. 49 AEUV geschützte „Ausübung", wenn dies der Umgehung des mitgliedstaatlichen Rechts dient. Eine Aussage über die Zulässigkeit der Gründungs- oder Sitztheorie war dem Urteil unmittelbar nicht zu entnehmen. Dennoch strengte der BGH wegen **Centros** in **Überseering** ein Vorabentscheidungsverfahren an, in dem er die Vereinbarkeit der Sitztheorie mit der Niederlassungsfreiheit überprüfen ließ. Der *EuGH* bestätigte lediglich die ratio, die er schon **Centros** zugrunde gelegt hatte.

***EuGH* C-208/00, Slg. 2002, I-9919 – Überseering**

Sachverhalt: Die niederländische Kapitalgesellschaft Überseering (Ü), beauftragte die deutsche Unternehmung N mit der Sanierung einiger ihrer Gebäude in Deutschland. Die Ü verlegte hiernach ihren Sitz nach Düsseldorf. Da die N die Sanierung zumindest mangelhaft durchführte, verklagte die Ü sie in Düsseldorf. Die zuständigen Gerichte hatten Zweifel, ob die Ü in Deutschland rechts- und parteifähig war.

Lösung: Unter Verweis auf Centros führte der *EuGH* aus, dass die Niederlassungsfreiheit die Anerkennung einer einmal in einem Mitgliedstaat gegründeten Gesellschaft durch alle anderen Mitgliedstaaten voraussetze (Rn. 59). Demnach ist es gemeinschaftsrechtswidrig an, wenn eine Gesellschaft, die nach dem Recht ihres Gründungslandes korrekt gegründet worden ist und dort ihren satzungsmäßigen Sitz hat, in einem anderen Mitgliedstaat, in dem sie ihren tatsächlichen Verwaltungssitz hat, nicht rechts- und parteifähig sein soll.

In der Folge wurde das **Überseering**-Urteil und insbesondere das **85**
Folgeurteil **Inspire Art**[230] dahingehend interpretiert, dass eine Abkehr von der Unterscheidung zwischen Zu- und Wegzug notwendig sei.[231] Selbst wenn innerstaatliche Wegzugsbeschränkungen zulässig blieben, müssten sie sich jedoch an der Niederlassungsfreiheit messen lassen. Aus diesen Gründen forderte GA Maduro in seinen Schlussanträgen

[230] *EuGH* C-167/01, Slg. 2003, I-10155 – Inspire Art.
[231] *W.-H. Roth*, IPrax 2003, 117.

zur Sache **Cartesio**, auch Wegzugsfälle unter Art. 49 AEUV fallen zu lassen.[232] Der *EuGH* ist dem nur zurückhaltend gefolgt:

***EuGH* C-210/06, Slg. 2008, I-9641 – Cartesio**

Sachverhalt: Die ungarische Kommanditgesellschaft Cartesio beabsichtigte, ihren Verwaltungssitz unter Beibehaltung des ungarischen Satzungssitzes nach Italien zu verlegen und stellte beim zuständigen Handelsregistergericht den Antrag auf Eintragung der italienischen Adresse. Das Registergericht lehnte den Antrag unter Hinweis auf ungarisches Recht ab, wonach eine in Ungarn gegründete Gesellschaft ihren Sitz nicht unter Beibehaltung des ungarischen Gesellschaftsstatuts ins Ausland verlegen könne. Die Gesellschaft müsse zunächst in Ungarn aufgelöst und anschließend nach dem Recht des Zuzugstaats, also nach italienischem Recht, neu gegründet werden. Das mit der Sache befasste Rechtsmittelgericht fragte den *EuGH*, ob darin ein Verstoß gegen die Niederlassungsfreiheit zu sehen wäre.

Lösung: Der *EuGH* rezepierte zunächst die wesentlichen Entscheidungen seit Daily Mail und bekräftigte die Unterscheidung zwischen Weg- und Zuzug. „Ein Mitgliedstaat (...) kann sowohl die Anknüpfung bestimmen, die eine Gesellschaft aufweisen muss, um als nach seinem innerstaatlichen Recht gegründet angesehen zu werden und damit in den Genuss der Niederlassungsfreiheit gelangen zu können, als auch die Anknüpfung, die für den Erhalt dieser Eigenschaft verlangt wird. Diese Befugnis umfasst die Möglichkeit für diesen Mitgliedstaat, es einer Gesellschaft seines nationalen Rechts nicht zu gestatten, diese Eigenschaft zu behalten, wenn sie sich durch die Verlegung ihres Sitzes in einen anderen Mitgliedstaat dort neu organisieren möchte und damit die Anknüpfung löst, die das nationale Recht des Gründungsmitgliedstaats vorsieht (Rn. 110). (...) (Dieser) Fall (...) ist jedoch von dem Fall zu unterscheiden, dass eine Gesellschaft aus einem Mitgliedstaat in einen anderen Mitgliedstaat unter Änderung des anwendbaren nationalen Rechts verlegt und dabei in eine dem nationalen Recht des zweiten Mitgliedstaats unterliegende Gesellschaftsform umgewandelt wird (Rn. 111). Denn in diesem zweiten Fall kann die (...) Immunität des nationalen Rechts über die Gründung und Auflösung von Gesellschaften (...) insbesondere nicht rechtfertigen, dass der Gründungsmitgliedstaat die Gesellschaft dadurch, dass er ihre Auflösung und Liquidation verlangt, daran hindert, sich in eine Gesellschaft

[232] Sie hierzu *Grohmann/Gruschinske*, EuZW 2008, 463.

nach dem nationalen Recht dieses anderen Mitgliedstaats umzuwandeln, soweit dies nach diesem Recht möglich ist (Rn. 112)."

Damit hat der *EuGH* in **Cartesio** die vorherige Rechtsprechung zum Zuzug gestärkt, gleichzeitig aber auch die Wegzugsfälle der Kontrolle der Niederlassungsfreiheit unterzogen. Zwar ist nur der Zuzug geschützt, ein Mitgliedstaat darf jedoch im Wegzugsfall keine **identitätswahrende Umwandlung** nach dem Recht des Zuzugsstaats verhindern. **86**

Hinweis: Macht eine deutsche Gesellschaft von dieser neuen Möglichkeit der identitätswahrenden Sitzverlegung Gebrauch, so kann dies gem. § 12 Abs. 1 KStG zur Besteuerung ihrer stillen Reserven führen. Da dies die identitätswahrende Sitzverlegung potenziell behindert, bestehen gegen § 12 Abs. 1 KStG zu Recht erhebliche europarechtliche Bedenken.[233]

Die Synthese der vorgenannten Urteile ergibt für die Prüfung des Merkmals „Ausübung" im Falle von juristischen Personen folgendes Prüfungsschema: **87**

Prüfungsschema 8: „Ausübung"

Schritt 1: Handeln einer Haupt- oder Zweigniederlassung?

Wenn Zweigniederlassung (+), wenn Hauptniederlassung weiterprüfen bei

Schritt 2: Verhindert die Maßnahme Zuzug oder Wegzug?

Wenn Zuzug (+), wenn Wegzug weiterprüfen bei

Schritt 3: Wird identitätswahrende Umwandlung verhindert?

Wenn ja (+), wenn nein, dann ist „Ausübung" nicht geschützt.

Hinweis: Dieses Schema gilt nur als Denkstütze. In der Prüfung wird die Rezeption zumindest der vorgenannten Urteile erwartet.

bb) Selbstständige Erwerbstätigkeit (Art. 49 Abs. 2 AEUV)

Ob eine „selbstständige Erwerbstätigkeit" vorliegt, bestimmt sich nach folgender Definition: **88**

Definition selbstständige Erwerbstätigkeit: Eine selbstständige Erwerbstätigkeit liegt vor, wenn die ausgeübte Tätigkeit dem Erwerb dienen soll und auf eigene Rechnung und eigenes Risiko ausgeübt wird.[234]

[233] *FG Rheinland-Pfalz*, DStRE 2011, 1065.
[234] *Everling*, Niederlassungsrecht, 1963, S. 15 f.

c) Subsidiarität

89 Zwar gilt die Niederlassungsfreiheit gem. Art. 29 Abs. 2 AEUV „vorbehaltlich des Kapitels über den Kapitalverkehr"; diese Subsidiaritätsklausel findet jedoch aufgrund der Schwerpunkttheorie in aller Regel keine Anwendung.

d) Bereichsausnahme

90 Gem. Art. 51 Abs. 1 AEUV sind „Tätigkeiten der öffentlichen Verwaltung" vom Anwendungsbereich der Niederlassungsfreiheit ausgeschlossen. Zur Auslegung gilt das im Rahmen der Arbeitnehmerfreizügigkeit Gesagte entsprechend.

3. Beeinträchtigung

a) Handeln eines Verpflichteten

91 Verpflichtete der Niederlassungsfreiheit sind die Union und die Mitgliedstaaten. Subjekte des Privatrechts werden unter den gleichen Voraussetzungen wie bei der Arbeitnehmerfreizügigkeit verpflichtet.[235]

b) Diskriminierung

92 Jede Form der Diskriminierung aufgrund der Staatsangehörigkeit stellt eine Beeinträchtigung der Niederlassungsfreiheit dar.

c) Beschränkung

93 Seit der Rs. *Caixa France* ist klar, dass jede Beschränkung einen Eingriff in die Niederlassungsfreiheit darstellt.[236] Jede Maßnahme, die die Ausübung „weniger attraktiv" macht, ist demnach eine Beeinträchtigung.

aa) Dassonville-Formel

94 Da die *Caixa*-Formel der *Dassonville*-Formel gleicht, kann der Einfachheit halber eine Beschränkung gleich unter Rückgriff auf die Grundsätze der *Dassonville*-Formel ermittelt werden.

---

[235] Siehe *EuGH* C-J043/05; Slg. 2007, I-10779, Rn. 66 – Viking; *Forsthoff*, in: *Grabitz/Hilf/Nettesheim*, Art. 49 AEUV, Rn. 71.

[236] *EuGH* C-444/02, Slg. 2004, I-10549 – Caixa-Bank France.

bb) ANETT-Formel

Der *EuGH* hat zur Einschränkung nur die *rule of remoteness* bei der Niederlassungsfreiheit angewandt.[237] Für eine Übertragung der Keck- und erst Recht der ANETT-Rechtsprechung fehlte ihm bislang die Gelegenheit. Es ist kein Grund ersichtlich, warum der der *EuGH* die modifizierte Keck-Einschränkung nicht auch im Rahmen der Niederlassungsfreiheit anwenden sollte.[238] Damit ist nunmehr auch eine ANETT-Prüfung vorzunehmen: 95

ANETT-Formel:

1. Ist die Maßnahme diskriminierend?

→ wenn ja, dann Beeinträchtigung (+)

2. Werden durch die Maßnahme vom sachlichen Anwendungsbereich der Grundfreiheit umfasste Schutzgüter aus anderen Mitgliedstaaten weniger günstig behandelt als inländische Waren?

→ wenn ja, dann Beeinträchtigung (+)

3. Wird durch die Maßnahme der Zugang von vom sachlichen Anwendungsbereich der Grundfreiheit umfasste Schutzgüter aus einem Mitgliedsland zum inländischen Markt sonstwie behindert ist?

→ wenn ja, dann Beeinträchtigung (+)

4. Rechtfertigung

Art. 52 AEUV statuiert den ordre-public-Vorbehalt. Hier gilt das zur Warenverkehrsfreiheit Gesagte entsprechend. 96

Übung: *Purnhagen*, Klausurenkurs Europarecht: Fall 7, Bewegung in der Gesellschaft; Fall 9: Bewegung in der Gesellschaft II.

IV. Dienstleistungsfreiheit (Art. 56 AEUV)

Literatur: *Korte/Fischer/Jacob*, JuS 2005, 147; *Kort*, JZ 1996, 132; *Leupold*, Jura 2011, 762; *W.-H. Roth*, VuR 2007, 161; *Stumpf*, DZWiR 2006, 99.

Die Dienstleistungsfreiheit ist in Art. 56 AEUV geregelt: 97

„Die Beschränkungen des freien Dienstleistungsverkehrs innerhalb der Union für Angehörige der Mitgliedstaaten, die in einem anderen Mitgliedstaat als

[237] *EuGH* C-418/93, Slg. 1996, I-2975, Rn. 32 – Semeraro Casa Uno.
[238] Siehe nur *Nettesheim*, NVwZ 1996, 342.

demjenigen des Leistungsempfängers ansässig sind, sind nach Maßgabe der folgenden Bestimmungen verboten."

98 Die Dienstleistungsfreiheit zählt angesichts des starken Dienstleistungssektors in der EU zu den wirtschaftlich wichtigsten Grundfreiheiten. Dies drückt sich auch durch das Sekundärrecht aus, das vor allem durch die horizontale Dienstleistungsrichtlinie 2006/123/EG den Anwendungsbereich des Art. 56 AEUV weitgehend verdrängt hat. Die Dienstleistungsfreiheit bildet das dienstleistungsrechtliche Pendent zur Warenverkehrsfreiheit.

Hinweis: Bei der Prüfung der Dienstleistungsfreiheit wird häufig der Hinweis in Art. 62 AEUV auf die entsprechende Anwendung der Vorschriften des Niederlassungsrechts übersehen.

1. Prüfungsschema

99 Zur Prüfung der Dienstleistungsfreiheit bietet sich folgendes Schema an:

Prüfungsschema 9: Dienstleistungsfreiheit (Art. 56 AEUV)

I. Vorprüfung
1. Kein einschlägiges, abschließendes Sekundärrecht
2. Grenzüberschreitender Sachverhalt

II. Anwendungsbereich
1. Persönlich
2. Sachlich
   a) Dienstleistung
   b) Subsidiaritität
3. Bereichsausnahme

III. Beeinträchtigung
1. Handeln eines Verpflichteten
   a) Mitgliedstaat oder Union
   b) Private
2. Diskriminierung
3. Beschränkung
   a) Dassonville-Formel
   b) Konkretisierung analog ANETT

IV. Rechtfertigung
1. Geschriebene Rechtfertigungsgründe gem. Art. 62 iVm. 52 AEUV

2. Ungeschriebene Rechtfertigungsgründe
3. Grundrechte
4. Verhältnismäßigkeit

2. Wichtige spezielle Sekundärrechtsakte

Die Dienstleistungsfreiheit ist mittlerweile umfassend durch die horizontale europäische Dienstleistungsrichtlinie geregelt.[239] Gem. ihres Anwendungsbereich in Art. 2 Abs. 2 findet sie umfassend auf alle Dienstleistungen Anwendung. Allerdings sind in Art. 2 Abs. 2 der Richtlinie zahlreiche Wirtschaftsbereiche von ihrem Anwendungsbereich wieder ausgenommen. Da diese Wirtschaftsbereiche im Wesentlichen anderweitig sekundärrechtlich geregelt sind, bleibt der Anwendungsbereich der primärrechtlichen Dienstleistungsfreiheit jedoch gering. **100**

3. Grenzüberschreitung

Für die Feststellung der Grenzüberschreitung kommen vier Möglichkeiten in Betracht: **101**
- **Aktive Dienstleistungsfreiheit:** Der Erbringer begibt sich über die Grenze zum Empfänger (Ein Handwerker geht von Belgien in die Niederlande, um dort einen Auftrag auszuführen.)
- **Passive Dienstleistungsfreiheit**: Der Empfänger begibt sich über die Grenze zum Erbringer (Ein Österreicher geht nach Deutschland, um sich dort die Haare schneiden zu lassen.)
- **Korrespondenzdienstleistung:** Die Dienstleistung überquert die Grenze (Rundfunk, Internet, Bank- und Versicherungsdienstleistungen)
- **Auslandsbedingte Dienstleistung:** Die Dienstleistung selbst führt ins Ausland (Eine Reise)

4. Anwendungsbereich

a) Persönlich

Die Anwendung der Dienstleistungsfreiheit ist gem. Art. 56 Abs. 1 AEUV für alle Dienstleistungserbringer eröffnet. **102**

---

[239] Richtlinie 2006/123/EG über Dienstleistungen im Binnenmarkt, Abl. Nr. L 376/06, S.36. Siehe umfassend zur Europäischen Dienstleistungsrichtlinie den Kommentar von *Schlachter/Ohler*, Europäische Dienstleistungsrichtlinie, Handkommentar, 2008.

Definition Dienstleistungserbringer: Dienstleistungserbringer ist jede natürliche Person, die die Unionsbürgerschaft besitzt, in einem Mitgliedstaat ansässig ist und einem in einem Mitgliedstaat ansässigen Empfänger Dienstleistungen erbringen will. Für Dienstleistungsempfänger gilt entsprechendes.

103 Gem. Art. 62 iVm Art. 54 AEUV findet die Dienstleistungsfreiheit unter den gleichen Voraussetzungen wie die Niederlassungsfreiheit auch auf juristische Personen Anwendung.

b) Sachlich

aa) Dienstleistung

104 Geschützt sind „Dienstleistungen". Die **Legaldefinition** in Art. 57 Abs. 2 AEUV enthält zwei Elemente: Es muss sich um eine selbstständig erbrachte **Leistung** handeln, die in der Regel gegen **Entgelt** erbracht wird. Beispielhaft werden sodann einzelne Fallgruppen in Art. 57 Abs. 2 AEUV aufgezählt. So fällt das Recht eines Dienstleistungserbringers frei mit seinem Personal in ein anderes Mitgliedsland zu reisen[240] ebenso unter die Dienstleistungsfreiheit wie Bewirtungstätigkeiten.[241]

Hinweis: In der Prüfung reicht es häufig aus, unter die Fallbeispiele des Art. 57 Abs. 2 AEUV zu subsumieren. Die allgemeine Definition dient nur als Auffangtatbestand für den (seltenen) Fall, dass sich die Tätigkeit nicht unter eines der Fallbeispiele subsumieren lässt.

bb) Subsidiarität

105 Die Subsidiaritätsklausel in Art. 57 Abs. 1 AEUV hat wegen der Vorrangigkeit der Schwerpunkttheorie faktisch keinen Anwendungsbereich mehr.

c) Bereichsausnahme

106 Gem. Art. 62 iVm Art. 51 Abs. 1 AEUV sind „Tätigkeiten der öffentlichen Verwaltung" vom Anwendungsbereich der Dienstleistungsfreiheit ausgeschlossen. Zur Auslegung gilt das im Rahmen der Arbeitnehmerfreizügigkeit Gesagte entsprechend.

---

[240] *EuGH* verb. Rs. 62 und 63/81, Slg. 1982, 223, Rn. 8 – Seco.
[241] *EuGH* C-137/09, Slg. 2010, I-13019, Rn. 49 – Josemans.

5. Beeinträchtigung

a) Handeln eines Verpflichteten

Verpflichtete der Niederlassungsfreiheit sind die Union und die Mitgliedstaaten. Subjekte des Privatrechts wurden bislang vom *EuGH* noch nicht als Verpflichtete der Grundfreiheiten ausgeurteilt. Es spricht jedoch nichts dagegen, hier auch die Grundsätze anzuwenden, die im Rahmen der Arbeitnehmerfreizügigkeit entwickelt wurden. **107**

b) Diskriminierung

Jede Form der Diskriminierung aufgrund der Staatsangehörigkeit stellt eine Beeinträchtigung der Niederlassungsfreiheit dar. **108**

c) Beschränkung

Spätestens seit der Entscheidung „Broede" ist klar, dass jede Maßnehme, die die Ausübung der Dienstleistungsfreiheit unterbindet, behindert oder weniger attraktiv macht, einen Eingriff in die Niederlassungsfreiheit darstellt.[242] **109**

aa) Dassonville-Formel

Da die „Broede"-Formel der Dassonville-Formel gleicht, kann der Einfachheit halber eine Beschränkung gleich unter Rückgriff auf die Grundsätze der Dassonville-Formel ermittelt werden. **110**

bb) ANETT-Formel

Der *EuGH* hat sich ausdrücklich auf das Urteil Keck auch im Rahmen der Dienstleistungsfreiheit bezogen.[243] **111**

***EuGH* C-384/93, Slg. 1995, I-1141 – Alpine Investments**

Sachverhalt: Die in den Niederlanden ansässige Alpine Investments (AIBV) betreibt zu Werbezwecken das sog. „cold calling". Dabei nimmt die AIBV ohne vorherige schriftliche Zustimmung mit Privatleuten Telefonisch Kontakt auf, um ihnen Finanzdienstleistungen anzubieten. Die niederländische Regierung untersagte dies AIBV sowohl für die Niederlande als auch für das Ausland unter Hinweis auf das niederländische Recht. AIBV sieht darin einen Verstoß gegen die Dienstleistungsfreiheit, weshalb das zuständige niederländische Gericht dem *EuGH* die entsprechende Frage vorlegte.

---

[242] *EuGH* C-3/95, Slg. 1996, I-6511, Rn. 25 – Broede.
[243] *EuGH* C-384/93, Slg. 1995, I-1141, Rn. 31 – Alpine Investments.

Lösung: Der *EuGH* stellte zunächst fest, dass das niederländische Verbot „den betroffenen Wirtschaftsteilnehmern (…) ein schnelles und direktes Mittel der Werbung und der Kontaktaufnahme mit potentiellen Kunden in anderen Mitgliedstaaten“ nehme. „Es kann deshalb eine Beschränkung des grenzüberschreitenden freien Dienstleistungsverkehrs darstellen“ (Rn. 28). Allerdings schränkte er die Wirksamkeit der Dienstleistungsfreiheit auf das grenzüberschreitende Element ein: „Wie der Gerichtshof wiederholt entschieden hat, kann sich ein Unternehmen gegenüber dem Staat, in dem es seinen Sitz hat, auf den freien Dienstleistungsverkehr berufen, sofern die Leistungen an Leistungsempfänger erbracht werden, die in einem anderen Mitgliedstaat ansässig sind.“ (R. 30). „Daraus folgt, daß das Verbot des „cold calling“ nicht allein deshalb dem Anwendungsbereich des Artikels 59 EWG-Vertrag entzogen ist, weil es von dem Staat erlassen worden ist, in dem der Dienstleistungserbringer ansässig ist.“ (Rn. 31). Hiernach geht er auf die Frage ein, ob und wie die „Keck“-Formel bei der Dienstleistungsfreiheit Anwendung findet. Die Niederlande und das Vereinigte Königreich hatten geltend gemacht, dass das Verbot nur die Art und Weise beträfe, in der die Dienstleistungen angeboten würden. Demnach entspräche es den nichtdiskriminierenden Maßnahmen, die Verkaufsmodalitäten regelten und nach Keck ausgeschlossen sei. Dazu der *EuGH*: „Zwar trifft es zu, daß ein Verbot, wie es dem Ausgangsverfahren zugrunde liegt, allgemeinen und nichtdiskriminierenden Charakter hat und daß es weder bezweckt noch bewirkt, dem nationalen Markt einen Vorteil gegenüber den Dienstleistungserbringern aus anderen Mitgliedstaaten zu verschaffen; doch ändert dies nichts daran, daß es (…) eine Beschränkung des grenzüberschreitenden freien Dienstleistungsverkehrs darstellen kann (Rn. 35). Ein solches Verbot entspricht nicht den Regelungen der Verkaufsmodalitäten, die nach der Rechtsprechung Keck und Mithouard dem Anwendungsbereich des Artikels 30 EWG-Vertrag entzogen sind.“ (Rn. 36). Der Grund für die Einschränkung der Keck-Rechtsprechung liege darin, dass „die Anwendung derartiger Regelungen nicht geeignet ist, den Marktzugang für diese Erzeugnisse im Einfuhrmitgliedstaat zu versperren oder stärker zu behindern, als sie dies für inländische Erzeugnisse tut.“ (Rn. 37).

112 Da jedoch Dienstleistungen nur direkt vertrieben werden, ist eine „vertriebsbezogene Modalität“ nicht denkbar. Daher verzichtet der EuGH wie in neueren Entscheidungen zu anderen Grundfreiheiten auch auf die Unterscheidung zwischen Produkt- und Vertriebsmodalität zugunsten eines einfachen Marktzugangskriteriums.[244] Damit findet die Keck-Formel in ihrer wie hier vertretenen modifizierten Form als Marktzugangsformel Anwendung. Diese Marktzugangsformel hat der *EuGH* jedoch mittlerweile als ANETT-Formel konkretisiert. Sie findet hier daher aus vergleichbaren Gründen Anwendung, wie sie schon im Rahmen der Arbeitneherfreizügigkeit ausgeführt wurden. Daher ist auch bei der Niederlassungsfreiheit eine Konkretisierung nach ANETT zu prüfen.

ANETT-Formel:

1. Ist die Maßnahme diskriminierend?

→ wenn ja, dann Beeinträchtigung (+)

2. Werden durch die Maßnahme vom sachlichen Anwendungsbereich der Grundfreiheit umfasste Schutzgüter aus anderen Mitgliedstaaten weniger günstig behandelt als inländische Waren?

→ wenn ja, dann Beeinträchtigung (+)

3. Wird durch die Maßnahme der Zugang von vom sachlichen Anwendungsbereich der Grundfreiheit umfasste Schutzgüter aus einem Mitgliedsland zum inländischen Markt sonstwie behindert ist?

→ wenn ja, dann Beeinträchtigung (+) ABER (!) Zur Ermittlung ist hierbei wieder auf die zur Keck-Formel ergangenen Urteile rekurrieren.

6. Rechtfertigung

Art. 62 iVm 52 AEUV statuiert den ordre-public-Vorbehalt. Hier gilt das zur Warenverkehrsfreiheit Gesagte entsprechend. 113

Übung: *Purnhagen*, Klausurenkurs Europarecht: Fall 4, Kein Rausch für Ausländer.

V. Kapitalverkehrsfreiheit (Art. 63 Abs. 1 AEUV)

Literatur: *Armbrüster*, JuS 2003, 224; *Grundmann/Möslein*, BKR 2002, 758; *Kilian*, NJW 2003, 2653; *Purnhagen*, EuZW 2010, 701.

Die Kapitalverkehrsfreiheit ist in Art. 63 Abs. 1 AEUV geregelt: 114

[244] *EuGH* C-384/93, Slg. 1995, I-1141, Rn. 37 f. – Alpine Investments.

„Im Rahmen der Bestimmungen dieses Kapitels sind alle Beschränkungen des Kapitalverkehrs zwischen den Mitgliedstaaten sowie zwischen den Mitgliedstaaten und dritten Ländern verboten.“

115 Obwohl die Grundfreiheit des Kapitalverkehrs gem. Art. 63 Abs. 1 AEUV praktisch zunehmend an Bedeutung gewinnt,[245] fristet sie in den Examensprüfungen und in der wissenschaftlichen Literatur zu unrecht ein Schattendasein. Dabei ist Art. 63 Abs. 1 AEUV gleich in mehrfacher Hinsicht besonders: Er ist mit der verwandten Freiheit des Zahlungsverkehrs die einzige Grundfreiheit, die auch im Verhältnis zu Drittländern gilt. Darüber hinaus bestehen besondere Abgrenzungsschwierigkeiten mit nahezu allen anderen Grundfreiheiten. Daher bietet sich Art. 63 Abs. 1 AEUV als Einstieg in die Prüfung geradezu an, um sodann das Wissen über alle Grundfreiheiten inzident abzuprüfen.

116 Die Freiheit des Kapitalverkehrs von in der EU befindlichem Kapital ist nicht nur ein Bekenntnis der EU zu einem grundsätzlich offenen und freien Weltkapitalmarkt.[246] Sinn und Zweck der Kapitalverkehrsfreiheit ist die **Sicherung der freien Zirkulation des Kapitals** als Voraussetzungen für einen freien Wettbewerb um Kapital als Produktionsfaktor in der EU.

1. Prüfungsschema

117 Zur Prüfung der Kapitalverkehrsfreiheit empfiehlt sich folgendes Schema:

Prüfungsschema 10: Kapitalverkehrsfreiheit (Art. 63 Abs. 1 AEUV)

I. Vorprüfung
1. Kein einschlägiges, abschließendes Sekundärrecht
2. Grenzüberschreitender Sachverhalt

II. Anwendungsbereich
1. Persönlich
2. Sachlich

III. Beeinträchtigung
1. Handeln eines Verpflichteten
   a) Mitgliedstaat oder Union
   b) Private

---

[245] Siehe hierzu vor allem die juristische Auseinandersetzung zwischen VW und der Kommission zur Mehrheitsbeteiligung des Landes Niedersachsen an VW, siehe *EuGH* C-112/05, 2007, I-8995 – Volkswagen-Gesetz.

[246] In dieser Hinsicht *Reich*, Understanding EU law, 110.

2. Diskriminierung
3. Beschränkung
   a) Dassonville-Formel
   b) Konkretisierung analog „ANETT“

IV. Rechtfertigung

1. Geschriebene Rechtfertigungsgründe
   a) Mitgliedstaaten untereinander gem. Art. 65 AEUV
   b) ggü. Drittstaaten gem. Art. 64, 66 AEUV
2. Ungeschriebene Rechtfertigungsgründe
3. Grundrechte
4. Verhältnismäßigkeit

2. Wichtige speziellere Sekundärrechtsakte/Verhältnis der Kapitalverkehrsfreiheit zum Sekundärrecht

Die Freiheit des Kapitalverkehrs ist erst relativ spät im Jahre 1994 **118** im Rahmen der zweiten Stufe der Wirtschafts- und Währungsunion in das Primärrecht aufgenommen worden. Zu diesem Zeitpunkt waren bereits weite Teile der Freiheit des Kapitalverkehrs in Richtlinie 88/361/EWG[247] geregelt, so dass heute vor einer Anwendung des Art. 63 Abs. 1 AEUV eigentlich die vorrangige Anwendbarkeit dieser Richtlinie geprüft werden müsste. Allerdings bliebe dann für eine unmittelbare Anwendung des Art. 63 Abs. 1 AEUV kaum noch Raum, der Aufwertung der Kapitalverkehrsfreiheit durch deren Verankerung als Grundfreiheit im EU-Primärrecht würde damit nicht Genüge getan. Mithin ist es allgemein anerkannt, dass die RL 88/361/EWG zur Auslegung des Art. 63 Abs. 1 AEUV herangezogen werden kann.[248] Der EuGH prüft daher grundsätzlich auch direkt Art. 63 Abs. 1 AEUV, verweist im Rahmen der Tatbestandvoraussetzungen allerdings auf die Richtlinie 88/361/EWG, insbesondere auf deren Annex I,[249] dem er einen „Hinweischarakter“ für die Definition der Kapitalverkehrsfreiheit einräumt.[250]

---

[247] Richtlinie 88/361/EWG des Rates vom 24. Juni 1988 zur Durchführung von Art. 67 des Vertrages, Abl. Nr. L 178/88, S. 5.

[248] *Glaesner*, in: *Schwarze*, Art. 56 EGV, Rn. 3.

[249] Ansatzweise *EuGH* C-163/94, C-165/94 u. C-250/94, Slg. 1995, I-4827, Rn. 34 – Sanz de Lera, sodann ausdrücklich C-222/97, Slg. 1999, I-1661; Rn. 23 – Trummer und Mayer; C-483/99, 2002, I-4781, Rn. 36 f. – Goldene Aktien II.

[250] *EuGH* C-483/99, Slg. 2002, I-4781, Rn. 36 – Goldene Aktien II.

Hinweis: Diese Praxis stellt im Ergebnis einen Durchbruch des sonst unantastbaren Grundsatzes des Vorrangs des Sekundärrechts dar. In der Prüfung kann daher ausnahmsweise direkt mit Art. 63 Abs. 1 AEUV begonnen werden, und sodann bei dessen Auslegung auf RL 88/361/EWG und deren „Hinweischarakter" verwiesen werden.

119 Zahlreiche Sachverhalte der Kapitalverkehrsfreiheit sind in der Praxis durch sekundärrechtliche Regelungen ausgestaltet worden. Im Vordergrund steht dabei nicht mehr die Beseitigung der zwischenstaatlichen Hemmnisse, die nach wie vor den Hauptzweck der Grundfreiheiten ausmachen, sondern die Schaffung eines eigenen europäischen Finanzraums.[251] Im Folgenden eine Auswahl der wichtigsten Sekundärrechtsakte[252]:
- RL 2006/48/EG über die Aufnahme und Ausübung der Tätigkeit der Kreditinstitute,
- RL 2006/48/EG über die angemessene Eigenkapitalausstattung von Wertpapierfirmen und Kreditinstituten,
- RL 2003/71/EG betreffend den Prospekt, der beim öffentlichen Angebot von Wertpapieren oder bei deren Zulassung zum Handel zu veröffentlichen ist,
- Richtlinie 85/611/EG zur Koordinierung der Rechts- und Verwaltungsvorschriften betreffend bestimmte Organismen für gemeinsame Anlagen in Wertpapieren (OGAW),
- Richtlinie 2004/109/EG zur Harmonisierung der Transparenzanforderungen in Bezug auf Informationen über Emittenten, deren Wertpapiere zum Handel auf einem geregelten Markt zugelassen sind (sog. Transparenzrichtlinie),
- Richtlinie 2004/39/EG über Märkte für Finanzinstrumente (sog. MiFID).

3. Anwendungsbereich

a) Persönlicher Anwendungsbereich

120 Die Anwendung der Kapitalverkehrsfreiheit steht allen natürlichen und juristischen Personen offen.[253] Sie ist nicht von der Staatsangehörigkeit oder dem Sitz des Freiheitsberechtigten abhängig. Die Freiheit umfasst das Kapital selbst, nicht den Leistenden oder den Empfän-

---

[251] So auch *Glaesner*, in: *Schwarze,* Art. 56 EGV, Rn. 47.
[252] Siehe weiterführend *Bieber/Epiney/Haag*, Die Europäische Union, § 14, Rn. 40 ff.
[253] *Glaesner*, in: *Schwarze,* Art. 56 EGV, Rn. 18.

ger.[254] Der persönliche Anwendungsbereich ist daher unmittelbar auch EU-Ausländern eröffnet.

b) Sachlicher Anwendungsbereich

Geschützt ist der „Kapitalverkehr". Ob ein bestimmter Sachverhalt in den Anwendungsbereich der Kapitalverkehrsfreiheit fällt, kann zunächst anhand des Annex 1 der Richtlinie 88/361/EWG, der eine nicht abschließende Liste möglicher Kapitaltransaktionen enthält, ermittelt werden.[255] Die dort aufgeführten Transaktionen fallen in den Geltungsbereich der Kapitalverkehrsfreiheit. **121**

Sollte der fragliche Sachverhalt nicht in besagtem Annex 1 aufgeführt sein, so ist unter die allgemeine Definition der Kapitalverkehrsfreiheit zu subsumieren: **122**

Definition Kapitalverkehr:[256] Die Freiheit des Kapitalverkehrs umfasst

1. eine *Übertragung vermögenswerter Rechte*
2. über eine *mitgliedstaatliche Grenze* hinweg
3. die *primär zu Anlagezwecken* erfolgt
4. die *nicht der Zahlungserbringung*, insbesondere als Gegenleistung von Waren-, Dienst-, oder Kapitalgeschäften dient, und
5. die nicht *als Investition die Entscheidung einer Person*, sich in einem anderen Mitgliedsstaat niederzulassen, *maßgeblich beeinflusst.*

Das Definitionsmerkmal **„vermögenswerter Rechte"** dient der *Abgrenzung zur Dienstleistungsfreiheit.* Eine Ausnahme besteht für den Bereich der Finanz- und Bankdienstleistungen.[257] Auf diesen Gebieten ist gem. Art. 58 Abs, 2 AEUV eine parallele Anwendung von Dienstleistungs- und Kapitalverkehrsfreiheit zulässig. **123**

Der Satz „über die mitgliedstaatliche Grenze hinweg" unterstreicht, dass nicht nur der Kapitaltransfer innerhalb der Union, sondern auch der *Kapitaltransfer in und von Drittstaaten* wie bspw. der **124**

---

[254] *Weber*, EuZW 1992, 561 (563).

[255] In dieser Hinsicht auch schon *EuGH* C-163/94, C-165/94 u. C-250/94, 1995, I-4827, Rn. 34 – Sanz de Lera; C-222/97, 1999, I-1661; Rn. 23 – Trummer und Mayer; *Reich*, Understanding EU law, 111.

[256] In Anlehnung an *EuGH* Rs. 286/82 und 26/83, 1984, 377, Rn. 21 – Luisi u. Carbone.

[257] Siehe *EuGH* Rs. C-484/93, 1995-I, 3955 – Svensson-Gustavsson.

Schweiz erfasst ist, so genanntes „erga omnes"-Prinzip.[258] Erforderlich ist lediglich, das Start- oder Zielstaat des Kapitaltransfers ein EU-Mitgliedstaat ist.

125 Das Tatbestandsmerkmal **„primär zu Anlagezwecken erfolgt"** bildet regelmäßig den Schwerpunkt der Prüfung. Zum einen dient es der *Abgrenzung zur Warenverkehrsfreiheit.* Typische Fälle sind entwertete Wertpapiere oder Zahlungsmittel, deren Wert sich darin erschöpft, Sammlerobjekt zu sein. Da diese nicht mehr zu Anlagezwecken dienen, unterfallen sie nur der Warenverkehrsfreiheit.[259] Problematisch sind jene Fälle, in denen das Sammlerobjekt noch nicht entwertet ist, der jeweilige Gegenstand also sowohl Sammlerobjekt als auch Kapitalanlage ist. Bspw. kann dies bei Gemälden, noch gültigen Münzen mit Sammlerwert, Edelmetallen oder Edelsteinen der Fall sein. Hier wird auf den Hauptzweck der grenzüberschreitenden Tätigkeit abzustellen sein. Erfolgt sie „primär zu Anlagezwecken", so unterfällt sie der Kapitalverkehrsfreiheit. Ist sie jedoch primär Sammlerobjekt, so ist die Warenverkehrsfreiheit anwendbar. Ist ein solcher Hauptzweck nicht feststellbar, weil beide Zwecke gleichrangig verfolgt werden, so ist die Warenverkehrsfreiheit anwendbar, da die grenzüberschreitende Tätigkeit nicht *primär* zu Anlagezwecken erfolgt.[260] Zum anderen dient das Merkmal der *Abgrenzung zur Arbeitnehmerfreizügigkeit.* Typische Fälle sind Arbeitnehmer, die zum Zwecke ihrer Arbeit Dinge erwerben, die gleichzeitig auch Kapitalanlagen darstellen. Ein solcher Fall besteht bspw. beim Erwerb einer Immobilie, um am Arbeitsplatz zu wohnen. In einem solchen Fall erfolgt der Erwerb auch nicht *primär* zu Anlagezwecken, so dass der Wohnungserwerb ausschließlich nach den Regeln der Arbeitnehmerfreizügigkeit zu beurteilen ist.

126 Schließlich darf die Übertragung nicht **als Investition die Entscheidung einer Person, sich in einem anderen Mitgliedsstaat niederzulassen, maßgeblich beeinflussen**. Dieses Tatbestandsmerkmal dient der *Abgrenzung zur Niederlassungsfreiheit.* Die Kollision von Kapitalverkehrs- und Niederlassungsfreiheit ist in zwei Vorschriften des AEUV explizit geregelt: Art. 49 Abs. 2 AEUV stellt die Definition des sachlichen Anwendungsbereiches der Niederlassungsfreiheit

---

[258] Siehe zum Ganzen *EuGH,* Rs. C-513/03, 2006, I-1957 – van Hilten-van der Heijden; *Schnitger*, IStR 2005, 493 ff.

[259] *EuGH* Rs. 7/78, 1978, 2247 – Thompson.

[260] *Glaesner* will hingegen sämtliche dieser „Waren mit geld- und anlagenaher Funktion" aufgrund ihrer geringen geldpolitischen Bedeutung unter die Warenverkehrsfreiheit fassen, siehe *Glaesner* in: *Schwarze*, Art. 56 EGV, Rn. 10. Dem ist nicht zuzustimmen. Die Freiheit des Kapitalverkehrs nimmt den Einzelnen in Schutz, für den diese Anlagemöglichkeit von erheblichem Wert sein könnte.

unter den Vorbehalt der Regelungen über den Kapitalverkehr. Demnach könnte man einen prinzipiellen Vorrang der Kapitalverkehrs- vor der Niederlassungsfreiheit annehmen. Art. 65 Abs. 2 AEUV hingegen stellt klar, dass die Anwendung der Kapitalverkehrsfreiheit nicht dazu führen darf, dass zulässige Beschränkungen der Niederlassungsfreiheit unzulässig werden. In diesem Sinne geht gewissermaßen die Niederlassungsfreiheit der Kapitalverkehrsfreiheit vor.

Der *EuGH* löst diesen Konflikt pragmatisch, indem er beide Grund- **127** freiheiten grundsätzlich nebeneinander anwendet.[261] Ist hingegen eine Schwerpunktsetzung möglich, so erfolgt eine fließende Abgrenzung nach den Auswirkungen der Investition.[262] Beeinflusst die Investition die Entscheidung einer Person, die grenzüberschreitende Tätigkeit durchzuführen oder zu unterlassen, maßgeblich, so ist die Niederlassungsfreiheit anwendbar. Ziel der Niederlassungsfreiheit ist es nämlich, den Berechtigten in die Rechtsordnung eines anderen EU-Rechtsstaates zu integrieren. Dient die Investition primär der Kapitalaufstockung wie zum Beispiel im Rahmen einer Portfolioinvestition, so unterfällt sie der Kapitalverkehrsfreiheit. Sinn und Zweck der Kapitalverkehrsfreiheit ist es, die Zirkulationsfähigkeit des Kapitals in der Union sicherzustellen. Der *EuGH* grenzt beide Grundfreiheiten demnach fließend ab. Je geringer die Investition, desto mehr ist die Transaktion nach der Kapitalverkehrsfreiheit einschlägig. Grundsätzlich bleiben jedoch beide Grundfreiheiten nebeneinander anwendbar.

4. Beeinträchtigung

a) Handeln eines Verpflichteten

Verpflichtete der Kapitalverkehrsfreiheit sind nur Union und Mit- **128** gliedstaaten. Subjekte des Privatrechts werden nur durch funktionale Zurechnung zu staatlichen Handlungsträgern verpflichtet.[263]

b) Diskriminierung

Jede Form der Diskriminierung aufgrund der Staatsangehörigkeit **129** stellt eine Beeinträchtigung der Kapitalverkehrsfreiheit dar.

c) Beschränkung

Seit der Entscheidung „Goldene Aktien II" ist klar, dass jede Be- **130** schränkung einen Eingriff in die Kapitalverkehrsfreiheit darstellt.[264]

---

[261] *EuGH* C-302/97, Slg. 1999, I-3099, Rn. 21 f. – Konle/Österreich.

[262] *EuGH* C-436/00, 2002, I-10829, Rn. 37, 67 f. – X und Y.

[263] *EuGH* C-171/08, Slg. 2010, I-6813, Rn. 52 ff. – Goldene Aktien X – Portugal; *Purnhagen*, EuZW 2011, 706 (706 f.).

Art. 63 Abs. 1 AEUV statuiert insoweit auch ausdrücklich ein „Beschränkungsverbot".

***EuGH* C-483/99, 2002, I-4781, Goldene Aktien II-Frankreich**

Sachverhalt: Die Französische Republik (hiernach Frankreich) privatisierte das französische Staatsunternehmen Société nationale Elf-Aquitaine (hiernach: Elf-Aquitaine) durch Umwandlung in eine AG. Um sich dennoch den staatlichen Einfluss auf das Unternehmen zu sichern, schuf es für Frankreich als Anteilseigner eine Sonderaktie, die mit besonders privilegierten Rechten verbunden ist. Diese Aktie bestimmt zum einen, dass Elf-Aquitaine bei jeder Überschreitung bestimmter Schwellenwerte von Anteilen oder Stimmrechten eine vorherige Genehmigung Frankreichs einholen musste. Ferner sicherte sie Frankreich ein Widerspruchsrecht gegen Entscheidungen über die Abtretung oder die Verwendung als Sicherheit der Mehrheit des Kapitals von vier der Tochtergesellschaften zu. Die Ausübung dieser Rechte ist an keine konkretisierenden Voraussetzungen geknüpft. Frankreich rechtfertigt diese Regelungen damit, dass sie zum einen nicht an die Staatsangehörigkeit anknüpfe und damit schon keine Beeinträchtigung der Kapitalverkehrsfreiheit darstelle. Zudem diene diese Regelung der Sicherstellung der Erdölversorgung im Krisenfall. Die Kommission sieht in den Regelungen über die Sonderaktie hingegen einen Verstoß gegen unter anderem die Kapitalverkehrsfreiheit und erhebt aus diesem Grund und in dieser Hinsicht Klage auf Feststellung vor dem *EuGH.*

Lösung: Der *EuGH* stellte zunächst fest, dass die Kapitalverkehrsfreiheit „ganz allgemein Beschränkungen des Kapitalverkehrs zwischen den Mitgliedstaaten"[265] verbiete. „Dieses Verbot geht über die Beseitigung einer Ungleichbehandlung der Finanzmarktteilnehmer aufgrund ihrer Staatsangehörigkeit hinaus."[266] Damit hebt der *EuGH* noch einmal gesondert hervor, dass die Kapitalverkehrsfreiheit gem. ihrem Wortlaut ausdrücklich ein Beschränkungsverbot darstellt. Der *EuGH* führt ferner aus, dass die Sicherung der Erdölzufuhr zwar ein legitimes Mittel darstellt. Die vorbehaltslose Anwendung der durch die Sonderaktie gewährten Rechte räumt Frank-

[264] *EuGH* C-483/99, 2002, I-4781, Rn. 43 – Goldene Aktien II-Frankreich.
[265] *EuGH* C-483/99, 2002, I-4781, Rn. 40 – Goldene Aktien II-Frankreich.
[266] *EuGH* C-483/99, 2002, I-4781, Rn. 40 – Goldene Aktien II-Frankreich.

reich jedoch ein zu weites Ermessen ein, so dass für den einzelnen Marktteilnehmer seine Rechten und Pflichte nicht erkennbar sind.[267] Damit scheitert die Rechtfertigung letztlich an der Erforderlichkeit.

Hinweis: Die Fälle zu den „Goldenen Aktien", oft auch unter der englischen Bezeichnung „golden shares" bekannt, gehören zu den Standard-Fällen der Kapitalverkehrsfreiheit, die großen Einfluss auf deren Entwicklung hatten. Damit sind sie auch höchst prüfungsrelevant! Es geht immer um die gleiche Grundkonstellation: Ein vormals staatliches Unternehmen wird durch Umwandlung in eine Aktiengesellschaft privatisiert, an der der Staat als Aktionär beteiligt ist. Um den Einfluss auf diese neue private Aktiengesellschaft zu erhalten, knüpft der Mitgliedstaat an seine eigenen Aktien bestimmte Sonderrechte wie bspw. ein gesondertes Stimmrecht, bestimmte Widerspruchs- oder Beteiligungsrechte. Der *EuGH* hat diese „Goldenen Aktien" bislang immer als mit der Kapitalverkehrsfreiheit unvereinbar angesehen.

aa) Dassonville-Formel

Eine Beschränkung kann daher unter Rückgriff auf die Grundsätze der Dassonville-Formel ermittelt werden. **131**

bb) Keck-Formel

Einschränkend finden jedoch sodann auch im Rahmen des Kapitalverkehrs, wie der *EuGH* in „Goldene Aktien IV" deutlich gemacht hat, die Grundsätze der „Keck„-Rechtsprechung Anwendung.[268] Damit sind nur solche Maßnahmen, die den **Zugang zum Markt** betreffen, Beschränkungen. Diese Marktzugangsformel hat der *EuGH* jedoch mittlerweile als ANETT-Formel konkretisiert. Sie findet hier daher aus vergleichbaren Gründen Anwendung, wie sie schon im Rahmen der Arbeitneherfreizügigkeit ausgeführt wurden. Daher ist auch bei der Kapitalverkehrsfreiheit eine Konkretisierung nach ANETT zu prüfen. **132**

ANETT-Formel:

1. Ist die Maßnahme diskriminierend?

→ wenn ja, dann Beeinträchtigung (+)

2. Werden durch die Maßnahme vom sachlichen Anwendungsbereich der Grundfreiheit umfasste Schutzgüter aus anderen Mitgliedstaaten weniger günstig behandelt als inländische Waren?

→ wenn ja, dann Beeinträchtigung (+)

---

[267] *EuGH* C-483/99, 2002, I-4781, Rn. 50 – Goldene Aktien II-Frankreich.
[268] *EuGH* C-463/00, 2003, I- 4581, Rn. 64 – Goldene Aktien IV-Spanien; *Glaesner*, in: *Schwarze*, Art. 56 EGV, Rn. 23.

3. Wird durch die Maßnahme der Zugang von vom sachlichen Anwendungsbereich der Grundfreiheit umfasste Schutzgüter aus einem Mitgliedsland zum inländischen Markt sonstwie behindert ist?

→ wenn ja, dann Beeinträchtigung (+)

ABER (!) Zur Ermittlung ist hierbei wieder auf die zur Keck-Formel ergangenen Urteile rekurrieren.

5. Rechtfertigung

a) Geschriebene Rechtfertigungsgründe

133 Art. 65 AEUV statuiert Rechtfertigungsgründe für Beschränkungen im Verhältnis der Mitgliedstaaten untereinander, während Art. 64 und 66 AEUV Rechtfertigungen für die Beschränkung des Kapitalverkehrs im Verhältnis zu Drittstaaten beinhaltet.

aa) Rechtfertigungen für Beschränkungen im Verhältnis der Mitgliedstaaten untereinander (Art. 65 AEUV)

134 Die in Art. 65 AEUV aufgeführten Rechtfertigungsgründe sind abschließend. Folgende Maßnahmen sind daher vereinbar mit der Kapitalverkehrsfreiheit:

– Die grundsätzlich unterschiedliche Behandlung von Steuerpflichtigen mit abweichendem Wohn- oder Kapitalanlageort (Art. 65 Abs. 1 a) AEUV). Dieser Rechtfertigungsgrund ist vor allem Ausfluss der Tatsache, dass das Steuerrecht grundsätzlich nicht Gegenstand europäischer Harmonisierung ist.
– Unerlässliche Maßnahmen zur Verhinderung von Zuwiderhandlungen gegen innerstaatliche Rechts- und Verwaltungsvorschriften, insbesondere im Steuerrecht und im Rahmen der Aufsicht über Finanzinstitute (Art. 65 Abs. 1 b) 1. Fall AEUV). Gemeint sind hiermit insbesondere Maßnahmen zur Bekämpfung rechtswidriger Tätigkeiten wie zB Steuerhinterziehung, Geldwäsche, Drogenhandel, Terrorismus, sowie zur Sicherstellung der Wirksamkeit der Steueraufsicht.[269]
– Unerlässliche Maßnahmen zur Einrichtung eines Meldeverfahrens für den Kapitalverkehr zwecks administrativer oder statistischer Information (Art. 65 Abs. 1 b) 2. Fall AEUV).

---

[269] *EuGH* C-163/94, C-165/94, C-250/94, Slg. 1995, I-4822/4863, Rn. 22 – Sanz de Lera; C-358/93 u. C-416/93, Slg. 1995, I-362/384, Rn. 21 – Bordessa.

- Unerlässliche Maßnahmen zur Beschränkung des Kapitalverkehrs aus Gründen der öffentlichen Ordnung und Sicherheit (Art. 65 Abs. 1 b) 3. Fall AEUV).
- Sämtliche Rechtfertigungsgründe, die auch bei Maßnahmen zur Einschränkung der Niederlassungsfreiheit Anwendung finden (Art. 65 Abs. 2 AEUV).

bb) Rechtfertigungen für Beschränkungen im Verhältnis zu Drittstaaten

Beschränkungen im Verhältnis zu Drittstaaten sind gem. Art. 64 **135**
AEUV nur gerechtfertigt wenn:
- Die Beschränkungen sich auf die Regelungsbereiche der Direktinvestitionen einschließlich Anlagen in Immobilien, mit der Niederlassung, der Erbringung von Finanzdienstleistungen oder der Zulassung von Wertpapieren zu den Kapitalmärkten beziehen **und**
- Die Beschränkungen am 31.12.1993 schon bestanden haben. Im Fall von Bulgarien, Estland und Ungarn ist der maßgebliche Zeitpunkt der 31.12.1999.

Art. 66 AEUV erlaubt darüber hinaus maximal sechsmonatige **136**
Schutzmaßnahmen gegenüber Drittländern, sofern andernfalls die europäische Wirtschafts- und Währungsunion schwerwiegend gestört würde.

c) Ungeschriebene Rechtfertigungsgründe

Analog der für die Warenverkehrsfreiheit entwickelten „Cassis-de- **137**
Dijon"-Formel können nichtdiskriminierende Beschränkungen durch zwingende Gründe des Allgemeinwohls gerechtfertigt werden, wenn sie notwendig und zwingend erforderlich sind. Im Rahmen der Kapitalverkehrsfreiheit sind solche zwingenden Erfordernisse vor allem
- die Lauterkeit des Börsengeschäfts,
- der gute Ruf des nationalen Finanzsektors,[270]
- der Anlegerschutz,[271]
- die Bekämpfung der Steuerhinterziehung,[272]
- der innere Zusammenhang des Steuerrechts.[273]

d) Verhältnismäßigkeit

Im Rahmen der allgemeinen Regeln der Verhältnismäßigkeit enthält **138**
das Kapitel über die Kapitalverkehrsfreiheit besondere Regeln für das legitime Ziel sowie die Erforderlichkeit:

---

[270] *EuGH* C-384/93, Slg. 1995, I-1141, Rn. 44 – Alpine Investments.
[271] *EuGH* C-442/02, 2004, I-8961, Rn. 21 – Caixa-Bank France.
[272] *EuGH* C-451/05, 2007, I-8251, Rn. 81 – ELISA.
[273] *EuGH* C-439/97, Slg. 1999, I-7047, Rn. 47 – Sandoz.

- **Legitimes Ziel:** Art. 65 Abs. 3 AEUV formuliert für Maßnahmen, die durch Art. 65 Abs. 1, 2 AEUV gerechtfertigt werden, dass diese nicht als Mittel willkürlicher Diskriminierung oder als verschleierte Beschränkung des Kapitalverkehrs eingesetzt werden dürfen. Demnach verfolgen vor allem Maßnahmen, die an den Wohnort oder die Staatsangehörigkeit des Investors oder an den Kapitalanlageort oder den Ort des Vertragsschlusses anknüpfen kein legitimes Ziel.[274]
- **Erforderlichkeit:** Maßnahmen, die nach Art. 65 Abs. 1 b) AEUV gerechtfertigt werden, müssen „unerlässlich" sein. Dies ist ein besonderer Hinweis auf den allgemeinen Verhältnismäßigkeitsgrundsatz, der sich insbesondere im Rahmen der Erforderlichkeit auswirkt. So ist eine Genehmigungspflicht für Kapitaltransaktionen nicht unerlässlich, da die Meldepflicht nach Ansicht des *EuGH* ein gleich wirksames, milderes Mittel darstellt.[275]

Übung: *Purnhagen*, Klausurenkurs Europarecht: Fall 5, Finanzmarktfonds.

VI. Zahlungsverkehrsfreiheit (Art. 63 Abs. 2 AEUV)

139 Die Zahlungsverkehrsfreiheit ist in Art. 63 Abs. 2 AEUV geregelt:

> „Im Rahmen der Bestimmungen dieses Kapitels sind alle Beschränkungen des Zahlungsverkehrs zwischen den Mitgliedstaaten sowie zwischen den Mitgliedstaaten und dritten Ländern verboten."

140 Der Hauptzweck der Freiheit des Zahlungsverkehrs gem. Art. 63 Abs. 2 AEUV ist die Sicherung der Erfüllung von vertraglichen Verpflichtungen, die zur Durchsetzung anderer Grundfreiheiten eingegangen worden sind.[276] Der freie Waren-, Dienstleistungs-, Arbeitnehmer- und Kapitalverkehr ist nur gewährleistet, wenn auch die entsprechend geschuldete Gegenleistung, meist in Form der Zahlung des Kaufpreises, des Lohns, der Dividenden grundfreiheitlich geschützt ist.[277] Der Hauptanwendungsbereich von Art. 63 Abs. 2 AEUV liegt daher in seiner Funktion als **Behelfs- oder Annexfreiheit** für andere Grundfreiheiten. Aufgrund dieser Funktion kann die Zahlungsverkehrsfreiheit leicht als Anhängsel zu anderen Grundfreiheiten abgefragt werden. Allerdings erschöpft sich die Freiheit des Zahlungsverkehrs nicht in dieser Annexfunktion. Auch wenn dies die Hauptaufgabe ist, ist die Anwendbarkeit des Art. 63 Abs. 2 AEUV grundsätzlich nicht an eine

---

[274] *EuGH* C-439/97, Slg. 1999, I-7047 – Sandoz.
[275] *EuGH* C-163/94, C-164/94 u. 250/94, Slg. 1995, I-4821, Rn. 22 – Sanz de Lera; C-358/93 u. C-416/93, Slg. 1995, I-362, Rn. 21 – Bordessa.
[276] *Reich*, Understanding EU law, 110.
[277] *Reich*, Understanding EU law, 270.

andere Grundfreiheit gekoppelt, er schützt vielmehr den Zahlungsverkehr an sich.[278] Da die Freiheit des Zahlungsverkehrs nahezu wortgleich mit der des Kapitalverkehrs ist, kann bezüglich der meisten Voraussetzungen auf das Kapitel über die Kapitalverkehrsfreiheit verwiesen werden. Dieses Unterkapitel beschäftigt sich daher nur mit den für den Zahlungsverkehr geltenden Besonderheiten.

1. Wichtige speziellere Sekundärrechtsakte

Wenn Zahlungen zur Erfüllung eines Grundgeschäfts erfolgen, das **141**
Annex I der Richtlinie 88/361/EWG unterliegt, so gilt für den Zahlungsverkehr das bereits zur Kapitalverkehrsfreiheit Gesagte. Die Freiheit des Zahlungsverkehrs ist in den letzten Jahren zunehmend sekundärrechtlich konkretisiert worden:

- VO (EG) Nr. 924/2009 über grenzüberschreitende Zahlungen in der Gemeinschaft,[279] die vor allem die Entgelte für grenzüberschreitende Zahlungen regelt;
- RL 2007/64/EG über Zahlungsdienste im Binnenmarkt, welche besondere Anforderungen an Dienstleister und Dienstleistungen im Zahlungsverkehr statuiert;
- VO (EG) Nr. 1781/2006 zur Übermittlung von Angaben zum Auftraggeber bei Geldtransfers,[280] die festlegt, dass Zahlungsverkehrsdienstleister zur Bekämpfung der Geldwäsche oder Terrorismusfinanzierung Angaben zum Auftraggeber bei jeder Etappe des Zahlungsvorgangs weiterleiten müssen,
- RL 98/26/EG über Abrechnungen in Zahlungs- sowie Wertpapierliefer- und –abrechnungssystemen,[281] die Schutzmechanismen für die mögliche Insolvenz eines Dienstleisters in diesen Systemen beinhaltet,
- RL 2000/46/EG über E-Geld-Institute,[282] die in erster Linie die Modernisierung von EU-Vorschriften zu elektronischem Geld im Blick hat. Dabei passt sie auch die Beaufsichtigung von E-Geld-Instituten an die im Rahmen der Zahlungsdiensterichtlinie geltenden Aufsichtsregelungen für Zahlungsinstitute an.

2. Anwendungsbereich

Geschützt ist der „Zahlungsverkehr“. **142**

---

[278] *EuGH* C-358/93 u. C-416/93, Slg. 1995, I-362/384, Rn. 14 – Bordessa.
[279] ABl. L 266/2009, S. 11.
[280] ABl. L 345/2006, S. 1.
[281] ABl. L 166/1998, S. 45.
[282] ABl. L 275/2000, S. 39.

Definition Zahlungsverkehr: Der Zahlungsverkehr umfasst jeglichen grenzüberschreitenden Transfer von Zahlungsmitteln jeder Art ohne Investitionszweck.

143 „Zahlungsverkehr" ist dabei weit auszulegen. Der Begriff umfasst grundsätzlich insbesondere sämtliche einmalige und laufende Zahlungsarten (Kaufpreis, Honorar, Miete, Zinsen, Gewinne), Zahlungsweisen (Überweisung, Scheck, Kreditkarte, Barzahlung), Begleit- und Folgezahlungen (Schadensersatz, Rückzahlung) sowie Gewinnrückführungsrechte.

3. Rechtfertigung

a) Geschriebene Rechtfertigungsgründe

144 Im Rahmen der Zahlungsverkehrsfreiheit findet nur Art. 65 Abs. 1 a), 2, 3 AEUV Anwendung. Zu dessen Voraussetzung wird auf die Kapitalverkehrsfreiheit verwiesen.

b) Verhältnismäßigkeit

145 Im Rahmen der allgemeinen Regeln der Verhältnismäßigkeit gelten bei der Zahlungsverkehrsfreiheit besondere Regeln für die Angemessenheit bezüglich der Einfuhr von Banknoten. Maßnahmen, die die Ein- oder Ausfuhr von Banknoten betreffen, sind angemessen, soweit sie notwendig sind um die Kapitalflucht zu verhindern.[283] Mitgliedstaaten ist es daher gestattet, in den Grenzen der Verhältnismäßigkeit, Pauschalgrenzen für die Mitnahme von Bargeld zu ziehen.[284]

Kapitel 8. Grundrechte

1 Die Grundrechte sind erst spät zum Unionsrecht hinzugestoßen, gehören allerdings mittlerweile zum Binnenmarktbegriff.[285] Sie sind auch über das Binnenmarktrecht hinaus vor allem im Bereich der Freiheit, der Sicherheit und des Rechts relevant.

---

[283] *EuGH* 203/80, Slg. 1981, 2617 – Casati, Rs. 306/86, Slg. 1988, 4391 – Lambert.

[284] *EuGH* 286/82 und 26/83, Slg. 1984, 406 – Luisi und Carbone.

[285] Siehe nur *EuGH* C-60/00, Slg. 2002, I-6279 – Carpenter; Rs. C-112/00, Slg. 2003, I-5659 – Schmidberger.

A. Allgemeine Lehren

Literatur: *Merten/Papier,* Handbuch der Grundrechte in Deutschland und Europa, C.F. Müller, 2010.

I. Grundrechte als Binnenmarktinstrument

Während der *EuGH* in älteren Urteilen[286] einen Grundrechtsschutz 2
auf Europäischer Ebene abgelehnt hat, hat er mit der Rs. **Stauder**[287] nach und nach begonnen, den Grundrechtsschutz auch im Binnenmarkt zuzulassen.

***EuGH* 29/69, 1969, 419, Stauder/Stadt Ulm**

Sachverhalt: Eine europäische Verordnung ermächtigte die Mitgliedstaaten, den Butterpreis für besonders bedürftige Personen zu senken. Gem. der deutschen Fassung der Verordnung konnte dies dadurch geschehen, dass bedürftige Personen „ Butter nur gegen einen auf ihren Namen ausgestellten Gutschein erhalten können.“ Die niederländische Fassung der Richtlinie enthielt eine vergleichbare Recgelung, während die italienische und die französische Sprchfassung nur einen „individualisierbaren“ Gutschein verlangte. Die BRD machte von dieser Möglichkeit Gebrauch, indem sie Gutscheinkarten ausgab, die zu ihrer Gültigkeit Namen und Anschrift des Berechtigten tragen mussten. Herr Stauder sah sich darin u.A. in seinen Grundrechten verletzt. Das VG Stuttgart, bei dem Herr Stauder gegen diese Verpflichtung klagte, bezweifelte ebenfalls die Rechtmäßigkeit dieser Verpflichtung. Es war der Auffassung, dass es jedenfalls dem deutschen Schutzsystem für die Grundrechte widerspreche. Die Gemeinschaftsorgane müsten nach Auffassung des VG Stuttgart unter demAspekt des durch höherrangiges Gemeinschaftsrecht gewährten Schutzes einen solchen vergelichbaren Schutz zumindest zum Teil gewährleisten.

Lösung: Die in dieser Hinsicht relevante Antwort des *EuGH* war kurz: Nachdem er mit einer einfachen Wortlautauslegung der unterschiedlichen Sprachfassungen bereits dargelegt hatte, dass eine Verpflichtung der Namensnennung europarechtlich nicht besteht, fügte er folgenden Satz an: „Bei dieser Auslegung enthält die streitige Vorschrift nichts, was die in den allgemeinen Grundsätzen der

---

[286] *EuGH* 1/58, Slg. 1959, 17 – Stork/Hoher Rat; 40/64, Slg. 1964, 215 – Sgarlata/Kommission.

[287] *EuGH* Rs. 29/69, Slg. 1969, 419 (424 f.) – Stauder/Stadt Ulm.

Gemeinschaftsrechtsordnung, deren Wahrung der Gerichtshof zu sichern hat, enthaltenen Grundrechte der Person in Frage stellen könnte" (Rn. 7). Damit hatte er beiläufig in einem Nebensatz die Existenz europarechtlicher Grundrechte zugegeben und den Weg zur Entwicklung unionsrechtlicher Grundrechte gebahnt.

3 Der Grund für den Ausbau der Grundrechte nach **Stauder** war die Solange-Rechtsprechung des *BVerfG* und zahlreicher anderer Gerichte in Europa. Diese erkannten die Autorität des Europarechts nur unter der Bedingung an, dass das Europarecht auch Grundrechtsschutz gewährleistete. Der *EuGH* nahm diesen Ball auf und entwickelte aus den gemeinsamen Verfassungsüberlieferungen der Mitgliedstaaten durch funktionale Rechtsvergleichung europäische Grundrechte. Er benutzte dabei auch die EMRK als Rechtserkenntnisquelle. Diese richterrechtliche Praxis wurde sodann durch den Vertrag von Maastricht im EU Primärrecht festgeschrieben. Mit der Proklamation der GrCh wurde eine weitere, zunächst nichtverbindliche Rechtsquelle europäischer Grundrechte geschaffen. Diese diente, obgleich ihres unverbindlichen Charakters, zunächst den europäischen Gerichten als Vorlage für ihre Rechtssprechung[288] und wurde sodann auch vom europäischen Gesetzgeber aufgegriffen.[289] Der Vertrag von Lissabon erklärte die GrCh sodann mit einem Verweis, eingefügt in Art. 6 Abs. 1 EUV, zum verbindlichen Primärrecht. Darüber hinaus wurde in Art. 6 Abs. 2 EUV der Beitritt der EU zur europäischen Menschenrechtskonvention festgelegt. Bislang ist dieser Beitritt noch nicht erfolgt.

II. Grundrechtsquellen

4 Aufgrund dieser historischen Genese speisen sich die europäischen Grundrechte aus drei Quellen:

1. Allgemeine Rechtsgrundsätze gewonnen aus den gemeinsamen Verfassungsüberlieferungen der Mitgliedstaaten (Art. 6 III 2. Fall EUV)

---

[288] Siehe nur *EuGH* C-540/03, Slg. 2006, I-5709 – Parlament/Rat; *EuG* T-112/98, Slg. 2001, II-729, Rn. 15, 76 – Mannesmannröhren-Werke/Kommission; *EuG* T-54/99, Slg. 2002, II-313, Rn. 48, 57 – max.mobil/Kommission; *EuG* T-177/01, Slg. 2002, II-3425, Rn. 42, 47 – Jégo-Quéré/Kommission.

[289] Beipielsweise EG 4 der Richtlinie 2004/113/EG des Rates vom 13. Dezember 2004 zur Verwirklichung des Grundsatzes der Gleichbehandlung von Männern und Frauen beim Zugang zu und bei der Versorgung mit Gütern und Dienstleistungen.

2. Allgemeine Rechtsgrundsätze gewonnen aus der EMRK als Rechtserkenntnisquelle (Art. 6 III 1. Fall EUV)
3. Grundrechtecharta (Art. 6 Abs. 1 EUV)

Hinweis: Bis zum Beitritt der EU zur EMRK sind die ersten beiden Quellen zusammengenommen als eine Quelle anzusehen, da die EMRK und die gemeinsamen Verfassungsüberlieferung der Mitgliedstaaten nur durch die Auslegung der Allgemeinen Rechtsgrundsätze in das Unionsrecht Eingang finden. Für die Prüfung ist daher (noch) von zwei Quellen auszugehen: Die Grundrechtecharta und die Allgemeinen Rechtsgrundsätze.

Zwischen diesen Rechts(erkenntnis)quellen besteht keine Rangfolge. So kann der EuGH ein Grundrecht entweder unmittelbar aus der GrCh anwenden oder als allgemeine Rechtsgrundsätze aus der EMRK oder den gemeinsamen Verfassungsüberlieferungen herleiten. **5**

1. Prüfungsschema

Das folgende Prüfungsschema orientiert sich in erster Linie an der Effektivität in der Klausurlösung. Wie bei allen Schemata kann es in Einzelfällen angebracht sein, von dieser Reihenfolge abzuweichen. **6**

Prüfungsschema 11: Grundrechte

I. Herleitung
1. Allgemeine Rechtsgrundätze
2. Charta der Grundrechte

II. Schutzbereich (weite Auslegung)
1. Persönlich
   a) Natürliche Personen
   b) Juristische Personen
2. Sachlich

III. Eingriff
1. Handeln eines Verpflichteten
   a) Union
   b) Mitgliedstaat bei der Ausübung von Unionsrecht
2. Mittelbare Beeinträchtigung des Schutzbereichs

IV. Rechtfertigung (enge Auslegung)
1. Gesetzlich vorgesehender Rechtfertigungsgrund (Art. 52 Abs. 1 S. 1 GrCh)
2. Keine Antastung des Wesensgehalts (Art. 52 Abs. 1 S. 1 GrCh)

3. Rechtfertigungsgründe aus der EMRK (Art. 52 Abs. r GrCh)
4. Verhältnismäßigkeit (Art. 52 Abs. 1 S. 2 GrCh)
   a) Legitimes Ziel
   b) Geeignetheit
   c) Erforderlichkeit
   d) Angemessenheit

2. Grundrechtsdogmatik

7 Obwohl die Prüfung der Grundrechte nach wie vor im Aufbau ist, nähert sich die Dogmatik der deutschen Grundrechtsprüfung an. So kann man auch auf unionsrechtlicher Ebene grundsätzlich von einem dreistufigen Aufbau ausgehen. Diesem ist jedoch ein Teil zur Genese des jeweiligen Grundrechts voranzustellen.

8 Bis zum Beitritt der EU zur EMRK speist sich auf Unionsebene der Grundrechtsschutz aus zwei Quellen: Der GrCh und den allgemeinen Rechtsgrundsätzen, die durch die gemeinsamen Verfassungsüberlieferung der Mitgliedstaaten zu bestimmen sind und sich auf die EMRK als Rechtserkenntnisquelle berufen kann. Aufgrund der einfacheren Handhabung liegt es Nahe, in der Prüfung zunächst auf die GrCh einzugehen und dann die allgemeinen Rechtsgrundätze ergänzend heranzuziehen.

a) Schutzbereich

9 Der **Schutzbereich** eines Grundrechts ist grundsätzlich weit auszulegen. Der Schutzbereich muss sowohl in **persönlicher** als auch in **sachlicher** Hinsicht eröffnet sein. Der persönliche Schutzbereich umfasst alle Berechtigten, der sachliche Schutzbereich richtet sich nach dem jeweiligen Grundrecht.

10 **Berechtigte** der Grundrechte sind **alle Menschen**, soweit das entsprechende Grundrecht nicht nur **Unionsbürgern** vorbehalten ist. **Juristische Personen** können sich auf die Unionsgrundrechte berufen, sofern sie ihrem Wesen nach auf sie anwendbar sind.

Hinweis: Obwohl die Prüfung im Wesentlichen der deutschen Dogmatik folgt und zumindest die Namen der Grundrechte Ähnlichkeiten mit den deutschen Grundrechten aufweisen, variieren die Schutzbereiche teilweise beträchtlich. Aufgrund der Autonomie der Unionsrechts darf dabei keinesfalls ein direkter Rückschluss vom Schutzgehalt eines deutschen Grundrechts auf den Schutzgehalt eines europäischen Grundrechts gezogen werden. Diese sind, wenn überhaupt, nur durch Zufall deckungsgleich. Der Schutzgehalt eines europäischen Grundrechts wird durch wertende Rechtsvergleichung ermittelt.

b) Eingriff

Ein **Eingriff** in den Schutzbereich kann nur durch **Maßnahmen** erfolgen, die ein durch das Grundrecht **Verpflichteter** erlassen hat. Dies ist bei verbindlichen Maßnahmen der **Unionsorgane** der Fall.[290] **Mitgliedstaaten** sind auch an die Unionsgrundrechte gebunden, wenn und soweit der konkrete Fall dem Anwendungsbereich des Unionsrechts unterliegt.[291] **11**

Einen allgemeingültigen Eingriffsbegriff hat der *EuGH* bislang nicht entwickelt. Allerdings hat er in **Schecke** ausgeführt, dass die „Veröffentlichung von Daten unter Nennung der Namen der betroffenen Empfänger und der genauen Beträge, die sie (...) erhalten haben"[292] einen Eingriff in die durch Art. 7 und 8 GrCh gewährten Rechte darstelle. Dies lässt sich dahin interpretieren, dass der *EuGH* einen Eingriffsbegriff favorisiert, der dem vom *BVerfG* entwickelten modernen Eingriffsbegriff der Grundrechte vergleichbar ist.[293] Damit ergitb sich folgende Arbeitsdefinition für einen europäischen Eingriffsbegriff: **12**

> **Definition Eingriff:** Eingriff jedes hoheitliche Handeln im Rahmen des Unionsrechts, das dem Einzelnen ein Verhalten, das in den Schutzbereich eines Grundrechts fällt, erheblich erschwert oder unmöglich macht.

c) Rechtfertigung

Der Rechtfertigungstatbestand eines Grundrechts ist grundsätzlich eng auszulegen. Mit der GrCh haben die unionalen Grundrechte nunmehr einen verbindlichen Prüfungsmaßstab für die Rechtfertigungsprüfung erhalten. Gem. Art. 52 Abs. 1 GrCh muss ein Rechtfertigungsgrund **gesetzlich vorgesehenen** sein. Ferner darf der **Wesensgehalt** dieser Vorschrift nicht angetastet werden. Daneben können gem. Art. 52 Abs. 3 GrCh die Schranken der EMRK zur Rechtfertigung herangezogen werden. **13**

d) Verhältnismäßigkeit

Der Eingriff in ein Grundrecht ist nur dann gestattet, wenn er verhältnismäßig ist. Der Grundsatz der Verhältnismäßigkeit ist ein allgemeiner Grundsatz des Unionsrechts,[294] wird allerdings in Art. 52 Abs. 1 S. 2 **14**

[290] Für die Grundrechtecharta ausdrücklich Art. 51 GrCh, für sämtliche Grundrechte *EuGH* C-402/05 P ua, Slg. 2008, I-6351, Rn. 280 ff, 285 –Kadi.
[291] *EuGH* 60 und 61/84, Slg. 1985, 2605, Rn. 26 – Cinéthèque.
[292] *EuGH* C-92/09 und C-93/09, Slg. 2010, I-11063, Rn. 64 – Schecke.
[293] So auch *Streinz*, Europarecht, Rn. 757.
[294] *EuGH* 8/55, Slg. 1955/1956, 297, 311 –Fédération Charbonnière.

GrCh noch einmal für die Grundrechte ausgesprochen. Die entsprechende Maßnahme muss zur Verfolgung eines legitimen Ziels geeignet, erforderlich und angemessen sein. **Ein legitimes Ziel** kann sich aus den anderen Grundrechten sowie aus den in Art. 2 und 3 EUV formulierten Werten und Zielen ergeben. **Geeignet** ist eine Maßnahme, wenn sie dem Ziel dient und sich nicht als vollkommen untauglich erweist. **Erforderlich** für die Erreichbarkeit des Ziels ist eine Maßnahme, wenn kein gleich geeignetes milderes Mittel vorliegt, welches den Handel innerhalb der Union weniger beeinträchtigen würde. Die Maßnahme ist **angemessen**, wenn das Verhältnis zwischen dem mit der Maßnahme geschützten Gut und der Beschränkung des Grundrechts ausgewogen ist.

B. Einzelne Grundrechte

15 Die Grundrechte werden mittlerweile in der GrCh aufgezählt. Dem *EuGH* steht es jedoch grundsätzlich frei, aus den gemeinsamen Verfassungsüberlieferungen der Mitgliedstaaten neue Grundrechte zu gewinnen. Darüber hinaus kann er diejeningen Bestimmungen, die bislang lediglich als Ziele in der GrCh fomuliert sind, auch zu einklagbaren Grundrechten umfunktionieren.[295] Der Grundrechtsschutz ist damit auf europäischer Ebene mittlerweile wesentlich dynamischer und umfassender als in Deutschland.

16 Hier sollen nur die wesentlichen vom *EuGH* entwickelten und von der GrCh bestätigten Grundrechte aufgezählt werden. Diese sollten ausreichen, um eine taugliche Rechtfertigungsprüfung im Binnenmarktrecht durchführen zu können:

– Menschenwürde (Art. 1 GrCh).
– Berufsfreiheit (Art. 15 GrCh).
– Unternehmerische Freiheit (Art. 16 GrCh).
– Eigentumsrecht (Art. 17 GrCh).
– Allgemeiner Gleichheitssatz (Art. 20 GrCh).
– Freie Meinungsäußerung (Art. 11 Abs. 1 GrCh).
– Zugang zu Dokumenten (Art. 42 GrCh).
– Datenschutz (Art. 8 GrCh).
– Recht auf Rechtsschutz (Art. 47 GrCh).

---

[295] Siehe hierfür am Beispiel des Art. 38 GrCh MüKo-*Micklitz/Purnhagen*, Vor §§ 13, 14 BGB, Rn. 21 (im Druck).

Kapitel 9. Rechtsschutz

Literatur: *Böhm*, JA 2009, 679; *Classen*, JZ 2006, 157; *Haus/Cole*, JuS 2003, 353; *Everling*, EuR 1983, 101; *Kokott/Dervisopoulos/Henze*, EuGRZ 2008, 10; *Lindner*, JuS 2008, 1.

Die europäische Gerichtsbarkeit, die gem. Art. 19 EUV „die Wahrung des Rechts bei der Auslegung und Anwendung der Verträge" sichert, ist eine wesentliche, wenn nicht sogar die wichtigste Institution zur Integration des EU-Rechts. Wesentliche Impulse zur Integration sind im Rahmen von Rechtschutzverfahren durch die europäische Gerichtsbarkeit gesetzt worden, obwohl der Individualrechtsschutz in Europa nach wie vor nur spärlich ausgeprägt ist. Das europäische Rechtsschutzsystem ist vor allem auf das Verhältnis EU/Mitgliedstaaten zugeschnitten, während Individuen primär Rechtsschutz vor nationalen Gerichten suchen müssen. Diese können dann untereinander und im Vorabscheidungsverfahren auch mit dem *EuGH* in Dialog treten. Das europäische Rechtsschutzverfahren ist daher ein Mehrebenensystem, in dem auch die nationalen Gerichte einbezogen werden. 1

A. Vertragsverletzungsverfahren (Art. 258 f. AEUV)

Literatur: *Ehlers*, Jura 2007, 684.

Das Vertragsverletzungsverfahren kann von der Kommission oder einem Mitgliedstaat initiiert werden, wobei die Verfahren, die von der Kommission angestrengt werden, quantitativ überwiegen. Durch das Vertragsverletzungsverfahren wird die Kommission ihrer Aufgabe als „Hüterin der Verträge" gerecht. Üblicherweise versucht die Kommission vor Einleitung des Verfahrens nach Art. 258 f. AEUV mit dem Mitgliedstaat eine gütliche Einigung zu erzielen. 2

I. Prüfungsschema

Prüfungsschema 11: Vertragsverletzungsverfahren

I. Zuständigkeit

II. Zulässigkeit

1. Beteiligtenfähigkeit
2. Klagegegenstand
3. Vorverfahren

a) Entbehrlichkeit
aa) Kommission als Kläger (Art. 258 AEUV)
(1) Mahnschreiben
(2) Mit Gründen versehene Stellungnahme
bb) Mitgliedstaat als Kläger (Art. 259 AEUV)
(1) Antrag
(2) Anhörungsverfahren
(3) Mit Gründen versehene Stellungnahme
4. Form und Frist
III. Begründetheit

II. Die Voraussetzungen im Einzelnen

1. Zuständigkeit

3 Der *EuGH* ist arg. contr. Art. 256 AEUV für das Verfahren nach Art. 258 f. AEUV zuständig.

2. Beteiligtenfähigkeit und Klagegegenstand

4 Die Kommission ist gem. Art. 258 AEUV, Mitgliedstaaten sind gem. Art. 259 AEUV klageberechtigt. Beklagter ist stets ein anderer Mitgliedstaat. Ein besonderes Interesse an der Klageerhebung muss nicht dargelegt werden.[296] Klagegegenstand ist eine dem Klagegegner zurechenbare Vertragsverletzung, die durch Verstöße gegen das Unionsrecht jeder Art hervorgerufen sein kann. Erforderlich ist, dass der Kläger von der Vertragsverletzung überzeugt ist, eine bloße Vermutung reicht nicht aus. Der Klagegenstand muss identisch mit dem Sachverhalt, den Gründen und den Angriffsmitteln sein, die schon im Mahnschreiben vorgebracht wurden.[297]

3. Vorverfahren

5 Grundsätzlich ist gem. Art. 258 f. AEUV ein Vorverfahren durchzuführen, es sei denn, es ist in spezielleren Normen ausgeschlossen.[298] Ansonsten differenzieren die Anforderungen an das Vorverfahren nach dem Kläger.

---

[296] *EuGH* 167/73, Slg. 1974, 359 – Kommission/Frankreich.
[297] *EuGH* C-96/95, Slg. 1997, I-1653 – Kommission/Deutschland.
[298] Solche Vorschriften sind Art. 108 Abs. 2; Art. 114 Abs. 9; Art. 348 Abs. 2 AEUV.

Klagt die **Kommission**, so ist gem. Art. 258 AEUV zunächst eine schriftliche Mitteilung (**Mahnschreiben**) an den Mitgliedstaat darüber vorgeschrieben, dass das Verfahren nach Art. 258 f. AEUV eingeleitet wurde und welche Rügen erhoben werden. Hält die Kommission nach dieser „Anhörung" des Mitgliedstaats ein Fortsetzen des Verfahrens für erforderlich, so hat es dem Mitgliedstaat **eine mit Gründen versehene Stellungnahme** zukommen zu lassen. Diese Stellungnahme ist eine formalisierte Zusammenfassung des bisherigen Sach- und Streitgegenstandes, in der dem Mitgliedstaat im Rahmen einer angemessenen Frist (in der Regel zwei Monate) Gelegenheit zur Abhilfe der Rechtsverstoßes oder zur substantiierten Darlegung seine abweichenden Auffassung gegeben wird.[299] **6**

In den seltenen Fällen, in denen ein **Mitgliedstaat** klagt, hat der klagende Mitgliedstaat zunächst gem. Art. 259 Abs. 2 AEUV ein **Anhörungsverfahren** vor der Kommission durchzuführen. Hierzu ist es ratsam, jedoch keine Formvorschrift, zunächst einen förmlichen **Antrag** zu stellen. Sodann ist das Verfahren mit dem eben dargestellten identisch. **7**

4. Form und Frist

Die Klage ist schriftlich beim *EuGH* einzureichen. Eine Klagefrist ist nicht statuiert, jedoch kann das Klagerecht nach einer gewissen Zeit verwirkt sein. **8**

5. Begründetheit

Die Klage ist begründet, wenn der in der Stellungnahme substantiierte Rechtsverstoß tatsächlich besteht. **9**

B. Nichtigkeits- und Untätigkeitsklage (Art. 263, 265 AEUV)

Literatur: *Borowski*, EuR 2005, 879; *Ehlers*, Jura 2009, 31; *ders.*, Jura 2009, 366; *Gormley*, Access to Justice and Public Interest Litigation: Getting Nowhere Quickly?, in: *Purnhagen/Rott*, Varieties of European Economic Law and Regulation, 781 ff.; *Hamer*, JA 2004, 728; *König*, JuS 2003, 257; *Saurer*, EuR 2010, 51.

Die Nichtigkeitsklage wird erhoben, um die Rechtmäßigkeit der Gesetzgebungsakte der EU zu überprüfen. Durch die Untätigkeitsklage kann die vertragswidrige Untätigkeit von EP, Europäischem Rat, Rat, **10**

---

[299] Zur Notwendigkeit dieses Erfordernisses als Verfahrensgarantie *EuGH*, C-157/91, Slg. 1996, I-2019 – Kommission/Niederlande.

der Kommission und der EZB gerügt werden. Die Untätigkeitsklage ist von geringer Bedeutung und wird entsprechend der Voraussetzungen der Nichtigkeitsklage geprüft.

11 Die Nichtigkeitsklage ist im Kern in Art. 263 Abs. 1 AEUV geregelt:

„Der Gerichtshof der Europäischen Union überwacht die Rechtmäßigkeit der Gesetzgebungsakte sowie der Handlungen des Rates, der Kommission und der Europäischen Zentralbank, soweit es sich nicht um Empfehlungen oder Stellungnahmen handelt, und der Handlungen des Europäischen Parlaments und des Europäischen Rates mit Rechtswirkung gegenüber Dritten. Er überwacht ebenfalls die Rechtmäßigkeit der Handlungen der Einrichtungen oder sonstigen Stellen der Union mit Rechtswirkung gegenüber Dritten."

12 Häufige prüfungsrelevante Probleme sind die Klagebefugnis von Personen, die zunächst durch Richterrecht, dann durch die Änderungen im Vertrag von Lissabon immer deutlichere Konturen erlangt hat.

I. Prüfungsschema

Prüfungsschema 12: Nichtigkeitsklage

I. Zuständigkeit

II. Zulässigkeit

1. Beteiligtenfähigkeit
2. Klagegegenstand
3. Klagebefugnis
   a) Klage eines Mitgliedstaats, des EP, des Rats, der Kommission
   b) Klage durch EZB, Rechnungshof, Ausschuss der Regionen
   c) Klage einer natürlichen oder juristischen Person
4. Klagegrund
5. Form und Frist

III. Begründetheit

II. Die Voraussetzungen im Einzelnen

1. Zuständigkeit

13 Grundsätzlich ist erstinstanzlich das *EuG* gem. Art. 256 Abs.1 AEUV zuständig. Der *EuGH* ist gem. § 51 der Satzung des Gerichtshofes nur dann zuständig, wenn Mitgliedstaaten, Unionsorgane oder die EZB

klagen und die dort genannten Voraussetzungen vorliegen. Zweitinstanzlich ist gem. Art. 256 Abs. 1 S. 3 AEUV stets der *EuGH* zuständig.

2. Beteiligtenfähigkeit und Klagegegenstand

14 Jeder Mitgliedstaat, das EP, der Rat sowie die Kommission sind gem. Art. 263 Abs. 2 AEUV klageberechtigt; der Rechnungshof, die EZB sowie der Ausschuss der Regionen gem. Art. 263 Abs. 3 AEUV. Darüber hinaus kann gem. Art. 263 Abs. IV AEUV jede natürliche und juristische Person klagen. Beklagte können gem. Art. 263 Abs. 1 AEUV der Rat, der Rat der EU, die Kommission, das EP, die EZB, sowie sämtliche Einrichtungen und sonstige Stellen der EU sein. Unter letztgenannte fallen vor allem Europäische Agenturen. Klagegegenstand sind nur Handlungen eines Unionsorgans oder einer Einrichtung oder sonstigen Stellen der EU, die Rechtswirkungen gegenüber Dritten entfalten. Grundsätzlich sind daher Empfehlungen und Stellungnahmen auch kein tauglicher Klagegegenstand.

3. Klagebefugnis

15 Bei Klagen eines Mitgliedstaates, der EP, des Rates oder der Kommission bestehen keine besonderen Anforderungen an die Klagebefugnis, da diese die Einhaltung der objektiven Unionsrechtsordnung überwachen. Man spricht daher auch von sog. **privilegierten Klägern**. Klagt hingegen die EZB, der Rechnungshof oder der Ausschuss der Regionen, so können sie gem. Art. 263 Abs. 3 AEUV nur die Verletzung eigener Rechte rügen. Ob eine natürliche oder juristische Person klagebefugt ist, richtet sich nach der Art der Handlung.

a) Beschluss ist gegen den Kläger gerichtet

16 **Ein Kläger, gegen den ein Beschluss gerichtet ist**, ist stets klagebefugt. Dies kann bspw. bei der Ablehnung eines Antrags auf Zulassung eines Arzneimittels durch die Kommission der Fall sein. Richtet sich die Klage jedoch gegen eine andere Handlung der EU, so ist danach zu differenzieren, ob die Handlung eine **Durchführungsmaßnahme** nach sich zieht oder nicht.[300]

b) Handlung zieht eine Durchführungsmaßnahme nach sich

17 Zieht die Handlung eine Durchführungsmaßnahme nach sich, so ist eine Person gem. Art. 264 Abs. 4 1. Fall. AEUV nur dann klagebefugt, wenn sie **unmittelbar und individuell** betroffen ist.

---

[300] *EuG* T-18/10, Slg. 2011, I-0000, Rn. 42 ff.

Definition unmittelbare Betroffenheit: Eine Person ist dann unmittelbar betroffen, wenn die den Rechtsakt ausführende Stelle keinen Entscheidungsspielraum hinsichtlich der Ausführung des Rechtsaktes hat.[301]

18 Demnach ist es unerheblich, ob auf den EU-Rechtsakt noch ein weiterer (Gesetzgebungs-)akt durchgeführt werden muss. Maßgeblich für die Unmittelbarkeit ist nur, ob bei der Durchführung des Rechtsaktes ein Entscheidungsspielraum besteht.

Definition individuelle Betroffenheit („Plaumann"-Formel): Eine Person ist dann individuell betroffen, wenn der individuelle Wirtschaftsteilnehmer durch den Rechtsakt auf Grund besonderer persönlicher Eigenschaften oder ihn aus dem Kreis der übrigen Personen heraushebender Umstände berührt wird.[302]

19 Demnach ist die individuelle Klagebefugnis nicht wie vom *EuG* zunächst gefordert[303] weit auszulegen, um einen möglichst umfassenden Rechtsschutz zu gewährleisten. Nach Auffassung des *EuGH*[304] und später auch des *EuG*[305] ist dies nicht Aufgabe der europäischen Gerichtsbarkeit, vielmehr sollen in erster Linie mitgliedstaatliche Gerichte Rechtsschutz gegen Akte der EU gewähren.

c) Handlung zieht keine Durchführungsmaßnahme nach sich

20 Zieht die Handlung keine Durchführungsmaßnahme nach sich, so ist ein Kläger schon dann klagebefugt, wenn er nur unmittelbar betroffen ist.[306] Hierdurch sollen auch Drittbetroffenen einer solchen Handlung die Klage vor der europäischen Gerichtsbarkeit ermöglicht werden. Diese Alternative wurde vor allem durch die steigende Anzahl an europäischen Agenturen notwendig.[307]

Hinweis: Die Klagebefugnis der Nichtigkeitsklage wird häufig in Prüfungen abgefragt und muss daher in jedem Fall beherrscht werden.

---

[301] *EuGH* 41-44/70, Slg. 1971, 411 – Fruit Company
[302] *EuGH* 25/62, Slg. 1963, 221 – Plaumann.
[303] *EuG* T-177/01, Slg. 2002, II-2365 – Jégo-Quéré.
[304] *EuGH* C-50/00 P, Slg. 2002, I-667, Rn. 42 – UPA.
[305] *EuG* T-377/00 u.a., Slg. 2003, II-1, Rn. 124 – Philip Morris.
[306] *EuG* T-18/10, Slg. 2011, I-0000, Rn. 42 ff.
[307] *Saurer*, EuR 2010, 51.

4. Klagegrund, Form und Frist

Die Klagegründe werden abschließend in Art. 263 Abs. 2 AEUV aufgezählt. Die Klage ist schriftlich und gem. Art. 263 Abs. 6 AEUV zwei Monate nach Bekanntgabe, Mitteilung oder Kenntnisnahme der anzufechtenden Handlung einzureichen. 21

5. Begründetheit

Die Klage ist begründet, wenn einer der Klagegründe tatsächlich vorliegt. Die angefochtene Handlung wird sodann gem. Art. 264 Abs. 1 AEUV für nichtig erklärt. Gem. Art. 264 Abs. 2 AEUV können jedoch Teile der nichtigen Handlung weiter Geltung beanspruchen, soweit dies ausdrücklich ausgesprochen wird. 22

C. Vorabentscheidungsverfahren (Art. 267 AEUV)

Literatur: *Hess*, RabelsZ 2002, 470; *Kokott/Hinze/Sobotta*, JZ 2006, 633; *Schröder*, EuR 2011, 808; *Skouris*, EuGRZ 2008, 341; *Wägenbaur*, EuZW 2000, 37; *Wernmann/Behrmann*, Jura 2006, 181.

Das Vorabentscheidungsverfahren ist vor allem in Art. 267 Abs. 1 AEUV geregelt: 23

„Der Gerichtshof der Europäischen Union entscheidet im Wege der Vorabentscheidung

a) über die Auslegung der Verträge,

b) über die Gültigkeit und die Auslegung der Handlungen der Organe, Einrichtungen oder sonstigen Stellen der Union“

I. Prüfungsschema

Prüfungsschema 13: Vorabentscheidungsverfahren

I. Zuständigkeit

II. Annahmefähigkeit der Vorlagefrage

1. Vorlagegegenstand
2. Vorlageberechtigung
   a) Gericht
   b) Vorlagepflicht
3. Form und Frist

III. Beantwortung der Frage

II. Die Voraussetzungen im Einzelnen

1. Zuständigkeit

24 Für Vorlagefragen ist gem. Art. 256 Abs. 3 UAbs. 1 AEUV allein der *EuGH* zuständig.

2. Vorlagegegenstand

25 Tauglicher Vorlagegegenstand sind gem. Art. 267 Abs. 1 lit. a) AEUV sämtliche Fragen zur **Auslegung** des geschriebenen und ungeschriebenen Primär- sowie gem. Art. 267 Abs. 1 lit. b) Fall 2 AEUV Sekundärrechts. Fragen, die die Auslegung von Vorschriften über die GASP bertreffen, sind gem. Art. 257 Abs. 1 AEUV kein tauglicher Vorlagegegenstand.

26 Daneben kann eine Frage gem. Art. 267 Abs. 1 lit. b) Fall 1 auch die Gültigkeit der Handlungen der Organe, Einrichtungen und sonstigen Stellen der Union zum Gegenstand haben. Würde man dieses Erfordernis ohne Einschränkung zulassen, so könnte man mit der Erhebung einer Vorlagefrage die Bestandskraft einer Maßnahme wie bspw. eines Beschlusses, der nicht rechtzeitig mit der Nichtigkeitsklage angefochten wurde, umgehen. Damit sind solche Handlungen, gegenüber denen eine Nichtigkeitsklage offensichtlich zulässig gewesen wäre, kein tauglicher Klagegegenstand.[308] Ausgenommen sind ferner gem. Art. 275 Abs. 1 AEUV i. V. m. Art. 40 EUV Handlungen im Rahmen der GASP, soweit sie keine Rechtswirkungen für Einzelne begründen.

3. Vorlageberechtigung

27 Gem. Art. 267 Abs. 2 AEUV ist jedes mitgliedstaatliche Gericht vorlageberechtigt, das eine Entscheidung über die Auslegung oder Gültigkeit von Unionsrecht für sein Urteil für erforderlich hält.

a) Gericht

28 Der Begriff des „Gerichts" ist autonom-europarechtlich zu bestimmen.

Definition Gericht: Gericht i.S.d. Art. 267 AEUV ist jeder nach nationalem Recht zur Entscheidung in Rs. berufene Spruchkörper,

---

[308] *EuGH* C-188/92, Slg. 1994, I-833, Rn. 13 ff. – Textilwerke Deggendorf.

bei dem die Unabhängigkeit der Richter gewährleistet ist und der in einem rechtsstaatlich geordneten Verfahren mit Bindungswirkung nach Rechtsnormen, d.h. nicht lediglich nach Billigkeit, entscheidet.[309]

Ein Gericht i.S.d. Art. 267 AEUV kann damit auch eine Stelle wie der deutsche Vergabeüberwachungsausschuss[310] sein, dem nach nationalem Recht keine Gerichtsqualität zuerkannt wird. Umgekehrt kann eine Stelle, die nach nationalem Recht als Gericht agiert, jedoch den Anforderungen an den Gerichtsbegriff des Art. 267 AEUV nicht genügen. So ist ein Gericht in seiner Eigenschaft als handelsregisterführende Behörde kein „Gericht" i.S.d. Art. 267 AEUV.[311] Kein Gericht i.S.d. Art. 267 AEUV sind darüber hinaus private Schiedsgerichte[312] und Verwaltungsbehörden, deren Zuständigkeit jederzeit durch eine höhere Verwaltungsebene entzogen werden kann.[313] **29**

b) Vorlagepflicht

Grundsätzlich liegt es in der Beurteilung des vorlegenden Gerichts, ob eine Vorlagefrage gestellt werden soll. Der *EuGH* überprüft die Entscheidungserheblichkeit lediglich darauf, ob die Vorlagefragen nicht konstruiert sind oder die erbetene Auslegung für die Entscheidung des nationalen Gerichts offensichtlich nicht relevant ist.[314] **30**

Das Vorlagerecht wird jedoch in **zwei Fällen zur Vorlagepflicht**: **31**

1. gem. Art. 267 Abs. 3 AEUV, wenn die Entscheidung selbst **nicht mehr mit Rechtsmitteln des innerstaatlichen Rechts angefochten** werden könnte. Dazu ist nicht darauf abzustellen, ob es sich um hierarchisch oberste Gericht des Mitgliedstaates handelt (abstrakte Betrachtungsweise), sondern ob Rechtsmitteleinlegung im konkreten Fall noch möglich wäre (konkrete Betrachtungsweise).[315] So kann u.U. auch ein Amtsgericht eine Vorlagepflicht treffen.
2. Wenn ein Gericht **Zweifel an der Rechtmäßigkeit** von EU-Sekundärrecht hat und dieses daher unangewendet lassen möchte.[316]

Die **Vorlageverpflichtung entfällt** jedoch in **drei Fällen:**[317]

---

[309] *Streinz*, Europarecht, Rn. 557.
[310] *EuGH* C-54/96, Slg. 1997, I-4961, Rn. 38 – Dorsch Consult.
[311] *EuGH* C-87/00, Slg. 2001, I-5353 – HSB Wohnbau.
[312] *EuGH* 102/81, Slg. 1982, 1095, Rn. 13 – Nordsee.
[313] Siehe für den Fall der europäischen Wettbewerbsbehörde *EuGH*, C-53/03, Slg. 2005, I-4609, Rn. 35 f. – Synetairismos Farmakopoion
[314] *EuGH* C-7/97, Slg. 1998, I-7791, Rn. 16 f. – Bronner.
[315] *EuGH* C-99/00, Slg. 2002, I-4839, Rn. 15 – Lyckeskog.
[316] *EuGH* Rs. 314/85, Slg. 1987, I-4225, Leitsatz – Foto-Frost.
[317] Siehe hierzu *EuGH* 283/81, Slg. 1082, 3415, Rn. 13 ff. – C.I.L.F.I.T.

1. Wenn die Antwort auf die Frage, wie auch immer sie ausfällt, **keinerlei Einfluss auf die Entscheidung des Rechtsstreits** haben kann.
2. Die gestellte Frage **bereits in einem gleich gelagerten Fall Gegenstand einer Vorlagefrage gewesen ist**, oder wenn es bereits eine **gesicherte Rechtsprechung des *EuGH*** gibt, durch die diese Rechtsfrage gelöst ist (sog. **acte éclairé**).
3. Die **richtige Anwendung des Unionsrechts** im im konkreten Einzelfall derart **offenkundig ist**, dass keinerlei Raum für einnen vernünftigen Zweifel an der Entscheidung der gestellten Frage bleibt (sog. **acte clair**).

4. Form und Frist

32 Ein Ersuchen um Vorabentscheidung ist nicht form- oder fristgebunden. Art. 267 AEUV verlangt jedoch, dass das vorlegende Gericht eine abstrakte Frage stellt. Denn der *EuGH* ist nicht dazu berufen, den konkreten Fall des mitgliedstaatlichen Gerichts zu entscheiden. Unvollkommen formulierte Fragen formuliert der *EuGH* jedoch um, um das entscheidende Auslegungsproblem herauszuschälen.[318]

D. Staatshaftung der Mitgliedstaaten

Literatur: *Fischer*, JA 2000, 348; *Kling*, Jura 2005, 298; *Kremer*, NJW 2004, 480; *Palme*, EuZW 2005, 109; *Radermacher*, NVwZ 2004, 1415; *Streinz*, EuZW 1993, 599 ff.

33 Der europäische Staatshaftungsanspruch ist durch Richterrecht im Kontext des „Sanktionskatalogs" entwickelt worden, der die nicht- oder nicht hinreichende Umsetzung von Unionsrecht für Mitgliedstaaten unattraktiv machen soll. Insoweit ist er im Kontext der Rechtsprechung zur richtlinienkonformen Auslegung sowie zur unmittelbaren Anwendbarkeit von Richtlinien zu sehen. Nur wenn diese nicht möglich sind, kann es zum Amtshaftungsanspruch kommen.[319]

I. Prüfungsschema

7 **Prüfungsschema 14: Staatshaftung**

I. Verstoß

---

[318] *Streinz*, Europarecht, Rn. 559.
[319] Siehe Kapitel 6, Rn. 17 f.

II. Gegen subjektivrechtliche Unionsnorm
III. Hinreichend qualifizierter Verstoß
IV. Ersatzfähiger Schaden
V. Kausalzusammenhang zwischen Verstoß und Schaden
VI. Keine Verjährung

II. Herleitung

Maßgeblicher Ausgangspunkt ist die Rs. **Francovich**. **34**

***EuGH* C-6/90 und C-9/90, Slg. 1991, 5357 ff. – Francovich**

Sachverhalt: Durch die Richtlinie 80/987 sollte Arbeitnehmern ein Mindestschutz bei Zahlungsunfähigkeit des Arbeitgebers unbeschadet in den Mitgliedstaaten bestehender günstigerer Bestimmungen gewährleistet werden. Die Richtlinie verpflichtete die Mitgliedstaaten zur Einrichtung eines öffentlichen Fonds errichtet werden, aus dem auch nichterfüllter Ansprüche der Arbeitnehmer auf das Arbeitsentgelt befriedigt werden sollten. Der bei einer Firma in Vicenza angestellte Herr Francovich hatte nur gelegentlich Abschlagszahlungen auf seinen Lohn erhalten. Er erhob deshalb Klage vor der Pretura Vicenza, die die beklagte Firma zur Zahlung von rund 6 Millionen Lire verurteilte. Im Rahmen der Zwangsvollstreckung nahm der Gerichtsvollzieher des Tribunale Vicenza ein Protokoll über eine fruchtlose Pfändung auf. Der Kläger verlangte daraufhin vom italienischen Staat die in der Richtlinie 80/987 vorgesehenen Garantien, hilfsweise Schadensersatz. Italien hatte es jedoch versäumt, einen solchen öffentlichen Fonds zu schaffen und die Klage wurde somit zunächst abgewiesen. Der *EuGH* hatte somit zu entscheiden, ob ein Schadensersatzanspruch gegen einen Mitgliedstaat besteht. Fraglich war, ob der Staat es versäumt hatte eine Richtlinie innerhalb der gesetzten Frist umzusetzen und bei der es nicht möglich war, aus einer unmittelbaren Anwendbarkeit der Richtlinie vorzugehen, da diese zu unbestimmt war.

Lösung: „Nach ständiger Rechtsprechung müssen die nationalen Gerichte, die im Rahmen ihrer Zuständigkeiten die Bestimmungen des Gemeinschaftsrechts anzuwenden haben, die volle Wirkung dieser Bestimmungen gewährleisten und die Rechte schützen, die das Gemeinschaftsrecht dem einzelnen verleiht (…, Rn. 32). Die volle Wirksamkeit der gemeinschaftsrechtlichen Bestimmungen wäre beeinträchtigt und der Schutz der durch sie begründeten Rechte gemindert, wenn der einzelne nicht die Möglichkeit hätte, für den Fall eine Entschädigung zu erlangen, daß seine Rechte durch einen Verstoß gegen das Gemeinschaftsrecht verletzt werden, der einem Mitgliedstaat zuzurechnen ist (Rn. 33). Die Möglichkeit einer Entschädigung durch den Mitgliedstaat ist vor allem dann unerläßlich, wenn die volle Wirkung der gemeinschaftsrechtlichen Bestimmungen wie im vorliegenden Fall davon abhängt, daß der Staat tätig wird, und der einzelne deshalb im Falle einer Untätigkeit des Staates die ihm durch das Gemeinschaftsrecht zuerkannten Rechte vor den nationalen Gerichten nicht geltend machen kann (Rn. 34). Der Grundsatz einer Haftung des Staates für Schäden, die dem einzelnen durch dem Staat zurechenbare Verstöße gegen das Gemeinschaftsrecht entstehen, folgt somit aus dem Wesen der mit dem EWG-Vertrag geschaffenen Rechtsordnung (Rn. 35). Die Verpflichtung der Mitgliedstaaten zum Ersatz dieser Schäden findet auch in Artikel 5 EWG-Vertrag eine Stütze, nach dem die Mitgliedstaaten alle geeigneten Maßnahmen allgemeiner oder besonderer Art zur Erfüllung ihrer Verpflichtungen aus dem Gemeinschaftsrecht zu treffen haben. Zu diesen Verpflichtungen gehört auch diejenige, die rechtswidrigen Folgen eines Verstoßes gegen das Gemeinschaftsrecht zu beheben (… Rn. 36). Es ist nach alledem ein Grundsatz des Gemeinschaftsrechts, daß die Mitgliedstaaten zum Ersatz der Schäden verpflichtet sind, die dem einzelnen durch Verstöße gegen das Gemeinschaftsrecht entstehen, die diesen Staaten zuzurechnen sind (Rn. 37).“

35 Der europäische Staatshaftunganspruch entspringt damit dem Unionsrecht selbst, und zwar aus den Grundsätzen des **effet utile** und der damit verbundenen **Unionstreue** (Art. 4 Abs. 3 EUV). Darüber hinaus zieht der *EuGH* zur Begründung wenig überzeugend eine Analogie zu Art. 340 AEUV heran.[320] Obwohl der *EuGH* mit der **Francovich**-Rechtsprechung Kritik hinsichtlich eines ultra-vires-Akts provoziert hat,[321] ist er mittlerweile unstreitig Teil des unionsrechtlichen Besitzstands.[322]

III. Die Voraussetzungen im Einzelnen

1. Verstoß

36 Der Verstoß kann durch ein **Handeln oder Unterlassen staatlicher Organe** erfolgen. Es ist dabei unerheblich, welches Organ des Mit-

---

320 *EuGH* C-46/93 u. C-48/93, Slg. 1996, I-1029, Rn. 28 f., 40 f. – Brasserie du Pêcheur u. Factortame.

321 *Cornils*, Der gemeinschaftsrechtliche Staatshaftungsanspruch, 318.

322 *Koch/Rubel/Heselhaus*, Allgemeines Verwaltungsrecht, § 9 IV., Rn. 79.

gliedstaats die Handlung zu vertreten hat.[323] Das EU-Recht ist „blind" hinsichtlich der Organisationsstruktur des Mitgliedstaates ist.

Beispiel: Die BRD ist auch dann als Handelnder verpflichtet, wenn sie für die konkrete Handlung nach dem GG nicht zuständig ist. So kann ein Bundesland handeln, staatshaftungsrechtlich verpflichtet ist jedoch die BRD.

Der Mitgliedstaat hat grundsätzlich für sämtliche administrative Verstöße sowie, im Gegensatz zum deutschen Staatshaftungsrecht, auch für judikatives Unrecht zu haften.[324] **37**

2. Gegen subjektivrechtliche Unionsnorm

Der Verstoß muss gegen eine Norm des Unionsrechts bestehen, die subjektiv-rechtlichen Charakter hat. Eine Norm hat subjektiv-rechtlichen Charakter, **38**

4. wenn sie **unbedingt und hinreichend genau** ist[325] und
5. der **gesamte Rechtsakt zumindest auch den Schutz des Einzelnen** bezweckt. So ist eine Norm schon dann subjektiv-rechtlich, wenn die Richtlinie insgesamt dem Gesundheitsschutz dient.[326]

Hinweis: Damit ist die Bestimmung des subjektiven Rechts im Europarecht weiter als die in Deutschland herangezogene Schutznormtheorie.

3. Hinreichend qualifizierter Verstoß

Ob ein hinreichend qualifizierter Verstoß vorliegt ermittelt sich nach folgender Definition: **39**

Definition „Hinreichend qualifizierter Verstoß": Ein Verstoß ist dann hinreichend qualifiziert, wenn er **offenkundig und in schwerwiegender Weise** erfolgt ist.[327]

Eine bloße Verletzung des Unionsrechts genügt immer dann zur Begründung eines hinreichend qualifizierten Verstoßes, wenn der betreffende Mitgliedstaat zum Zeitpunkt dieser Rechtsverletzung nicht zwischen verschiedenen gesetzgeberischen Möglichkeiten zu wählen **40**

---

[323] *EuGH* C-46/93 u. C-48/93, Slg. 1996, I-1029, Rn. 32 – Brasserie du Pêcheur u. Factortame.

[324] *EuGH* C-224/01, Slg. 2003, I-10239 – *Köbler*.

[325] Siehe nur *EuGH* C-237/07, Slg. 2008, I-6221, Rn. 36 – Janecek.

[326] Vgl. *EuGH* C-237/07, Slg. 2008, 1-6221, Rn. 36–42 – Janecek; *v. Danwitz*, DÖV 1996, 481 ff.; *Reich*, EuZW 1996, 709 ff.

[327] *EuGH* C-46/93 u. C-48/93, Slg. 1996, I-1029, Rn. 55 f. – Brasserie du Pêcheur u. Factortame.

hatte und über einen erheblich verringerten oder gar auf Null reduzierten Ermessensspielraum verfügte.[328] Die Nichtumsetzung einer Richtlinie ist demnach stets ein offenkundiger und schwerwiegender Verstoß.[329] Ist eine Richtlinie jedoch nicht hinreichend umgesetzt worden, richtet sich diese Frage nach verschiedenen Faktoren wie bspw. nach dem Maß an **Klarheit und Genauigkeit** der verletzten Vorschrift, dem Umfang des **Ermessensspielraums** sowie nach einem etwaigen **Verschulden**.

Hinweis: Um einen solch hinreichend qualifizierten Verstoß zu umgehen, geht man im deutschen Zivilrecht von einem generellen Umsetzungswillen des deutschen Gesetzgebers aus, der eine weitreichende richtlinienkonforme Auslegung ermöglicht (Siehe in dieser Hinsicht das Urteil Weber/Putz *BGH* NJW 2013, 220).

4. Ersatzfähiger Schaden

41 Die konkrete Berechnung des ersatzfähigen Schadens richtet sich grundsätzlich nach nationalem Recht. Der *EuGH* gibt hierfür nur Mindeststandards vor: Der Umfang des Schadensersatzanspruchs muss demnach **angemessen** sein.[330] Das heißt auch, dass **entgangener Gewinn** nicht gänzlich unberücksichtigt bleiben darf.[331]

5. Kausalzusammenhang zwischen Verstoß und Schaden

42 Zwischen dem Verstoß und dem Schaden muss ein **unmittelbarer Kausalzusammenhang** bestehen. Hier erfolgt eine wertende Zurechnung des Schadens ähnlich der **Adäquanztheorie** im deutschen Recht.

6. Verjährung

43 Die Verjährung des Staatshaftungsanspruchs ergibt sich aus den Normen des nationalen Rechts.[332] Insoweit findet also in Deutschland das Verjährungsrecht des Amtshaftungsanspruchs nach § 839 BGB Anwendung. Damit gilt für Sachverhalte, die nach Inkrafttreten des

---

[328] *EuGH* C-178/94, Slg. 1996, I-4845, Rn. 25 – Dillenkofer.

[329] *EuGH* C-178/94, Slg. 1996, I-4845, Rn. 26 – Dillenkofer; *Koch/Rubel/Heselhaus*, Allgemeines Verwaltungsrecht, § 9 IV, Rn. 88.

[330] *EuGH* C-46/93 u. C-48/93, Slg. 1996, I-1029, Rn. 87 – Brasserie du Pêcheur u. Factortame.

[331] *EuGH* C-46/93 u. C-48/93, Slg. 1996, I-1029, Rn. 87 – Brasserie du Pêcheur u. Factortame.

[332] *EuGH* C-445/06, Slg. 2009, I-2119 – *Danske Slagterier*; s. auch *Guckelberger*, EuR 2011, 75 (79).

Schuldrechtsmodernisierungsgesetzes zum 1.1.2002 entstanden sind, die regelmäßige Verjährungsfrist von drei Jahren nach § 195 BGB.

Kapitel 10. Beihilfenrecht

Literatur: *Mähring*, JuS 2003, 448.

Gem. Art. 107 Abs. 1 AEUV 1

„(...) sind staatliche oder aus staatlichen Mitteln gewährte Beihilfen gleich welcher Art, die durch die Begünstigung bestimmter Unternehmen oder Produktionszweige den Wettbewerb verfälschen oder zu verfälschen drohen, mit dem Binnenmarkt unvereinbar, soweit sie den Handel zwischen Mitgliedstaaten beeinträchtigen."

Sind und Zweck dieses umfassenden Gebots ist es sicherzustellen, 2
dass Mitgliedstaaten ihren Unternehmen nicht dadurch einen Wettbewerbsvorteil auf dem Binnenmarkt verschaffen, dass sie ihnen Mittel der Allgemeinheit wie bspw. Steuern zukommen lassen.

Das Beihilfenrecht der EU ist häufig Gegenstand von Klausuren, da 3
es sich gut mit einer Prüfung der Rücknahme eines Verwaltungsakts verbinden lässt. Soweit daher Kenntnis des Beihilfenrechts vonnöten ist, wird es hier dargestellt. Dieses Kapitel ist mithin keine vollumfängliche Darstellung des Beihilfenrechts, sondern bezieht sich lediglich auf die prüfungsrelevante Konstellation der Rücknahme eines Verwaltungsakts.

I. Prüfungsschema

Prüfungsschema 15: Rücknahme eines beihilfewidrigen Verwaltungsaktes 4

I. Ermächtigungsgrundlage

II. Materielle Rechtmäßigkeit

1. Rechtswidriger Grund-Verwaltungsakt
   a) Nichteinhaltung der Notifizierungspflicht
   b) Kein Ausschlussgrund des Vertrauensschutzes gem. § 48 Abs. 2 S. 1 und 2 VwVfG
   c) Kein Verstreichen der Rücknahmefrist gem. § 48 Abs. 4 VwVfG
   d) Prüfung eines Ermessensfehlers

II. Die unionsrechtlichen Voraussetzungen im Einzelnen

5 Ausgangspunkt der meisten Prüfungen im deutschen Recht ist die Rs. **Alcan.**

***EuGH* C-24/95, Slg. 1997, I-159 – Alcan**

Sachverhalt: Die Ludwigshafener Aluminiumhütte Alcan Deutschland GmbH befand sich in wirtschaftlichen Schwierigkeiten. Um die Schließung der Hütte zu verhindern und um Arbeitsplätze zu erhalten gewährte das Land Rheinland-Pfalz Subventionen in Höhe von 8 Mio. Euro. Die Kommission erfuhr hiervon aus der Presse. In dem von ihr daraufhin eingeleiteten Verfahren stellte sie die Unvereinbarkeit der Subvention mit Art. 107 AEUV (ex-Art. 87 EGV) fest. Ferner forderte sie die Rückzahlung. Als das Land Rheinland-Pfalz dieser Forderung nicht nachkam, erhob die Kommission eine Klage nach Art. 258 AEUV (ex-Art. 226 EGV) vor dem EuGH. Die BRD wurde zur darauf verklagt, von Alcan die Beihilfe zurückzufordern. Gegen den daruf hin erlassenen Rückforderungsbescheid erhob die Alcan Klage vor dem VG. Das schließlich mit der Sache befasste BVerwG legte daraufhin folgende Fragen dem EuGH vor:

1. Ist es mit dem Unionsrecht vereinbar, dass einer Rücknahme § 48 Abs. 2 S. 1 und 2 VwVfG entgegensteht, weil Alcan die Beihilfe bereits verbraucht hat?

2. Ist es mit dem Unionsrecht vereinbar, dass der Rücknahme entgensteht, dass die Rücknahmefrist des § 48 Abs. 4 VwVfG verstrichen ist?

3. Ist es mit dem Unionsrecht vereinbar, dass einem Erstattungsanspruch § 49a Abs. 2 VwVfG entgegensteht, da die Bereicherung weggefallen sei?

Lösung: „Zur ersten Frage: (...) (D)ie Beihilfe (wurde) ohne vorherige Anmeldung bei der Kommission gewährt (...), so daß sie gemäß Artikel 93 Absatz 3 des Vertrages rechtswidrig war (..., Rn. 30). (...) Die Beihilfeempfängerin (konnte) somit zu diesem Zeitpunkt kein berechtigtes Vertrauen in die Ordnungsmässigkeit der Gewährung der Beihilfe haben (Rn. 31). (D)ie nationale Behörde (hat) die im nationalen Recht vorgesehene Einjahresfrist, die mit ihrer Kenntnisnahme von der Entscheidung der Kommission in Lauf gesetzt wurde, (...) verstreichen lassen (Rn. 33). Bei staatlichen Beihilfen, die für mit dem Gemeinsamen Markt unvereinbar erklärt werden, beschränkt sich die Rolle der nationalen Behörden

(...) auf die Durchführung der Entscheidungen der Kommission. Die nationalen Behörden verfügen somit bezueglich der Rücknahme eines Bewilligungsbescheids über keinerlei Ermessen (... Rn. 34). Da die nationale Behörde kein Ermessen besitzt, ist der Empfänger einer rechtswidrig gewährten Beihilfe nicht mehr im ungewissen, sobald die Kommission eine Entscheidung erlassen hat, in der die Beihilfe für mit dem Gemeinsamen Markt unvereinbar erklärt und ihre Rückforderung verlangt wird (Rn. 36). Der Grundsatz der Rechtssicherheit kann daher nicht deshalb der Rückforderung der Beihilfe entgegenstehen, weil die nationalen Behörden der Entscheidung, in der die Rückforderung angeordnet wird, verspätet nachgekommen sind. Andernfalls würde die Rückforderung der zu Unrecht gezahlten Beträge praktisch unmöglich gemacht und den Gemeinschaftsvorschriften über die staatlichen Beihilfen jede praktische Wirksamkeit genommen (Rn. 37).

Die zweite Frage des vorlegenden Gerichts geht im wesentlichen dahin, ob die zuständige Behörde verpflichtet ist, den Bewilligungsbescheid für eine rechtswidrig gewährte Beihilfe gemäß einer bestandskräftigen Entscheidung der Kommission, in der die Beihilfe für mit dem Gemeinsamen Markt unvereinbar erklärt und ihre Rückforderung verlangt wird, selbst dann zurückzunehmen, wenn sie für dessen Rechtswidrigkeit in einem solchen Masse verantwortlich ist, daß die Rücknahme dem Begünstigten gegenüber als Verstoß gegen Treu und Glauben erscheint (Rn. 39). (...) Die Verpflichtung des Begünstigten, sich zu vergewissern, daß das Verfahren des Artikels 93 Absatz 3 des Vertrages eingehalten wurde, kann nämlich nicht vom Verhalten der Behörde abhängen, auch wenn diese für die Rechtswidrigkeit des Bescheids in einem solchen Masse verantwortlich war, daß die Rücknahme als Verstoß gegen Treu und Glauben erscheint (Rn. 41). Unter Umständen wie denen des Ausgangsverfahrens würde die Nichtrücknahme des Beihilfebescheids das Gemeinschaftsinteresse schwer beeinträchtigen und die gemeinschaftsrechtlich gebotene Rückforderung praktisch unmöglich machen (Rn. 42). Daher ist auf die zweite Frage zu antworten, daß die zuständige Behörde gemeinschaftsrechtlich verpflichtet ist, den Bewilligungsbescheid für eine rechtswidrig gewährte Beihilfe gemäß einer bestandskräftigen Entscheidung der Kommission, in der die Beihilfe für mit dem Gemeinsamen Markt unvereinbar erklärt und ihre Rückforderung verlangt wird, selbst dann zurückzunehmen, wenn sie für dessen Rechtswidrigkeit in einem solchen Masse verantwortlich ist, daß die Rücknahme dem Begünstigten gegenüber als Verstoß gegen Treu und Glauben erscheint, sofern der Begünstigte wegen Nichteinhaltung des in Artikel 93 des Vertrages vorgesehenen Verfahrens kein berechtigtes Vertrauen in die Ordnungsmässigkeit der Beihilfe haben konnte (Rn. 43).

Die dritte Frage des vorlegenden Gerichts geht im wesentlichen dahin, ob die zuständige Behörde verpflichtet ist, den Bewilligungsbescheid für eine rechtswidrig gewährte Beihilfe gemäß einer bestandskräftigen Entscheidung der Kommission, in der die Beihilfe für mit dem Gemeinsamen Markt unvereinbar erklärt und ihre Rückforderung verlangt wird, selbst dann noch zurückzunehmen, wenn dies nach nationalem Recht wegen Wegfalls der Bereicherung mangels Bösgläubigkeit des Beihilfeempfängers ausgeschlossen ist (Rn. 44).

Wie (...) bereits ausgeführt, darf ein beihilfebegünstigtes Unternehmen auf die Ordnungsmässigkeit der Beihilfe jedoch nur vertrauen, wenn diese unter Einhaltung des in Artikel 93 des Vertrages vorgesehenen Verfahrens gewährt wurde (Rn. 49). Das gleiche hat somit auch für den Einwand des Wegfalls der Bereicherung zu gelten, der im vorliegenden Fall dazu führen würde, die gemeinschaftsrechtlich gebotene Rückforderung praktisch unmöglich zu machen (Rn. 50).

Daher ist auf die dritte Frage zu antworten, daß die zuständige Behörde gemeinschaftsrechtlich verpflichtet ist, den Bewilligungsbescheid für eine rechtswidrig gewährte Beihilfe gemäß einer bestandskräftigen Entscheidung der Kommission, in der die Beihilfe für mit dem Gemeinsamen Markt unvereinbar erklärt und ihre Rückforderung verlangt wird, selbst dann noch zurückzunehmen, wenn dies nach nationalem Recht wegen Wegfalls der Bereicherung mangels Bösgläubigkeit des Beihilfeempfängers ausgeschlossen ist (Rn. 54). „

1. Begriff der Beihilfe

6 Der Begriff „Beihilfe" ist gem. Art. 107 Abs. 1 AEUV („gleich welcher Art") weit zu verstehen. Er ist auch weiter als der der Subvention.[333]

Definition Behilfe: Beihilfe umfasst alle staatlichen[334] Maßnahmen, „die in verschiedener Form die Belastungen verminden, welche ein Unternehmen normalerweise zu tragen hat."[335]

[333] *EuGH* 30/59, Slg. 1961, 1/43 – De Gezamenlijke Steenkolenmijnen in Limburg/Hohe Behörde.

[334] *EuGH* C-379/98, Slg. 2001, I-2099, Rn. 58 ff. – PreussenElektraAG.

[335] *EuGH* 30/59, Slg. 1961, 1/43 – De Gezamenlijke Steenkolenmijnen in Limburg/Hohe Behörde.

Es kommt nur auf die ökonomische Wirkung der Beihilfe an.[336] Eine Beihilfe ist insbesondere immer dann anzunehmen, wenn eine äquivalente Gegenleistung für die Beihilfe fehlt.[337] Irrelevant ist: 7

- Das **Motiv** der Beihilfe.[338] Es ist daher unerheblich, ob sie bspw. zum Erhalt von Arbeitsplätzen gewährt wird.
- Ob es sich um eine **positive Leistung oder eine Verschonung** handelt.[339] Steuervergünstigungen können daher auch Beihilfen sein.
- Ob es sich um **mittelbare oder unmittelbare Begünstigungen** handelt. Somit sind auch solche Zuwendungen Beihilfen, die durch private Unternehmen auf staatliche Bennung gewährt worden sind,[340] wenn bestimmte Produkte bevorzugt gekauft werden[341] oder parafiskalische Abgaben bestimmte Zweige oder Produkte quersubventionieren.[342]
- Gesetzliche Ausnahmen bestehen insbesondere für die Agrarpolitik (Art. 42 Abs. 2 AEUV) und die Verkehrspolitik (Art 93, 96 AEUV).

2. Notifizierungspficht

Gem. Art. 108 Abs. 3 S. 1 AEUV ist die Kommission „von jeder beabsichtigten Einführung oder Umgestaltung von Beihilfen" zu unterrichten, sog. Notifizierungspflicht. Zuwendungen in Höhe von maximal 200.000 € an denselben Begünstigten innerhalb von 36 Monaten sind nicht notifizierungspflichtig (sog. „de-minimis-Regel").[343] Abweichend von diesem Grundsatz liegt die Höchstgrenze für Straßengüterverkehrsunternehmen bei 100.000 € und für landwirtschaftliche Unternehmen bei 15.000 € (VO 1408/2013). 8

3. Verfälschung oder drohende Verfälschung des Wettbewerbs

Definition: Eine Wettbewerbsverfälschung ist immer dann gegeben, wenn die Beihilfe den Ablauf des Wettbewerbs auf dem relevanten Markt ändert. 9

---

[336] *EuGH* 173/73, Slg. 1974, 709, Rn. 26/28 – Italien/Kommission.
[337] *Streinz* Europarecht, Rn. 1059.
[338] *EuGH* 173/73, Slg. 1974, 709, Rn. 26/28 – Italien/Kommission.
[339] *Streinz* Europarecht, Rn. 1059.
[340] *EuGH* C-482/99, Slg. 2002, I-4397, Rn. 37 f. – Stardust Marine.
[341] *Streinz* Europarecht, Rn. 1059.
[342] *EuGH* C-333/07, Slg. 2008, I-10807 – Régie Networks.
[343] VO 1407/2013 der Kommission vom 18. Dezember 2013 über die Anwendung der Artikel 107 und 108 des Vertrags über die Arbeitsweise der Europäischen Union auf De-minimis-Beihilfen, Abl. Nr. L 352/13, S. 1.

Der relevante Markt wird nach dem **Substitutionsprinzip** sachlich, räumlich, und zeitlich eingegrenzt. Demnach ist maßgeblich, ob die auf dem Markt vertriebenen Güter bestimmt nach den Verwendungszwecken der Verbraucher funktionell austauschbar sind.[344]

4. Spürbarkeit

10 Umstritten ist, ob die Wettbewerbsverfälschung auch spürbar sein muss. Während einige dies unter Hinweis auf ältere Rechtsprechung des *EuGH* noch voraussetzen,[345] haben sich *EuGH* und herrschende Lehre mitterweile gegen ein solches Kriterium ausgesprochen: „Nach ständiger Rechtsprechung des Gerichtshofes" schließt „weder der verhältnismäßig geringe Umfang einer Beihilfe, noch die verhältnismäßig geringe Größe des begünstigten Unternehmens von vornherein die Möglichkeit der Beeinträchtigung des Handels zwischen Mitgliedstaaten oder eine Verfälschung des Wettbewerbs aus."[346]

5. Geeignetheit, den Handel zwischen den Mitgliedstaaten einzuschränken (Zwischenstaatlichkeitsklausel)

11 Wirkt sich die Beihilfe nur auf das Gebiet eines Mitgliedstaates aus, so ist diese nicht geeignet, den Binnenmarkt einzuschränken.

Übung: *Purnhagen*, Klausurenkurs Europarecht: Fall 10, Der „Retter von A".

---

[344] Bekanntmachung der Kommission über die Definition des relevanten Marktes im Sinne des Wettbewerbsrechts der Gemeinschaft vom 9.12.1997, Abl. 1997 C 372/5.

[345] Streinz, *Europarecht*, Rn. 1063 unter Bezug auf *EuGH* 248/84, Slg. 1987, 4013, Rn. 18 – Deutschland/Kommission.

[346] *EuGH* C-278/00, Slg. 2004, I-3997, Rn. 69 – Griechenland/Kommission.

Stichwortverzeichnis

Die Ziffern verweisen auf Seitenzahlen.